トランプ登場で激変する世界

―自立した日本外交と安全保障戦略―

英 正道 著

Art Days

正誤表

	誤	正
107ページ4行目	でないか思う。	でないかと思う。
136ページ7行目	ブッシュ（息子）	ブッシュ（父）
145ページ2行目	反対12	反対11
145ページ2行目	棄権588	棄権58
226ページ15行目	滞米通告	対米通告
264ページ15行目	空母機動軍	空母機動群
285ページ14行目	能力を持つにより	能力を持つことにより
289ページ10行目	「イスラム国」	「イスラーム国」
354ページ2行目	訪ねている秘境的	訪ねている。秘境的
380ページ9行目	行くであろ。	行くであろう。

以上、読者の皆様にお詫びして訂正致します。

㈱アートデイズ

はしがき

世界に大動乱が兆している。世界の激変を前に、心あるものの間では、今の日本の外交力で、果たして日本が先進大国として生き残れるか、静かな懸念が深まっている。

しかし日本にどんな選択肢があるのだろうか？　トランプ大統領に何を言われても、米国にどこまでも追従するしかないのだろうか？　日本が自主的に行動し得る余地があるのだろうか？　この本はそういう疑問に対して、全くの本音ベースで、一度冷静に日本を取り巻く環境を見つめ直し、これまでの惰性的な発想を捨てれば、大胆な戦略構築を行う余地があることを主張するものである。

元外交官として筆者は、外交は基本的に妥協の技術であり、力相撲では無く、相手を倒したり、寄り切ることでは問題は解決しないという現実的な見方をする。基本的な国益が守れる限り、適当に妥協しなければ「良い循環」は開けない。これまでの北方四島返還一本槍の外交で何を得たのか？　人口で日本の10倍ある中国と角を突き合わせていて、どういう将来展望が開けるのだろうか？　いつか何処かで中国と折り合わねばならないのは明らかだが、どういうやり方で実現するのか？　昨日は今日へ、今日は明日へと繋がっている。日米関係は最重要ではあるが、米国の利益第一主義を前に、ずるずると米国依存を一層進める以外の選択肢はないのだろうか？　本書で筆者は、既成観念に囚われず、自由な眼で観察した上での意見を述べた。

われわれは国民的な傾向として、世界の変化を考察するにあたって、日本が直面する特定の問題という狭い観点からのみこれを見がちである。例えば米国にトランプ大統領が登場したら、日本は在日米軍のプレゼンス維持のために、もっと巨額な「思いやり予算」を計上しなければならないか心配する。中国に関しては、中国で起こる全ての変化を、この変化が尖閣列島問題にどう影響を与えるかの観点から考える。ロシアに起こる変化は懸案の領土問題の視点から、また北朝鮮については、拉致問題への影響はどうなのか、というようにである。木だけを見ていると森に大きな変化が起こっているのを見過ごすことになる。森が大きく姿を変えつつある時には、一本一本の木だけを見ているのは賢明ではない。

いろいろな国々に起こる政策の重要な変化は、民主主義国でも全体主義国であっても、彼らの側に存する戦略的な選択肢を真剣に考慮した結果であることが多い。それぞれの国はそれぞれの国のお国柄に従って、まずいかなる戦略的オプションを持っているかを検討することから始める。米国民は劇的であったが閉塞状態を脱却する選択肢として、トランプ大統領という苦渋の選択をしたと見るべきである。

日本がその核心的利益とそれを守る戦略を明確にして、これを世界に知らしめなければ、日本の隣国は今の日本の姿を見てこれを当然のものとして将来に織り込むだろう。日本はただ一つの駒として扱われてしまう。他方忘れられがちであるが、相当な大国である日本の政策志向の方向性は、日本の隣国の政策に影響を及ぼす。換言すれば日本が積極的に外交政策を決定すれば、友好国であるか非友好国であるかを問わず、日本の隣国の戦略的な考慮に影響を及ぼしうる。日本はこれまで米国に依存し、世界と調和を図ろうとする政策決定のやり方で凌いできたから、深刻な戦略上の選択肢の検討をしないで済んできた。その結果日本はしばしば米国により「当然付いて来る」と扱われてきた。中国も日本と話しても意味がない、米国と話せば十分と考える。

世界が世紀に一度か二度というような大きな変容を始めている現在、日本人は、国内および対外政策の両面において、どのような選択肢があるのかを、もっと積極的に議論すべきである。筆者は東アジアの中で日本の安全を確保するための政策について、現在から予見できる将来に掛けての状況を冷静に考慮して、いくつかの具体的な選択肢を提示したつもりである。

この本が多くの本と少し異なるのは、事実を紹介するだけではなく、未来に目を向けた政策を論じることを中心的な目的としていることである。もちろん政策はさまざまな関連する情報を前提として考慮されなければ抽象論に堕してしまい、訴求力を欠いてしまう。重要な関連情報については出典を明らかにしたが、その選択やその意義の分析については筆者の主観が入ることは避けがたい。それにもかかわらず、筆者は多くのご叱正を覚悟して、「流れ」と「勢い」を読んで、読者に客観的に検討して頂けるに値する合理的な政策の選択肢を提供する努力をしたつもりである。いつも頭によぎるのは、受け身で対応しているうちに、全く望んでいなかった場所に連れて行かれる危険があるということである。

この本は以下の三部から成る。

第一部では世界がどのように変わりつつあるかを扱っている。「トランプ・ショック」の衝撃と米国の行方、英国のＥＵ離脱が欧州に何を迫るか、「１００年のマラソン」を走った先の中国の動向、ロシアがアジアに目を向けていることの意味、北朝鮮の状況、「イスラーム国」とキリスト教国との「文明の対立」を背景に激変が予想される中東情勢等を考察した。

第二部では日本外交について厳しい自己批判をすると同時に、日本には自立した外交の復権が求められていることを説明した。

第三部では自立した外交政策と安全保障戦略を、さまざまな具体的な選択肢の形で提示した。筆者の主要な関心は、トランプ大統領の登場が日本に突きつけた「分かれ道」を、日本の自立の方向に歩む機会として日本が活かせるかという問題意識である。将来の選択肢として、日本が「非核」抑止力を持った中立政策を取り得るかも検討した。

多くの先達の努力と見解に深く感謝するが、この本で示した全ての意見は筆者個人のものである。そのため間違いも少なからずあろうから、読者のご叱正を得たいと思う。ただ筆者は大胆ながらも楽観論者であるので、全て「今からでも遅くない」と信じている。

２０１６年12月　　英　正道

トランプ登場で激変する世界
——自立した日本外交と安全保障戦略——

目次

3章 転機に来た中国 95

4章　アジアに目を向けるロシア　126

12章　アジェンダ設定による安全保障　358

13章　トランプを切り札にした日本の自立　373

トランプ登場で激変する世界

――自立した日本外交と安全保障戦略――

第1部　激変する世界

1章 「トランプ・ショック」の衝撃波

史上最も衝撃的な2016年米国大統領選挙

トランプ第45代米国大統領を誕生させた2016年の大統領選挙は、米国史上最も衝撃的なものとして長く歴史に残るであろう。11月9日の早暁、民主党の金城湯池であったペンシルヴァニア、ミシガン、ウィスコンシンの「青い壁」がトランプによって打ち破られ共和党の手に落ちた時、ヒラリー・クリントンは激しく戦ったトランプの勝利にお祝いを述べざるを得なかった。この時、米国のみならず世界が「未知との遭遇」に直面することとなった。

筆者はトランプ大統領の登場は、世界情勢や世界経済に及ぼす影響という意味では、1971年のニクソン大統領の齎《もたら》した二つのショック、すなわち中国との関係改善に基づくベトナム戦争の解決とドルと金の切り離しという大きな政策転換を併せた衝撃にも勝る歴史的な出来事であると考える。

今まで一度も公職を経験したことのないアウトサイダーのトランプは、米国のエスタブリッシュメントを無能と攻撃しながら、自らは具体的な対案を示さずに大統領となった。朧げながら浮かび上がるのは、8年に亘るオバマ大統領の仕事を殆ど逆転させる内政、外交政策を指向していることである。今までの前提を殆どゼロベースからやり直すような感がある。トランプ政権の経済政策で米国を再び強く出来るのだろうか。世界経済についての保護主義的考え方、米国第一主義の安全保障政策が果たして実現可能だろうか。成功しても失敗しても、その及ぼす影響は計り知れないほど大きいだろう。この章は大統領選挙を通じて明らかになった、トランプという類い稀な個性を持つ人物、米国社会に起こっている変化、選挙戦の推移等を分析することにより、トランプ大統領がこれからやろうとすることを予想する。

強烈な個性の持ち主トランプ

予備選挙中の数々の意図的な発言も含めて、トランプの言うことは極めて明快だった。トランプは彼自身が、誰でも成功者になれる機会の国アメリカという「アメリカン・ドリーム」の申し子である。猛烈な上方志向、ディール（取り引き）には絶対に勝つという強い意志、欲しいものを必ず手に入れる執念を持って猛烈に働くのが彼の真骨頂である。

トランプの祖父はドイツからの移民で、父はニューヨークのクイーンズ地区の不動産業を営み、スコットランド移民の娘との間に１９４６年にドナルド・トランプは生まれた。生粋のニューヨーカーだがＷＡＳＰではない。ニューヨークのミリタリー・アカデミーで規律をたたき込まれ、その後、ペンシルヴァニア大学ウォートン校でＭＢＡを取り、25歳で父の仕事を手伝い始めた。直ぐにアッパー・イーストサイドのマンハッタンに移り住み、人脈を広げ、ディベロッパーとしての活動を始める。70年代の半ば、ニューヨークを財政破綻から立て直した敏腕の投資銀行家ロハティーンに目を掛けられ、グランドセントラル駅周辺のホテルの再建に成功する。１９８３年には五番街に58階建てのキンキラキンの超高級のホテル兼コンドミニウムである「トランプタワー」を完成させた。

筆者がニューヨーク総領事として着任した１９８７年には「トランプ自伝」が全米でベストセラーになっていた。トランプタワーがニューヨーカーの人気スポットになっていただけでなく、更にトランプは5億ドルであのプラザ・ホテルを買収した。イヴァンナとの華々しい離婚劇と慰謝料争いが芸能ゴシップ誌を賑わしていた。

その後30年ほどの間にトランプは、全米のみならず世界の主要都市に「トランプ」の名を冠した不動産を建設、アトランテイックシテイでカジノを経営、その間にプロレス興行なども手がけ、数々のテレビ番組に出演。特に２００４年から流行語となった「お前は首だ！」で視聴者を魅了したリアリティ・ショー番組「アプレンティス（見習い）」の司会を2015年までやり、華々しい女性遍歴とともに最も話題の多い富豪として全米に名を轟かせて来た。経済人としてトランプは1991年とサブプライムローン危機のあおりを受けた2009年と二度にわたり事業に大打撃を受け、4度に亘り破産の手続きを取ったが、不死鳥のように立ち直った。選挙を通じる暴露合戦の中で、トランプは1995年にホテル部門等の経営破綻で約9億1600万ドルの巨額損失を計上し、その後18年間に亘り毎年5000万ドルの税控除を受けていたことが明らかになった。現在彼の個人資産額は「フォーブス」誌によると45億ドル（5000億円）とされる。

トランプは、取り引きには極めて厳しいが、酒も飲まず、タバコも吸わない、コーヒーすら飲まず、賭け事にも熱中しない物静かな人物のようで、家族を愛し自らを「優しい」と評する。激しい絶叫調の演説は、カジノでレスリング興行中に会得したものでメデイアの注目を意識しての作戦らしい。ただ物言いはズバリ本音で、いわゆる「政治的に正しい（political correctness)」かどうかは気にしない。彼が心を寄せるのは、失業と不景気を恐れる「草の根」層で、働けど働けど暮らしが良くならない白人労働者層や地方の保守的な白人中間層である。彼らは極めてアメリカ的で保守的な階層で、ワシントンに巣食うインテリ・エスタブリッシュメントを嫌う。トランプは「私は低学歴の人たちが好きだ」といって、彼らのハートを射止めた。

1977年チェコスロバキア出身の美人モデルのイヴァーナと結婚した。4年後、現在彼の選挙運動を支えている長女イヴァンカが生まれた。イヴァーナとは1992年に離婚して、翌年離婚の原因となった美人モデルのマーラと再婚した。更にマーラとは6年後に離婚し、2005年に結婚したスロヴェニア出身の元モデルのメラニアが三人目の妻である。

筆者が大使を務めた90年代後半のイタリアでも、メディアを支配し、女性遍歴で大衆の興味をかき立てた不動産・メディア実業家のベルルスコーニが首相を務めていた。ベルルスコーニとトランプには性格的にもまた出自的にも類似した特徴がある。一代で大富豪となり、女性問題で話題を提供し、特定の信念を実現するためというより、最大の競技場である政治が「そこにあるから」身を投じるというようなところである。面白いのは派手な女性問題は、非難されるよりマチョとして男性選挙民には羨望され、富豪であることは政治をやるために金を集める必要がないから汚職はしないだろうと逆にプラスになるという大衆心理が働く。

トランプの政治への関心がどういうきっかけで生まれたかは明らかにされていない。筆者は成功した企業マネジャーとしての彼の強いエゴから、最大の組織である国政が、結果を出せない議会や、やり方が手ぬるい大統領と行政府の下で機能していないと考えたからだと思う。1987年に共和党に入党し、ブッシュ（息子）の副大統領候補にも噂された。しかし彼は資金提供以上に、有力政治家の政治活動を熱心に支援したことはない。上院議員とか州知事にも一切関心なく、最初から米国政治の最高の頂きである大統領だけを狙っている。ただ90年代は相次ぐ事業の破綻や離婚騒動で政治への関心は遠のくが､2000年にロス・ペロウの新党「改進党」から予備選挙に出馬している。2001年に民主党に入党した彼は、2009年には共和党に戻った。2012年の大統領選ではオバマの出生地を疑う運動を展開するが立候補はしなかった。そしてある意味ではこれらの予備行動を経て、2016年の大統領選挙に本格的に挑戦した。泡沫茶番劇と共和党本流から冷笑されたトランプであるが、「メキシコ国境に壁を築く」とか、「イスラム教徒を本国に帰国させる」などメディアに話題を呼ぶ過激な発言を繰り返して注目を集め、あれよあれよという間に対立候補を一人ずつ蹴散らし、党内の排斥工作を退けて、遂に7月の党大会で指名を獲得してしまった。予備選挙における言動は計算されたものであったが、トランプが「トランプ現象」を生み出したのではなく、グラスルーツのアメリカ人の間に、ワシントンのベルトウエーの中に住むインサイダー達が生み出した失業と景気低迷に対する巨大な不満のマグマが溜まっていることを知っていたトランプが、これを彼の政治資本に転化させたのだと思う。トランプはアメリカに並存する富の栄光と貧困の惨めさの双方を、彼自身の実経験から知っていたのだろう。

トランプが大統領として目指したのは、成功したビジネスマンの行動原則に則り、「口先だけで実行しない」ワシントンのインサイダーのエリート達を排し、中間層、下層の貧しくなった草の根層に「アメリカン・ドリーム」を再現することである。相当にアナクロな保守主義といえるが、「米国市民」を最優先で、「アメリカを再び強くする」が基本メッセージであった。そのために不法移民をメキシコ国境に壁を築いても阻止する、最強の軍隊を作って（退役軍人に十分に報いる）敵対者を断念させ、保護を求める国には保護料金を十分払わせる、「気候変動」を信じないで十分にある米国の資源を開発してエネルギー自給を可能にしておく、手続きが煩瑣すぎる医療保険制度であるオバマケアは絶対に廃止して、好きな保険を契約出来るようにする、教育は全国一律でなく地域に任せる、憲法修正第二条の市民が武装する権利は絶対に譲れない、銃自体でなく銃を悪用するものを取り締まれ、全国のボロボロになっているインフラを修復して雇用を創出する、富裕層優先であまりにも複雑な税制を改革し、働き口の海外移転を齎す高率の法人税を激減させる、ベストブランドを世界中に作り上げたトランプを信じて欲しい。自分は金持ちだから誰の言いなりにもならない。大統領になったら政権に最適任者を集め、言ったことは必ず遣り遂げる等々と主張した。(1)

メディアを徹底的に利用するが、メディアは「嘘つき」だと攻撃した。政策の細部に入って揚げ足取りをされないで、身辺に多くの不満を溜め込む有権者層の心に訴えることに成功した。冷たいクリントンに比して欠点もあるが暖かさを感じさせた。

しかし大統領候補指名後に、イスラーム系米国人遺族への中傷等いくつかの問題発言を連発して、支持率の急降下を招いた。選挙参謀の辞任もあり流石に強気のトランプも「議論に興奮し、正しい言葉を選べなかったり、間違ったことを言って人を傷つけた」と反省を示したが、基本的には「真実を語る」という姿勢でメディアの集中攻撃にも全くたじろがない姿勢で選挙戦に臨んだ。

民主、共和両党の選挙綱領

さて党大会は大統領候補を選ぶとともに選挙綱領を採択する。普通の大統領選挙では、選挙綱領はその政党の潜在的な支持者に満遍なく気を使った文書で、あまり面白いものではない。普通の人はそれぞれ50ページに及ぶ分厚い綱領を読むことはない。２０１６年の大統領選挙でも事情は基本的には同様だが、党大会に至る過程での共和党のトランプ候補の激しい発言や民主党のサンダース候補の主張が、両党の綱領にどんな影響を齎したかを見ることは、新政権の施策を占う上で意味があるので、以下に駆け足で見てみたい。

共和党の綱領は共和党らしさを示した「アメリカン・ドリーム」を求める、どちらかというと原理主義的で、具体性を欠いていた。メキシコ国境に壁を築くというのがトランプの肉声を残すほぼ唯一のもので、予想外に穏健なものであった。

これに対し民主党の綱領は、共和党に対するというより、トランプ個人の予備選での問題発言を、アメリカを危険に陥れるものだと繰り返し指摘して、むしろ共和党よりも戦闘的な個人攻撃の姿勢が目立った。共和党大統領候補トランプは、「アメリカ人の良い性格よりも最も低劣な差別心に訴えようとする男」であるとして、50ページの綱領の中で彼の名前を実に33回引用している。トランプ批判は特にリーダーシップ論と国際問題への対応に関する部分に集中していた。具体的にトランプは、世界平和へのリーダーシップを、米国の利害を一顧だにしない他国に譲り渡し、核兵器を拡散させ、欧州のNATO同盟国を見捨て、メキシコ国境に壁を構築し、米国の債務のデフォールトを希望し、積年米国が構築した国際システムに背を向けると激しく糾弾し、民主党はこれを一切拒否すると強調している。

民主党の綱領には、ウオール・ストリートの強欲さへの厳しい攻撃が顕著で、「底辺の90%のアメリカ人が持つ富と同じ額の富をトップの0・1%の富裕層が保有している」ことへの強い批判を述べた。また黒人始め様々なマイノリティ・グループへの不公正な差別の解消を繰り返している。トランプが中間層、下層白人の不満に訴える作戦を取っていることを念頭に、超富裕層への攻撃と、国内の非白人層や性的マイノリティの取り込みを図っている。民主党綱領はレスビアンやゲイ等の性的少数派を意味するＬＧＢＴの語に充ち満ちている。
共和党綱領は、「ワシントンの官僚たち」が権力を簒奪している現状を強く批判し、米国憲法の原点に立ち返って、権力を選挙によって選ばれた議会に戻し、連邦政府の手にある資産や権能を各州に戻せと強調していることに特徴がある。ワシントンを中心とするエスタブリッシュメントの無能と失敗を激しく攻撃し、政治的に素人であっても経営に実力があるビジネスで成功しているトランプに任せようという基本姿勢を、共和党の伝統的な「規制を減らし自由な経済活動に任せる」「小さな政府」の主張と二重写しにしている。

共和党綱領は内容的にオバマ大統領の誕生直後の２００９年ごろからアメリカに起こった保守派のポピュリスト運動であるティ・パーティ運動が求めたものをかなり反映している。反ウォール街デモを活発に行ったこの運動は、社会的保守派（ポピュリスト右派）と財政保守派（リバタリアン）からなり、後者は財政赤字の大幅削減と減税、小さな政府の実現を目指して、州権を擁護する。政党色は濃厚でないが、思想的に共和党内の保守派に近く「アメリカ人の中核的価値への回帰」を訴え、憲法の原点への復帰を主張する。反エスタブリッシュメントで、オバマ政権の自動車産業や金融機関への救済、さらには医療保険制度改革（オバマケア）を「大きな政府」として反対している。２０１０年の中間選挙では共和党大躍進の原動力となった。

ただ基本的に「草の根運動」なので、運動を統括する卓越したリーダーが不在で、２０１６年大統領予備選挙で、彼等が支持したテッド・クルーズ上院議員はインディアナ州の予備選でトランプに大敗して早々に撤退した。共和党綱領は、「アメリカン・ドリーム」が裏切られてしまって、働く大衆が貧困に喘ぎ、米国の国際的な輝きが失われてしまったのは、オバマ大統領とクリントン国務長官の失敗と強く攻撃する。

両党綱領に共通する点は、巨大な富の格差をもたらした金融システムについて近年国民の間に噴出している強い「反ウオール・ストリート」感情への配慮である。特に民主党サイドでは最後の最後まで指名を争い、18歳から34歳までのいわゆるミレニアル世代の圧倒的な支持があった社会主義者のサンダースの主張を取り入れた。ニューヨークを支持基盤としてウオール・ストリートに近いと言われたクリントン民主党が、銀行と証券の垣根を取り払ったグラス・スティーガル法の改正を提案したことは驚きであった。これに対して共和党の綱領はティ・パーティ運動支持者を取り込むにしては、どちらかというと原理主義的で、具体的な政策面では貧弱であった。民主党主導で成立したウオール・ストリート改革と消費者保護を目的とするドッド・フランク法の下で、金融機関への規制が強まったことを批判するに留まっている。共和党はその綱領で透明度が低いとして連邦準備委員会（ＦＲＢ）すらも槍玉に挙げ、民主党系の金融人の天下りで延命している住宅金融を提供するファニーメイとフレディマックの改革の遅れを糾弾する。この法律の下でグラスルートの中小企業者の金融機関であるコミュニティ金融機関が1985年の1万3000行から現在1900行にまで激減したことを指摘してその再生を訴える。米国だけでなく世界に大災厄をもたらした金融工学を駆使した錬金術で巨大化した金融機関について、共和党も「大きすぎて潰せない」ことは許さないと主張している。

国際貿易については、民主党綱領はTPPについて内容が公正であるべきと慎重姿勢であること以外は、オバマの自由貿易体制支持の方針を踏襲していて、国際協調性が高い。それに反して共和党綱領は、TPPを明確に拒否(レームダック期のオバマによる議会承認も含め)し、既存の取り決めがアメリカに不利を齎していると強く糾弾し、反自由貿易ともとれるぐらい、自国の利益の優先を主張した。両党綱領にはしばしば中国を名指しで、貿易相手国との間に公正な貿易を求め、為替操作を許さないとの姿勢が示されている。両党とも「パナマ文書」で明らかにされた課税回避と多国籍企業のアウトソーシングによる、生産と雇用の外国への流出を回避する施策を、従来以上に強く取るべしとの姿勢を示していた。

読みづらかった選挙戦

トランプは政治のアウトサイダーとして既存政治を一まとめにして徹底的に批判し、大統領夫人、国務長官、上院議員として経験豊富なクリントンと具体的な政策内容で争うことを避け、30年間に亘り政治に関与して何をしたのだという非難を際立たせた。その結果選挙は二大政党の政策を巡る対立というよりも、大統領たる適性の有無と言う観点から相手側候補者の個人的な過去、性癖、非行を暴き立て、お互いを「嘘つき呼ばわりする」極めて低次元かつ醜い泥仕合いに終始した。２０１６年の大統領選挙は米国史上最低の選挙だったといえる。

際立っていたのは、両候補ともに国民的に極めて不人気だったことだ。選択が、クリントンという不人気だが政治経験の豊富な女性候補とトランプという政治経験皆無の傍若無人に相手を攻撃する知名度の際立って高いビジネスマンのいずれかになったという点で、史上選挙民をこれ以上戸惑わせた大統領選挙はなかったといえよう。またトランプは既存の政治、支配層への批判を剥き出しにし、どちらかというとリベラルで民主党支持の気味があるメディアへの反発を隠さなかった。

選挙戦の前半でメディアによるトランプのセクハラ暴露報道が日増しに増大した。トランプはメディアはクリントン贔屓であるとして既存メデイア自体を攻撃し、ニューヨークタイムズ、ワシントンポスト紙を始め主要メデイアもクリントン支持を明白に打ち出した。ファッション誌ヴォーグまでも創刊後初めて大統領選挙で特定候補を支持してクリントン支持を表明した。

選挙が終盤に近づくとトランプはメディアの投票操作を理由に、選挙結果は不正に基づいているとまで主張した。ある意味でメディアの中立性が失われた結果、ネット上の反応に大きな関心が寄せられたこともあって、選挙を見通すには大きな困難があった。熱狂的にトランプを支持した中・低所得白人層は、強いアメリカの伝統を信じる愛国的な保守層であり、この層が政治の流れの中で存在感を高めて行った。極論すれば南北戦争以降はじめて米国に深刻な人種的、経済的、イデオロギー的な対立構造が生まれつつあるといえる。今回の大統領選挙はアメリカ社会が重大な転機に差し掛かっていることを如実に示したものだったと見るべきであろう。

政策や人柄で候補を選ぶ良心的な選挙民、支持政党を選挙ごとに変える「揺れる州」の選挙民は選択に苦慮し、予測が立てづらい選挙でもあった。世界が米国に求める指導性という観点からすると、両候補ともに「偉大なアメリカ」を追求する内向きの基本姿勢で、政策内容的に極めてお寒い選挙であった。ある意味ではアメリカの相対的な経済力の低下と富の配分から落ちこぼれた層の生活不安が反映されたといえる。

トランプは副大統領にインデイアナ州知事のマイク・ペンスを選んだ。共和党の保守派の論客で、トランプ同様に移民政策では強硬派、人工中絶や同性婚に反対の立場で、「法と秩序」を強調する。これに対しクリントンは石炭、鉄鋼、自動車など主要産業が衰退した「ラストベルト」といわれる中西部工業地帯の白人票の取り込みを狙って、ヴァージニア州選出のティム・ケーン上院議員を選んだ。

トランプの主張は年来の共和党の主義主張と背反する点が少なくなかった。例えばこれまでの大統領選挙では労働者・マイノリティーを基盤とする民主党に対して、共和党はどちらかといえば大企業優先であった。トランプは白人貧困層にアピールし、多国籍企業を攻撃した。共和党の主流はブッシュ親子等大統領経験者を含めてトランプの選出には一貫して反対で、党大会がトランプを大統領候補に選んだ後も、挙党体制はできなかった。選挙戦の進行と共に、人身攻撃に終始するトランプの異常な選挙キャンペーンは共和党に自壊的な働きを生み出した。そもそも指名獲得に至る過程で共和党主流はトランプへの反対を隠さなかったが、トランプの異常ともいえる選挙戦の戦い方から、トランプ支持が白人低所得層という極めて限定的な層に限られて来ることが明らかになるに従い、上下両院選挙における共和党候補へのマイナスな影響が懸念されるに至った。共和党は上院で過半数を維持するには、改選議席34議席のうちの21

州以上で勝利する必要があったがそれは困難視された。下院での優勢すらも覆る恐れも出てきて、投票日の一ヶ月前に共和党主流派の下院議長のライアンは議会選挙に専念するためにトランプの応援をしないと宣言した。

ただこの共和党内の不一致については、米国の特殊事情を説明しておく必要がある。米国には全国政党として民主党ないし共和党の組織がある訳ではない。50州に党組織があり、四年に一度の大統領選挙の折りに大同団結する仕組みである。人気のある大統領の場合、いわゆるコートテール（長い裾）効果で、議会選挙にプラスの効果がある。この効果が期待出来ないと思われる時には、州レベルの党を守るために上下両院の州出身議員が大統領選挙よりも議会選挙を優先するということである。

これに反して民主党は危機感もありサンダースも含めてクリントンを盛り立て、資金集め、選挙キャンペーン、草の根活動等伝統的な大統領選挙のやり方で選挙を戦った。しかしクリントンも大衆へのアピールの無い性格に加え、国務長官時代の私用メールアカウントを公務に使ったこと、3万通以上を勝手に削除したこと、夫のクリントン財団の集めた資金の不適当な使用問題、企業からの高額な講演料の受け取り、夫ビルクリントンの不倫問題での身の処し方等攻撃を受ける材料に事欠かなかった。

この様な流れの中で三度に亘るテレビ討論におけるパーフォーマンスでは、常識的な判断ではクリントン候補がトランプを上回ってはいたが、現状に不満な白人中間層以下には「歯に衣を着せない」トランプ発言への爽快な支持が固定していて、討論自体が選挙結果に決定的な影響を与えることはできなかった様に見える。特に第1回のテレビ討論で「大統領らしさ」を演出するためにトランプが比較的に穏健だったが支持を広げられなかったところへ、女性蔑視の諸言動がメディアに大きく取り上げられたこともあり、一転して第2回の討論ではクリントン候補夫妻を激しく低次元で攻撃する作戦に出た。クリントン大統領の性的な不品行を徹底的に暴く作戦は、大統領選挙を低次元のゴシップ合戦に転化させてしまった。しかしトランプは選挙戦を通じて支持の幅を広げることには成功しなかった。最終回のテレビ討論で司会者が選挙結果を受け入れるかと質問したのに対してトランプは最後までイエスと答えなかった。民主主義国でこのような態度は余りにも不適切で、トランプは一層評価を下げることに繋がった。しかしその間にクリントンは「嘘つきで嫌な女だ」というラベル張りとトランプは暴言僻はあるが本音で語り強いアメリカを再建出来るかもしれないという期待感が次第に固まって行ったように見える。こればボディーブローのようにかつて米国工業のハートランドであったが今や衰退したラストベルト諸州に浸透した。高学歴の白人層や女性層に生まれた「隠れトランプ支持者」は世論調査に現れなかったようである。

世論調査結果がクリントン優勢を伝えるにつれて、トランプの発言は先鋭化した。国務長官時代のクリントンの私的なメールアドレスから国家機密が漏洩したとの非難は、選挙の早い段階で不起訴となり、クリントンが「不注意」を謝罪して一応解決していたが、選挙戦中段以降再び蒸し返された。ウィキリークスがこれを裏付けるメールを公表したり、連邦捜査局（FBI）がクリントンの信頼する側近の未成年者との不適切な関係を捜査する過程で、新たにクリントン発のメールが相当数見つかったとして、投票の10日前にFBI捜査の再開を発表する等、クリントンに不利な材料が続出して、クリントンは積み上げた優位を投票日まで何とか守るという受け身の選挙戦を強いられた。FBIは投票日の二日前に訴追を求めない決定を確認したが、多くの有権者は期日前投票を済ませているので、果たしてどの程度の影響があったかは不明である。しかしFBI捜査再開は、クリントンが不誠実で嘘つきだというトランプの主張を裏付けることとなり、クリントン陣営が受け身に回ることを余儀なくされたことは確かである。

皆が驚いた選挙結果

11月8日の大統領選挙の投票結果は、投票数ではクリントンが200万票も上回ったが、接戦州や民主党の大票田の「青い壁」諸州がトランプの手に落ち、選挙人数ではトランプ306人に対してクリントン派232人で、堂々たるトランプの勝利だった。この選挙結果は殆どのメディアを含む大方の予想を覆すもので、米国のみならず、全世界に衝撃が走った。

選挙結果から見ると今回の大統領選挙の異常さがはっきりする。それは逆に民主党の選挙戦略が技術的に過去に縛られたものであったということを物語る。周知のように米国の大統領選挙は直接選挙でなく、州別に割り振られた投票人を州毎の総取り方式で選出する（メーン、ネブラスカは例外で比例配分される）。過去の大統領選挙で大体民主党候補を選出する約15州の「青い州」と、共和党候補を選ぶ約20州の「赤い州」が決まっていて、その間に選挙ごとに支持政党が変わる可能性が高い「揺れる州（スィング・ステート）」がある。通常の選挙戦略はこの揺れる州をいかに獲得するかというものとなる。今回の選挙でも揺れる州の争奪が重要であったが、トランプは白人人口が8割近い（全国平均は72・4％）、ラストベルトの「青い」ペンシルベニア州での逆転を精力的に行った。結果的にトランプは伝統的な激戦州のフロリダ、ノースカロライナ、オハイオ、インディアナのみならず、共和党を受け付けないで来た「青い壁」であるウイスコンシン、ミシガン、ペンシルヴェニアをも僅差で制した。誰もが投票日の前日まで想像もしなかった劇的なトランプの勝利だった。

共和党の下院の支配は続くと考えられていたが、懸念された上院議員選挙でも24名を当選させて非改選議員数と併せて、共和党は上院の過半数を獲得した。共和党が挙党体制で選挙に臨んだというよりトランプの個性と強烈な自己主張の選挙戦であったが、結果的には共和党は大統領を出し、併せて上下両院も支配するという2014年の中間選挙から続いた「捩れ現象」を解消させる結果となった。

トランプ勝利の背景と勝利の方程式

米国では余程のことがない限り、政権交替は大体二期8年毎に起こる。これがアメリカを活性化してきた。歯切れの悪い8年に亘るオバマ民主党政権の後だから常識的には共和党のチャンスだった。

2016年の大統領選挙を極めて特異なものとしたのは、世界が多極化し、米国の国力が相対的に低下する中で、今後のアメリカの方向性を決めるという重大な転換期に際会していたため、強力な大統領が求められていたことである。民主・共和両党とも予備選ですっきりと候補を決められず、両党とも出だしから躓いた。

民主党側ではフェミニズムのチャンピオンを自他共に許し、極めて強い上方志向を持ち、極めて有能でかつ元大統領の夫人という、ある意味では異常な人物であるヒラリー・クリントンという女性が永年の準備期間を経て米国史上初めて女性大統領に挑戦しようとしていた。女性の社会的な進出が著しいアメリカではあるが、最後のガラスの天井を破って、女性が大統領になることには、保守的階層には相当の抵抗感が存在する。本来なら予備選挙を独走しても不思議でないクリントンの人気が最後まで盛り上がらないで苦戦したのは、夫と共に彼女が多くのスキャンダルの負の過去を抱えていて、彼女を強く嫌悪するものが多かったことも与っている。加えてサンダースという若者に絶大なカリスマ的人気を持つ社会主義者が多くの支持を集め、最後まで決着が持ち越されたからである。

共和党からは多くの候補者が予備選挙段階で名乗りを上げたが、いずれも「帯に短し、たすきに長し」で本命が浮上しなかった。共和党主流が候補を一本化出来ないままに、トランプという強烈な個性を持つ政治経験皆無でアウトサイダーの実業家が全ての候補者を一人ずつ打ち倒して、党大会に至るまでの共和党主流の強い反対を押し切り、共和党の大統領候補となった。候補者選びはいつでもドラマであるが、今回は予備選から本選挙に至る長い期間に亘って、政党内と政党間で、政治のプロとアウトサイダーの間で、激しい対立と抗争が繰り広げられた。

トランプは白人中間層の間の現状への不満のマグマを直感的に正確に捉えていた。彼は現状への不満をエスタブリッシュメントへの懐疑と批判に転化させた。「メキシコとの国境に壁を築く」「アメリカに守って貰っている国は十分の対価を払え」「イスラム教徒の入国を阻止する」等の単純化された暴言の形で自分に注意を引きつけることに成功したのである。トランプは「アメリカを再び偉大な国にする」以上に余り具体的な政策を示さなかった。手の内を明かさないのがディールに勝つ勝利の方程式であると正当化した。

トランプの選挙戦略も手法も型破りであった。「揺れる州」での勝利もさることながら、中西部の伝統的な民主党地盤の切り崩しを図ったのは異例な戦略だった。近年の大統領選挙は世論調査とボランティア動員の草の根作戦を結びつけた、高度に技術的な側面がある。多額の資金を必要とし、資金集めの成否が選挙戦の成否を決定してしまう。民主党が潤沢な選挙資金を集め、党が一致して選挙戦を戦ったのに比較すると、トランプは自己資金に依存し、党組織にも依存しないで、家族に支えられた直感力を重視した個人の選挙戦を戦った。

２０１６年の大統領選挙は国内の亀裂を反映すると同時に、逆に亀裂を深めた。大統領が選ばれた直後から主要都市で街頭デモが続いたのは米国内の亀裂の深さを物語っている。

トランプは端倪すべからざる人物である。その強烈な資質は、成功への強固な意思、直感的な判断力と既成概念に拘泥しない能力の三点に集約出来る。米国の選挙民が迷い抜いた末に、トランプを次期大統領に選んだのは、クリントンの安全さよりも、トランプのこれらの資質がアメリカを変える期待を選んだということであろう。隠れたトランプ支持者も意外に多かったのは、投票行動がさまざまな動機で決定されたことを物語っている。

「強いアメリカ」の指導力と孤立主義の遺伝子のせめぎ合い

米国には孤立主義の遺伝子がある。そもそも米国は旧大陸ヨーロッパの権謀術数のアンチテーゼとして成立した。永年の孤立主義を克服して米国は第一次世界大戦に参戦したが、戦後米国議会はヴェルサイユ講和会議でウィルソン大統領が中心的役割を果たして作り上げた国際連盟規約に参加することを拒否し、自国主義の伝統に復帰した。ルーズベルト大統領は日本の真珠湾攻撃を最大限に利用して、再びこの孤立主義を乗り越え第二次世界大戦に全面的に参加した。その後アメリカは国際主義に転じて、ソ連との長い冷戦、朝鮮・ベトナムの二つの戦争、9・11の「同時多発的テロ」後の中東での実りの無い戦争等を息つく間も無く戦って、多大の人命を失った。平均的なアメリカ人の眼にはオバマ大統領の下で、中東の泥沼から手を引く撤退戦がやっとある程度成功したかに見えていたろう。オバマ路線には弱腰との批判がつきまとったが、米国民が政策継続を期待しても不思議でなかったと思う。

ただ米国民は、米国の利益を第一として、世界の警官はもとより世界の利益調整者たる役割も放棄し、第二のモンロー主義とでもいうべき孤立主義的な傾向を強める可能性も秘めている。その意味でトランプの米国の利益を第一に考えるという趣旨の一連の発言は、煽動的言辞ではなく米国世論の長期的な動向が反映されていたと見なければならない。

トランプは選挙を通じて、また当選後も一貫して「共にアメリカを強くしよう」と訴えた。そして米国の利益を第一にして、強い力の立場から世界でリーダーシップを発揮するという考えを示している。共和党の選挙綱領には、初代ワシントン大統領の「関わり合いになる同盟はどの国とも結ばず」という発言を引用している。米国に内在する介入と孤立主義の間の振り子が、新政権下で孤立主義に傾く可能性は十分に有り得る。世界の心配は、トランプ大統領の下で、孤立主義が米国のリーダーシップ発揮を妨げることである。

トランプ政策の目ざすところ

アメリカを強くすることを一貫して主張したトランプが、ホワイト・ハウスの主となって最優先するのは、選挙で露呈した米国社会の亀裂を埋め、自国の経済の立て直しであることは間違いない。彼は選挙戦を通じて大幅に減税する税制改革（法人税を35％から15％に下げる）、インフラ等の修復による雇用の創出、国内エネルギー資源の開発などに言及した。共和党はオバマケアに一貫して反対して来たし、トランプもこれを民主党の政策失敗ナンバーワンと位置付けていたから、議会を完全に掌握した以上新政権が真っ先にオバマケアに手を付けることは疑いない。

トランプはビジネス・センスで米国経済を立て直すと確約し、勝利宣言で経済成長を二倍にすると述べた。経済成長率を高くして、そこから生まれる税収増で大幅減税を実現することが簡単にできれば問題ない。共和党は選挙綱領にも明らかなように、そもそも気候変動すらも信じない立場だから、新政権は石炭業を含むエネルギー資源開発を活発化させ、アメリカはエネルギー自給を達成することになろう。これらが過大な財政支出を伴わず、民間のイニシャティブで出来るかどうかにビジネスマン・トランプの真価が問われる。民間活力を生かして経済成長を加速化し、税の自然増で減税をするという手品を実現出来れば、日本がやったような増税で財政収支を改善する失敗を犯さないで済む。全てはトランプのビジネス・センスと最善のアドヴァイザーたちがこれから出す知恵にかかっているから、世界はお手並み拝見ということになる。

ただ国際政治、経済は、ゼロサム世界ではないとはいえ、アメリカの利益を第一に求める政策は、やり方によってはアメリカ以外の国にマイナス面がシワ寄せされる危険がある。トランプは勝利宣言の最後に、取ってつけたように「われわれは全ての国と仲良くやって行く。国際社会に言いたい。米国の国益を第一にする一方で、全ての国と公平につきあう。共通点を探し、対立や紛争でなく、パートナーシップを求める」と宣言した。その言は至極もっともであるが各論になると簡単ではない。直感を大事にし、「政治的な正しさ」に囚われない本音のトランプのこれまでの言行録と共和党の選挙綱領を土台に、トランプ政権の対外政策の指向性を探って見る努力から始めたい。

(1) 安全保障政策

世界で最も強大な軍事力を持ち、「力による平和」の基本方針を重視する。アメリカは国益を第一にするが、同盟国も必ず守る。但し同盟国はアメリカが満足する対価を払うことなしに米国の軍事的な庇護を当てにすることは出来ない。米国の軍事介入は国益が直接に侵された場合に限る。作戦計画は秘匿されるべきで、手の内を絶対に敵に知られてはならない。勝利のために隙の無い作戦計画を立て、素早い撤収計画も必要だ。世界大戦にでもならない限り、徴兵制度は再導入しない。退役軍人の待遇を改善する。米国の安全をより確かにすることなく敵を利することとなる軍備制限条約は破棄する。

(2) 「イスラーム国」対策

ＩＳは壊滅させねばならず、ＩＳと戦うために海外派兵が必要になるかも知れない。ただ軍事アドヴァイザー派遣だけでは勝利は達成出来ない。資金源である石油を奪わねばならない。他の国に手を貸してもらうことも必要である。

(3) 中東政策

イスラエルの存立は絶対に守る。イランは敵でありイスラエルの脅威である。イランとの合意は議会の承認を得たものでないので、これに拘束されない。いかなる犠牲を払ってもイランの核武装を阻止する。シリアの独裁者であるアサドは排除され、国民を代表し、少数民族の人権と宗教を尊重する政府に代替されねばならない。クルド人を引き続き支持する。彼等の勇敢な協力は尊敬と自治権（autonomy）に値する。

(4)　対中政策

米中間には相互依存関係があるが、米国が中国を必要とする以上に中国は米国を必要としている。中国が米国に中国市場へのアクセスを認めないで、米国の技術や知的財産を剽窃することは認められないし、為替レートの操作をこれ以上続けることは認められない。オバマ政権の自己満足の結果、中国は大胆になり、防衛目的から隔絶した海軍力を建設しており、南シナ海全域において領有権問題が争われている海域で港湾建設等を行っている。

(5)　アジア政策

米国は太平洋国家でもあり、環太平洋の全ての周辺国家との間に経済、軍事、文化的な紐帯を有し、日本、韓国、オーストラリア、フィリピン、タイとの間には条約上の同盟関係を持つ。北朝鮮の核兵器開発の検証可能な廃絶を求め続け、中国には金体制変革が不可避なことを認めるよう要求し続ける。金正恩との首脳レベルの直接交渉も視野に入れる。台湾関係法に基づいて米国は忠実な友人としての台湾が自らを守ることを助ける。台湾海峡における現状が一方的に変更されることに反対する。インドは米国にとり地政学的な友邦で戦略的な貿易パートナーである。米国はパキスタン、アフガニスタンとの間にタリバンの放逐とパキスタンの保有する核兵器が安全に保たれることに共通の利害関係を有するので、信頼関係の回復に努める。ミャンマーが専制から解放されたことを祝福し、少数民族の人権を尊重することを求める。ベトナムとの関係を改善し続ける。

(6) ヨーロッパとの関係

NATOは堅持するが、米国は欧州のNATO加盟国の4倍の防衛負担をしており、欧州諸国に防衛支出を増大することを求める。英国との特殊関係は尊重する。ロシア国民との友好関係は維持する。ロシアとはテロの収束、核拡散の防止、貿易の促進などの共通の関心事項を享有する。クレムリンの責任者の下で個人の自由と人権が侵されている。ロシアの国内政策は抑圧的で対外政策は向こう見ずである。米国はロシアの好戦性が復活する場合には、かつてソ連を崩壊に導いたと同様の固い決意で対抗する。ロシア政府がウクライナやジョージア等で力を以て領域を変更することは受け入れられない。プーチンは優れた指導者であり、上手くやって行けるだろう。

(7) カナダとメキシコ

両国は家族を通じる関係、言語、文化、環境と貿易で米国と密接に結びついている。カナダとは北米のエネルギー独立の目的で協力する。キーストーンXLパイプラインに反対するオバマ政権の政策は変更する。メキシコからの不法移民は壁を作って阻止する。

予見不能なパラダイム・シフト

世界が重大な関心を持っているのは、語られていないことと書かれていない二つのことである。一つは世界経済の将来についての具体的なヴィジョン、もう一つは米国の軍事力の世界的な展開の将来像である。予見が不可能なこの二点について、選挙綱領でアイゼンハワー以来の共和党が一貫して示してきた「世界の指導者」の伝統を守るとする新政権は、真剣に建設的に取り組む必要がある。その方向性によっては大きなパラダイム・シフトが起こり得る。

トランプの国際経済政策は極めて不明確である。TPPやNAFTAは米国に公平な利益を齎さないとして拒否するが、対案の片鱗すらも見せていない。自由貿易制度を放棄して、保護主義に転じることはあり得ないだろうが、更なる発展が期待し得るか現時点では不明と言わざるを得ない。記者会見を避け、動画でメッセージを発信するトランプは、11月末に近く、「大統領就任初日にTPP離脱を議会に通告する」「代わりに公平な2国間貿易交渉で、雇用と産業を米国に取り戻す」ことを明らかにした。

同じような予見不能性は国防政策にも見られる。米国の相対的な国力の低下や中国の軍事的な台頭は冷戦後アメリカが維持して来た超軍事大国米国の一極支配の夢を非現実的なものにしている。オバマ大統領はこのことを良く認識していたから、米国の軍事的な介入を極力減らし、キューバ、イランと関係を改善することに努め、北朝鮮の危険には目をつむってきた。その間隙を突いて中国は「太平洋は広いので米国と中国の両大国を受け入れる余裕がある、新型の大国関係を築こう」と臆面もなくアメリカに言い寄っている。最近米国は中国に巧妙に乗せられたのではないかという反省が生まれ、クリントン国務長官は「アジア回帰」の政策を主唱したが、大きな転換はなされないで来ている。

オバマ政権の8年間、米国の防衛政策が漂流したことは否めない。しかし軍事的超大国である以上、早晩米国の国防政策においてはパラダイム・シフトが起こることは避けられない。もちろん米国内ではアイゼンハワー大統領が危惧を持ったように防衛産業と軍の巨大な利益集団の力が現存しているので彼等の既得権益を害する政策には抵抗するだろう。しかし彼等は兵器の生産や輸出には関心があろうが、他国のためにどれだけアメリカ人の血を流すかには関心はない。それを決定するのはあくまでも最高軍司令官である大統領である。国防の基本方針が政治的に決まれば、これまでのペンタゴンの政策も大きく変わり得る。

同盟国との協力関係の維持、核兵器の不拡散、テロとの対決の基本方針については変わりようもないが、細部についても問題山積である。中国の東シナ海、南シナ海への覇権の拡大、北朝鮮の核保有国への着実な歩みを如何にストップし、逆転させるか、イスラム国への対応、ロシアとの関係の安定化等、トランプ政権がオバマ政権下での無策ともいえる姿勢を継続すれば、米国の鼎の軽重が問われる。

アメリカには孤立主義のDNAはあるが、対外戦略では力で押し切る以外のソフィストケートした対外対応戦略がない。ソ連との冷戦も中東介入も力勝負だった。トランプ共和党政権の国防政策も「力による平和」である。しかし米国の国力の相対的な低下から米国の一極支配は今や夢物語である。アメリカは今後の世界戦略の中で、中国と世界を二分する方向に進むのか、対ソ封じ込めと同様な対決戦略を取るのか、忌み嫌ってきた欧州「旧世界」の「勢力均衡」(バランス・オブ・パワー)政策を取り入れるかの分岐点に立っているといえる。これはアメリカにとって歴史上未曾有の経験である。ことがあまりにも重大なため、筆者は新大統領が就任しても、アメリカの対応が最終的にはっきりするまでにはまだ相当の時間が掛かると思う。暫くは過渡期的な試行錯誤の時代が続くと覚悟しておいた方が良い。これからの国防政策の核心は、どこまで海外に軍事基地を維持するかという「前方展開」問題である。この問題はアジアでは対中政策と表裏の関係にある。

トランプ大統領の「パワー・ディール」は成功するか?

これまで選挙の勝利を最優先にしてきたトランプだが、大統領に就任したら優秀なアドヴァイザーを迎えて、選挙中の発言とは異なる健全な政策を志向する期待もあった。しかし彼の当選後の言動から、この期待は淡くも消え去った。トランプ政権は、ワシントンのエスタブリッシュメントの部外者として大統領に就任したレーガン政権のようにはならないことも明らかになった。キッシンジャーは『外交』の中でレーガン大統領は国際政治に全く知識を持たなかったが、アドヴァイザーの言うところを容れつつ、勘所は抑えて成功したと述べているが、トランプは第二のレーガンにはならないようだ。トランプは「アメリカを強大にする」ためのいくつかの重要な方向性について明確な自分の考えを持ち、賢明なアドヴァイザーにそれを実行させる考えのようだ。閣僚人事もトランプと思想を共にし、トランプの考えを忠実に実行する人物が選ばれていて、際立ったサプライズ人事はなかった。

一言で言えば、トランプの対外政策は、力にものを言わす「パワー・ディール」になることがはっきりして来た。低下した米国の相対的な経済力が一晩で回復することはないから、トランプのこの考え方は現実離れしていて、危険である。

トランプに押し捲《まく》られることを恐れて、交渉相手も身構える。対外政策に基本的な継続性があれば、ある程度ディールも進み得る。しかしトランプの対外政策は、オバマ８年の成果を完全に逆転させることばかりである。多角的な自由貿易を進めるＴＰＰを破棄して二国間貿易交渉に転換する。オバマ大統領がイスラエルやサウディアラビアの不興を買っても進めたイランとの核合意もご破算にする。オバマが中国と折り合って実現した地球温暖化防止のパリ協定もご破算にする。核兵器の役割を減らすのではなく、むしろ近代化して強化する。米国の政権交代でこれ程までに、前政権のやったことを覆した例は過去に無い。

米国の軍事的な庇護の下にある同盟国に相応の負担をさせるといっても、すんなりハイそうですかと言う甘い同盟国ばかりでは無いし、負担増といっても多寡が知れている。遣り繰りして米国が巨大な財政負担をしたとしても、米国の軍事力が一夜で軍事バランスを米国に有利にさせ得ると考えるのは夢想的である。グローバル化の進展でサプライチェーンが国境を越えて相互依存関係が進んでいるから、トランプが頼りとする米国市場の購買力のパワーも絶対的ではない。中国もロシアも米ドルに依存しているのは事実でも、米国の対外負債は巨大過ぎる。米国の経済・技術力が強大であることを認めても、米国民が一晩で貯蓄心を増やすこともあり得ないから、パワー・ゲームは資金が流失した新興国の経済不振を招き、世界経済発展のエンジンを停める重大な結果を招く怖れがある。

ＧＮＰの規模で見ると、ＥＵの統一市場は米国市場にかなり拮抗している。中国も端倪すべからざるネゴシエーターで、全体主義国家として持久戦能力も高いから、簡単に取り引きには応じないだろう。トランプはＷＴＯから離脱するとまでは言っていないから、相手がバイの交渉に応じなかったら、ＷＴＯの枠内で許されるダンピング認定とか為替操作国としての関税引き上げで、相手に圧力をかけるしか無い。当然相手国は米国の雇用に打撃を与える報復措置を取るだろうから、虻蜂取らず終わるかも知れない。

トランプの日本観と日本の対応

日本ではトランプの安保ただ乗り批判や不公平な日米経済関係についての過激な発言が注目された。この発言は１９８０年代後半から90年代の前半の日米間の経済摩擦の時期の米国財界人の対日観を引き継いでいる。日米経済摩擦華やかなりし頃の１９８７年9月に、トランプは10万ドルを投じてニューヨーク・タイムズ、ワシントン・ポスト、ボストン・グローブの３紙に全面広告を載せ、その冒頭で「何十年にわたり、日本そして他の国々はアメリカから一方的に恩恵を受けてきた。何年にもわたって、米国がタダで日本の安全を守ってきたため、日本は国防のために巨額の費用を払うことなく、強く活気のある経済を作り上げ、空前の貿易黒字を溜め込んだ。円安、ドル高を維持し続けることで、日本を世界経済の第一線に押し上げたのだ」

と述べた。また1990年にはプレーボーイ誌のインタビューで「日本人の優れた科学者たちは車やビデオデッキを作っているが、我々アメリカ人の優れた科学者たちは日本を守るミサイルを作っている」「彼らは自分たちの生産した消費財で我々のカネを全て持って行き、そのカネでマンハッタンを買い占めている」と言っている。

予備選挙を通じて彼は同じ考えを繰り返し述べた。②彼は日本との交渉は手ぬるすぎて、いつも日本にしてやられていると考え、TPPを纏めたオバマを批判し、安保条約の片務性を攻撃し、日本は自衛力を強め、必要なら核兵器を持って北朝鮮に対峙すべきで、安保条約に頼るならもっとカネを出せという趣旨を露骨に述べ続けた。

1990年前後の日本のバブル最盛期に、彼のビジネスは苦境にあった。1991年にトランプの経営するホテル、カジノや航空会社は次々に破綻した。日本叩きが最も激しかった80年代終わりから90年代初めにかけてのこの時期が、トランプにとっても最も苦難の時期だった。想像するにトランプは日本のバブル最盛期に時を同じく起きた彼のビジネス上の苦難と「アンフェアで安保タダ乗り」の怪しからぬ日本との間に因果関係があると考え、その考えが染み込んでいるようである。プラザ合意以後の円高や構造協議による米国スタンダードの押し付け、日本のバブルの崩壊とその後の「失われた20年」の日本の経済凋落、巨額の日本の米国債保有、「思いやり予算」などが頭に全くないかのようである。トランプの日本観は思い込みが激し過ぎる。

トランプが優れたアドヴァイザーの起用で、日本に対する彼の偏った思い込みを修正することが期待されるが、その期待は実現しない可能性の方が高そうだ。日本としてはトランプが基本的な対日認識を変えることがないままに、二国間で種々の要求を出してくるという最悪事態を前提に、対応を考えておくのが賢明である。トランプ周辺に日本から彼の思い込みの蒙を啓くインプットをすることは重要である。指導者間のケミストリーも重要であるから、安倍首相が就任前のトランプと私的懇談をしたことを評価する。

ただ極めて重要なのは、これからは、少なくとも小一年は、日本はどっしり腰を構えて、大局を観望することである。「バスに乗り遅れるな」的な意見が出てきても、安倍首相は焦ることなく、地球儀を俯瞰して世界の対応ぶりを見極めてから、さまざまな選択肢を慎重に選んで対米態度を決めて欲しい。それでなくても交渉カードが少ない日本は、間違っても唯々諾々とかつての構造協議のような不利な二国間交渉には絶対に入ってはならない。米国にとり日本との交渉の優先度は高くない。同様に日本にとっても急いで米国との間で二国間交渉を行うメリットは皆無である。TPPについてあれほど国内各方面で危惧や反対があった日本が(3)、米国のＴＰＰ断念が世界の終わりのように考えるとしたら滑稽ですらある。貿易立国の日本は自由で拡大された市場を求めるのは国是であるが、その選択肢は色々あるだろう。慌てることはない。

日本はまずトランプ大統領の就任演説で明らかになった米国の優先政策課題をじっくり見極めたら良い。安全保障については新政権の「国家防衛戦略」が示されるのを待ってからの対応で良い。

国際的にも世界があたふたと対米交渉を始めて日本が不利になることなどあり得ない。ＥＵは２０１７年は選挙の季節で米国との重要な協議は早くても恐らく２０１７年末でないと始められない。中国も２０１７年年央まで今後の15年の指導層が決まらない。

シリア問題を切っ掛けに米国とロシアとの協調が進むか、その中でＩＳ覆滅が進むのか、日本は慎重に見極めれば十分である。南スーダン情勢の悪化以外に、ＰＫＯへの参加が日本に難問を突きつけることもないであろう。

日本が優先して臨まねばならないのは、安全保障上の選択肢の拡大と検討である。安倍首相はこれまで着々と手を打ってきた外交を粛々と進めることである。ロシアとの関係の改善と強化、中国との間で意思疎通の増大を進めるのが外交上の最優先課題である。日米関係が重要であるといっても、急いで飛び込めば、米国の術中に嵌まるだけである。政府はもちろんであるが、学者もメディアも既成概念から脱却して、全方位的な視野の中で、中、長期的な日本の安全保障戦略のオプションを検討し、国民に示してもらいたい。

〔註〕

（1）ドナルド・J・トランプ「最強の切り札　The Trump」ワニブックス　2016年

（2）グレン・S・フクシマ「トランプはなぜ日本嫌いなのか」中央公論2016年8月号102～109ページ

（3）孫崎享「戦後史の正体　1945－2012」創元社　2012年　360～364ページ

2章
英国の欧州連合（ＥＵ）離脱とヨーロッパの将来

トランプ大統領誕生と英国のＥＵ離脱（Brexit）

２０１６年６月23日、英国が国民投票でＥＵからの離脱を選択した。事前の大方の予想では英国はＥＵに残留するだろうとみられていたので、全世界に衝撃が走った。半年も経たないうちに今度は米国で大方の識者、メディアの予想を裏切って「異端児」トランプが大統領に当選した。この時点で振り返って見ると、英国のＥＵ離脱に今までと異なる意味合いが浮かび上がる。

英国のＥＵ離脱で世界が驚いたのは、過半の英国人が、何故ＥＵ残留に伴う明白な経済利益を失う危険を冒したのかだった。英国の約４割の輸出がＥＵ圏に向けられ、強力なシティーはＥＵ内の一国で金融免許を取れば全ての国で活動出来る「パスポート」制度により欧州各地で国際金融活動が出来る。旧東欧諸国からの移民流入も成長を支える要因でもある。これらの経済利益を失う危険を冒してまで、ＥＵ離脱で何が得られるのかということである。だから離脱派は東欧の移民に職を奪われ、伝統的な英国の地方の暮らしを守りたいと言う退嬰的な一時の感情に支配されて離脱を決めたが、少なからざるものが後悔しているというコメントもあった。またいずれ英国はＥＵに復帰する可能性もあると指摘する識者もいた。

しかし２０１６年後半に奇しくも英国と米国で起こったこの国民の驚くべき選択は、先進国でグローバリズムが引き起した、移民の増大、相対的な貧困の意識と格差の拡大に国民が強い心情的な反感を抱くようになっていたということが理由である。この「理屈と大衆感情の乖離」に既存の政治家、メディアや学識のある人たちが気付かなかった。19世紀の「パックス・ブリタニカ」を築いたヴィクトリア朝英国の名宰相といわれたパーマストンが嘗て、「大衆がその国の運命に影響を及ぼす諸国においては、利益より感情に支配される。利益は一部の者しか影響しないのに反して、感情は大衆を支配するからである」と喝破した通りのことが起こったといえる。

実際何が起こったのか

英国の「離脱」を巡る国民投票には、４６５０万人の有権者の72％強が投票し、その52％弱が離脱に賛成し、48％強が残留を支持した。投票行動を地域的に見ると、離脱派が圧倒的に多かったのはロンドンを除くイングランドだった。英国最大の日産の自動車工場（約６０００人が働く）があるイングランド北東部のサンダーランドの離脱支持は60％を越えて際立って高かった。勤勉な東欧移民に職を奪われるという感情の強さを示すものと考えられる。これに対してＥＵ残留支持者が過半を占めたのは主としてロンドン、スコットランドと北アイルランドだった。英国人口約６４００万人のうち、約８５０万人がロンドンに、５３０万人がスコットランドに、約１８０万人が北アイルランドに住む。これらを単純に合計しても英国人口の３分の１にも達しない。ロンドンを除くイングランドの強い離脱傾向が大勢を決したといえる。

世代別の動向は高齢者が離脱支持で、若者は圧倒的に残留支持だった。いずれの国でも高齢者は「古き良き時代」の再現を求め、未来を生きる若者は現実主義的な判断をする。「イングランドの強い離脱傾向」は、古き良き伝統文化が失われるという高齢者の感情と、東欧移民を忌避する労働階級の強い懸念の感情が混ざったものであったように見える。離脱を支持した人たちは、シティーの繁栄も、ロンドンに集まる富も、今の自分には全く関係ない。このままでは自分たちの伝統的な生活が根底から覆され、未来には貧困の中で職は他所者に奪われてしまうと恐れていた。

筆者は50年代後半から60年代の始めと、70年代の終わりから80年代の初めまで、それぞれ４

年ずつ、合計8年英国に暮した。その間にオックスフォード大学で2年間カレッジ・ライフを体験し、更に王立国際問題研究所で1年客員研究員としてシンクタンク生活も味わった。外交官としてのロンドンの大使館勤務に加えて、非常に自由な時間を持った。お陰で英国内を広く見ることが出来たし、旅行者としてではなく、多くの友人の家庭に招かれて生活体験をしている。広大なマナーハウスに住む上流階級の信じ難い優雅な生活に触れた。またクリスマスに赤いジャケットを着て馬に乗った男を先頭に村中の人々がビーグル犬と一緒に野兎を追い回す絵のような光景も味わった。同時に北部イングランドからスコットランドのかつての産業革命を支えた地域の衰退、ロンドン始め大都会の郊外に延々と続く移民の貧しい居住区を見ている。外務省を退官後にはご縁があって、英語を通じて国際的な理解と友好を推進するという目的で第一次世界大戦後に出来た国際組織と密接な関係を持ったので、英国人の英語への思い入れを内側から感じるという経験もしている。これらの経験から保守性と跳躍を恐れない心を合わせ持つ英国人の国民性を筆者は知っている。

賽《さい》を投げた英国人

歴史を振り返ると、英国は終始ヨーロッパとの一体化に消極的だった。1957年に英国は欧州共同体設立のローマ条約に入らなかった。ＥＥＣが出来ても貿易上これに対抗するＥＦＴ

Aを作り、力関係で破れて初めてヨーロッパ入りを志向したが、第二次世界大戦中ロンドンに亡命政権の本拠を置いて抗独運動をして英国に大恩のあるドゴール大統領に、二度に亘る屈辱の「ノン」を突きつけられ、1973年に漸くEECに加盟した。欧州連合（EU）に参加したが、ヨーロッパ単一通貨のユーロを採用せず、ポンドを維持した。シティーは世界の金融の中心地として完全な独自性を保ってきた。欧州諸国間で国境検査なしで国境を越えることを可能にしたシェンゲン協定の適用から英国は除外されていた。「離脱」前も英国は事実上、半身かそれ以上EUの外にいたのである。離脱反対派といえどもEUと一心同体となることには賛成とは言えなかった。今回の国民投票はEU離脱か引き続きEUに半身を残すかの争いだった。実は残留派にとってもEU内での英国の輝かしい将来展望が描けるわけではなく、残留支持は現状維持の惰性的なもので、積極的なものではなかった。

筆者は本質的な問題は、ドーバー海峡を隔てて、英国は矢張りヨーロッパの一部ではないということだと考える。何よりも法体系が英国は経験主義的な慣習法であるに反して（スコットランドは大陸法の国であるが）、大陸はローマ法以降の成文法の世界である。だから英国では「常識」とか「フェアかどうか」が尊ばれるのに、大陸では規則が尊ばれる。EUに参加したために英国人の生活の隅々までにブラッセルのEU本部で作られた規則が入ってきた。離脱派のジョンソン・ロンドン市長は「ＥＵはバナナの曲がり具合まで規制する」と揶揄した。英国では指導層から庶民まで、ＥＵに入ったために英議会でなく、ブラッセルの官僚達が規則を決めることに強い反撥があった。これらの官僚達は欧州連合の組織に帰属するというが、実質的には益々強大化しているドイツに支配された官僚群であることは否定すべくも無かった。英国の主権が制限されているという反ＥＵ感情は英国中に鳴り響く通奏低音だった。

国民投票で「離脱」を決めたことには感情に支配された面も確かにある。しかし早晩英国が迫られる欧州の一部となるか、一つの国民国家として生きるかどうかの選択を、国民がそれりに熟慮して直接投票で出した決断だった。英国は遂に永年の逡巡を振り払い「ルビコンを渡り」、独自の道を歩むことに決めたのだった。英国のＥＵ離脱は、グローバリズムの限界を察知して、国民国家としての利益の追求を選択した英国のナショナリズムであったことがよく判る。

速やかに対応した保守党

だから国民投票で離脱と決まったことは、いわば国の将来の方向についての永年の迷いが吹っ切れたことでもある。保守党は速やかに対応した。直ちにキャメロンが辞任し、残留派のメイをサッチャーに次ぐ二人目の女性首相に選び、離脱後３週間足らずの内に、離脱派の主要政治家を外相、ＥＵ離脱交渉相と国際貿易相にそれぞれ任命、残留派の手堅いハモンド前外相を財務相に据えた内閣を成立させた。メイ首相はグラマースクールからオックスフォードに学んだ庶民派で、イングランド銀行等金融界に勤めてから１９９７年に政界入りし、キャメロン内閣で６年間内相を務め、移民問題、テロ対策を担当した冷静で有能な人物である。彼女自身は残留派であったが、ＥＵには懐疑的な人物である。新首相は内政重視の姿勢で社会の「燃え立つ不公正」を是正すると述べ、就任の二日後にエディバラを訪ねて、スコットランド自治政府のスタージョン首相と会談した。何とかスコットランドを連合王国に引きとどめ、国の一体化を守ることが最優先課題である。スタージョン首相はスコットランド議会が独立について国民投票をしなければ態度を明確に出来ないとしたようであるが、英国もいつまでもＥＵに離脱の意思表示を遅らせる訳には行かない。今回の離脱騒動で「国民投票」のもつ破壊的な威力を見たイングランドは何とかしてスコットランドで国民投票がなされることは避けて、スコットランド議会の決定で連合王国への残留を確保したいところであろう。

ともあれ英国は離脱に腹を据えて、充満した国内の不満を解消した上で、ＥＵと最善の離脱条件を勝ち取る方向に速やかに舵を切ったのである。新内閣もブラッセルの官僚を相手にしたたかな外交をやり、米国や世界との結び付きを強化しようという布陣である。歴史的な蜜月と伝えられた中国との関係も、引き続き重視するだろう。英国に５００社を越える製造工場を進出させている日本も緊密な日英両国間の経済関係の維持を働きかける。スピーディーなバランス感のある組閣に、筆者は外交巧者で、危機にあっては団結する英国人の国民性を見た。

スコットランド等の独立はない

「連合王国」は長い歴史の産物であり、イングランドは硬軟取り混ぜた交渉力で、求心力を保ってきた。ウエールズがイングランドから分離することは全く非現実的である。北アイルランドが英国との永年の流血を伴った宗教人種対立を乗り越えて漸く辿り着いた現状を瓦解させて、英国から分離してアイルランドとの一体化を図ることも考えられない。スコットランドは歴史的に大陸との関係が深く、枯渇しつつあるとはいえ石油資源もあるので、英国から独立してEU加盟を望む気持はあるだろう。ただスコットランドはEUよりも英国との関係がずっと深い。フランスもドイツにひれ伏した現状で、スコットランドがEU内で存在感を持つことなど考えられない。「連合王国」の一部としての今の状態から直ぐにEUに加盟することはあり得ない。一旦独立してから加盟交渉を行わねばならない。独立すれば直ちに安全保障、使用通貨等の難問が生まれる。しかもEU加盟については既にアイスランドを始め加盟申請国の長いウェイティングリスト(1)があり、そのリストの最後に付く訳である。英国の離脱で「拡大」路線に冷水を浴びせられたEUは、暫くは「拡大」より「深化」に取り組むだろうから、いつ加入が認められるか判らない。このようにスコットランドのEU参加には克服すべき障害とリスクはあまりにも大きすぎる。感情を別にしたら、スコットランド人が一旦独立してEUに参加するという選択をすることは、リスクの大きさに比して踏み切るメリットは乏しいと言わざるを得ない。英国もスコットランドには気を使って、これまでもガス抜きの住民投票を認めたり、自治の拡大に努めるなど連合関係の維持に並々ならない妥協をしてきている。メイ新首相は直ちにエディンバラを訪問し、きちんと意思疎通を図り「連合王国」の基盤を固める手を打った。筆者は最後にはスコットランドは現状維持に傾き「連合王国」の瓦解は回避されるだろうと楽観している。

英国の強み

筆者は英国の強みは米国との特殊関係、軍事力、国際語としての英語、シティーの国際金融力、英連邦諸国との伝統的な関係、情報力それに冷静で常識的で大胆な外交力だと思っている。イラク戦争加担の際には、サダムフセインの核兵器の開発について英国の情報機関は味噌を付けたが、英国の情報力には侮り難いものがある。英国は英語国の米国、カナダ、オーストラリア、ニュージーランドとエシュロンと言う通信傍受組織を作っている。また海軍力を中心に軍事力は無視出来ない。英国議会は離脱直後、イギリス唯一の戦略核ミサイル「トライデント」を搭載する原子力潜水艦4隻を400～500億ドルを投じて耐用年数が近づいたものから更新する計画を賛成472、反対117の圧倒的な多数で可決した。核抑止力を維持すれば、EUから離脱した後も大国としての影響力を保てるという考えで、メイ新首相は議会で「核のボタン」を押す覚悟が有ると答弁した。

英国が真に安定するのには相当の時日を要するだろうし、その間には一時的には摩擦的な経済の低迷もあるだろう。ただ英国が周辺化して影響力を失うと見るのは早計である。英国は主権を回復して議会政治を通じて、小回りが効く政策決定が出来るようになった。むしろ肥大化したEUの一員であるよりも変転する国際情勢への対応が容易になったのではないだろうか。

EU離脱交渉はどうなる？

2016年10月初めに保守党大会は、2017年3月末までに離脱通告をする意向を表明した。離脱を通告すれば、二年後には英国は自動的にEUの一員でなくなり、EUメンバーとしての権利を喪失する。域内移民の受け入れの必要はなくなるが、英国からのEU諸国への輸出品には関税が課せられ、金融面での恵まれた地位は失われる。英国にとり統一市場を重視するか移民の流入を受け入れるかの選択が悩ましい点である。しかし自国意思に反した人の自由移動を認めるグローバリズムについては、ハンガリー等のEU加盟国にも強い反対がある。離脱交渉は英国とEUの関係を決めるだけでなく、EUがグローバリズムの最後の信奉者であるドイツの意思に今後とも支配されるかというEU内部の微妙な対立にも関連する政治的にも複雑なものとなろう。離婚しても英国と「良き友達」としての関係を保つことは、EU側にも必要があり、米国や日本もこれを強く求める。ドイツにとってもヨーロッパ統合の流れが止まるのは極めて危険である。

EU側には英国が「良いとこ取り」をすることに感情的な反撥があり、英国に意地悪をすると予想するものも有るが、筆者は、離脱交渉はビジネスライクに円満に進むと見ている。欧州と英国の貿易は２０１４年の英国の貿易統計では、英側の輸出が１４８０億ポンドに対して、EUからの輸入は50％多い２２４０億ポンドである。貿易だけでなくグローバリズムの進展から生産面でも金融面でも英国と欧州間の相互依存関係は深い。離脱によりこれが損なわれることは、EU側にとっても好ましくない。特に米国で保護主義的な動きが避けられないと見られるから、米国との「取り引き」に当たって、統一市場が大きい方がより有利なことは自明である。また英国を取り込んで置いた方が安全保障面でも利点が多い。最後はEUは大人の態度で臨むだろう。少なくとも外交巧者の英国はそう考えている。評論家は面白おかしく論評するが、明けて見れば殆ど「ビジネス・アズ・ユージャル」の結果になったとしても驚くに当たらない。

曲がり角に来ているのはEU

ＥＵの方がこれから大変であると思われる。というのは28カ国の大所帯に膨れ上がったＥＵは、加盟に利害を持った国の打算の結果で、いわば「寄り合い所帯」だからである。

欧州の統合については汎ヨーロッパの理想主義も傾向としては存在したし、第二次世界大戦後モネーやシューマンのような先見性を持つ理想主義者がいた。ＥＵの発端はドイツとフランスが戦争に懲りたことである。アデナウアーとドゴールに始まりオルランドとメルケルに至る両国の指導者が「ジョイント・リーダーシップ」を発揮してきた。ドイツとフランスを中核として共同市場を作り、共同通貨を作り、その魅力で加盟国が膨れ上がった。

しかしこれだけの存在となりながら、欧州連合のアイデンティティは驚くほど不明確である。１９９３年に欧州理事会はＥＵ加盟の条件として「コペンハーゲン基準」を定めた。民主主義、法の支配、人権、少数民族の保護制度の存在、域内競争に耐えられる市場経済、ＥＵ法の採用等が掲げられている。他方参加国の文化、伝統等には差異があり、多様性の尊重も重視している。ＥＵは「兎に角統合を進めよう、問題が出たらその都度解決すれば良い」という驚くべきプラグマティズムでスタートしている。「良い意味でのご都合主義」にその本質がある。事実ＥＵは、複雑な問題を克服しながら、連携を深める「深化」と、参加国を増やす「拡大」が交互に起こりながら、「絶えず緊密化する連合」として肥大化した(2)。逆にこういう経験主義的なアプローチでなかったらここまで大きくなれなかったかも知れない。

だから欧州統合は自転車乗りによく例えられる。漕いで前に進まないと倒れるという意味である。参加国の定義が曖昧なままに、EUは「深化」と「拡大」を続けた。英国が離脱し、トルコとの交渉にはEU内に異存があったので、キプロス問題を口実に棚上げ状態となった。ウクライナやジョージア等への拡大にはロシアから強い抵抗が出て頓挫した。英国のEU離脱は、エスタブリッシュメントと大衆が乖離していたことを示す衝撃的な出来事だった。「理屈と現実の間の背反」は、大衆の既存政治への感情的な反撥を生み出す。反移民感情などの身辺の不満を原動力とするポピュリズムに基づくナショナリズムの結果、将来の可能性として、他の欧州連合加盟国のEU離脱が起こることもあり得る。既にオランダではウィルダースの「自由党」、フランスではル・ペンの「国民戦線」のように反移民を掲げる右翼政党が台頭している。ドイツでも「ドイツのための選択肢」が勢力を伸ばしている。EUにとっては当面は更なる「離脱」を避けることが至上命令で、「拡大」方向での領域拡大は少なくとも当分小休止となろう。

自転車が倒れないようにEUは更なる「深化」方向での前進が求められることは確実である。

英国離脱により連合瓦解の深淵を覗いたので、当面EU内では求心力が高まっている。英国は常にEUの「深化」に水を差す「厄介なパートナー」だったから、厄介者が出て行ったことにより清々した気分もある。２０１７年３月にオランダ、９月にドイツで議会選挙があり、４月から６月に掛けてフランスで大統領選挙が予定されている。これらの選挙が済んで、新指導者が生まれれば、ＥＵ加盟国の政府レベルでは、更なる「深化」に向けて新たな合意が出来易い状況が生まれるであろう。

とはいえＥＵが「深化」し、生き残るためには、共通通貨ユーロを新たな金融危機で守れるか、不満が高まる「民主主義の赤字」の問題を改善出来るか、域内「南北」諸国間の格差を解決出来るか、そしてトランプ大統領の登場で予想される安全保障という緊急性が高い問題のハードルを越えて行かねばならない。以下にこれらの問題を一つずつ説明する。

金融危機への対処——共通通貨ユーロの矛盾

冷戦終了後フランスがドイツ統一を認めるのと引き換えに、ドイツがマルクとブンデスバンクを放棄し、ユーロと欧州中央銀行の創設を受け入れた。統一されたドイツが欧州の覇者となるというフランスの懸念に応える措置だった。同時にユーロ参加国に放漫な財政政策を取らさない歯止めも必要だった。１９９１年マーストリヒト条約は、財政赤字をＧＮＰの３％以下に抑えることと累積赤字の限度をGNPの60％とするという「収斂基準」を設定して、通貨統合（ユーロ）が実現した。2009年に発効した欧州連合の基本を定めるリスボン条約は、いわゆる「非救済条項」で、加盟国のあらゆる公的債務をEUおよび他の加盟国が肩代わりしないという大原則を定めた。その心はドイツが他の加盟国の金融、財政の破綻の尻拭いをしないということである。

発足後のユーロは驚くほど順調だった。ユーロ加盟国が発行した国債はユーロ建てであるので、発行国の財政の健全度に関わらず安全な投資対象と見なされた。ユーロ参加国経済は低利で資金が調達出来たので、アイルランド、ギリシャ、スペイン等の発展の遅れた欧州諸国に膨大な資金が流入して、経済が実力以上に急速に拡大した。欧州は繁栄を謳歌した。しかし2007年のサブプライム危機と2008年のリーマン・ショックという米国発の二度の金融危機が欧州諸国を直撃した。欧州諸国は軒並み経済成長が鈍化し、それとともに財政が悪化、深刻な金融危機が起こった。弱い国の国債は返済が不能となると見られて売られ、国債金利が暴騰して、銀行が軒並みに経営不振に陥った。財政状況を粉飾してユーロに参加したギリシャの経済が破綻した。ユーロの制度設計に根本的な欠陥があったことが露呈した。

どこの国でも通貨価値の維持とそのコインの反面としてのインフレの防止が政府の重大関心

事である。ただ辻褄合わせの結果経済が沈滞し、失業者が増えては元も子もない。通貨が自国の管理下に有れば、財政赤字と為替の切り下げで景気を刺激出来る。しかし通貨統合をしてしまった国の間では、放漫財政を禁じないと、統一通貨が維持出来なくなる。

通貨主権を放棄するのは極めて重大な主権制限である。ＥＵ参加国は「収斂基準」を満たす健全財政を行い、ユーロを導入する義務がある。しかし欧州連合参加28カ国中９カ国はいまだ自国通貨を使用している。その内今回ＥＵ離脱を決めた英国とデンマークはユーロ不参加を認められているが、残りのスエーデン、ポーランド、ルーマニア、ブルガリア、クロアチア、チェコ、ハンガリーは「収斂基準」を満たしていないので参加が認められていないだけである。

銀行の破綻は21世紀に入り多くの国で深刻な問題を引き起こしている。日本は20年に亘る「失われた時」を持ち、未だにデフレから脱却出来ず、異常な超金融緩和政策が継続している。遺憾ながら日本はこの問題では最先端の先進国である。オバマ政権下の米国は、在京米大使館に勤務経験のあったガイトナー財務長官が、日本の失敗の経験から学び、公的資金の躊躇しない大量注入と、厳しいストレス・テストで金融機関の財務状況を改善することにより金融危機を乗り切った。今やＦＲＢは金利を引き上げて量的緩和政策から脱却するところまで来ている。（3）しかしＥＵの場合ユーロの枠組みの中で、加盟国政府や欧州中央銀行が出来ることには厳しい制約がある。

ゲーテは『ファウスト』の中で、ファウスト博士と悪魔メフィストテレスが神聖ローマ帝国皇帝に、皇帝の署名のある紙幣を印刷して国庫の窮状を救ったエピソードを描いている。ドルにせよユーロにせよ詰まる所信用という錬金術によって生まれた一片の紙切れなのだから、極言すれば紙幣を印刷するのに躊躇する理由はないだろう。誰かが欧州連合を支配するドイツの宰相にそのような献策をして呉れないものかと思うが、ドイツ人のポピュリズムは絶対にこれを許さない。欧州中央銀行にもユーロ債発行の権限はない。

2011年にドイツにも受け入れられる人物として欧州中央銀行の総裁になったのはイタリア銀行総裁のマリオ・ドラギである。実は筆者は駐イタリア大使の時に、当時経済財務省の総務局長で民営化委員会の議長だった彼を訪ねたことがある。大きな執務デスクの向こうの壁に、身体中に矢が刺さった殉教者聖セバスチャンの大きな絵が掛けられていた。あらゆるものから矢を放たれることを覚悟しているという暗喩であるが、筆者が「でも、彼は死ななかったんですよね」と言った時の彼の我が意を得たりという顔が忘れられない。

ドラギ総裁は期待通り魔術師のように欧州の金融危機を収束させた。彼はリスボン条約に「制御不能な特別の出来事により」加盟国が深刻な脅威に晒される時にその加盟国に経済的な支援を与えることが出来るという規定を使って、２０１２年7月に「ユーロを救うために必要なことは何でもする」と宣言して、問題国の国債を欧州中央銀行が無制限に買い入れることにした。これで暴騰した国債金利は劇的に低下した。ギリシャについては、民間銀行の持つギリシャ債権を欧州諸国中央銀行に肩代わりさせ、国際機関であるＩＭＦまで巻き込んで、ドイツ人の経済倫理観を変えることなく、辻褄合わせが行われた。ドイツの憲法裁判所も問題が余りにも深刻な結果を招くので、違憲の判断を差し控えた。ギリシャに端を発するヨーロッパの金融危機はこうして一応安定化した。(4)

ギリシャがデフォールトを起こしてユーロを離脱することはユーロの崩壊に繋がるので絶対に回避しなければならなかった。投げ売りされた弱い国の国債を誰かに買わせる必要もあった。ドラギのマジックで、ギリシャ破産に端を発した２０１２年の金融危機は一応回避されたが、これはいわば先送りであって、根本的な問題はまだ解決していない。同様な銀行危機はイタリアの諸銀行やドイツ銀行に迫っている。現在のところ銀行危機に対する有効な対応策は、ガイトナー流の公的資金を注入しながら財務状況を急いで改善するやり方しか見つかっていない。

欧州の銀行危機に当たって、膨大な公的資金提供を誰が引き受けなければいけないか、また誰にそれが可能かははっきりしている。しかしドイツは公的資金の導入に反対である。中央銀行の信用創造による金融の大幅緩和は、英国、米国、日本で行われているが、相当のショックが起こらない限り、ドイツの消極的な姿勢には変化がないだろう。長期を見通した場合、「ユーロ共同債」の発行にはドイツの抵抗は有るが、ギリシャ危機で使った奥の手のＩＭＦの活用を何度も繰り返すことは出来ない。欧州中央銀行が節度ある「ユーロ共同債」の発行に踏み切らないで、次の金融危機を乗り切ることは無理であろう。

「民主主義の赤字」の問題

欧州連合の政策は加盟国の大統領ないし首相からなる欧州理事会（European Council）とその下の閣僚レベルの理事会で決定される。時々会合する28カ国からなる合議体でさまざまな問題を決定することは事実上無理である。しかも各国の国政選挙のサイクルが4、5年であり、常に数カ国が選挙期間中であるので、決定についての実質的な責任が担えない場合もある。勢い主要国の間の透明度の低い内々の協議で決定が行われるのは不可避で、圧倒的な力を持つドイツの意向が反映されることとなる。

ＥＵは基本的に国家連合であるので、加盟国の必要とする政策は異なるし、諸制度も異なるが、次第に同じようにしなければ、統一体として機能しない。ＥＵは不一致を念入りに何とか辻褄を合わせながら、共同政策を作り前に進むという気の遠くなるような努力を積み重ねて来た。その過程を通じて従来国家が持っていた貨幣発行、関税、司法権等が、漸次上位の欧州連合に帰属するようになって来ている。この歩みの中で、加盟国の議会の権限は暫時縮小しているが、欧州全体の意思決定を行う民主主義に基づいて選ばれた欧州議会にその権限が移った訳ではない。ここに「民主主義の赤字」と呼ばれるＥＵの政治決定システムにおける民主主義が不徹底という欠陥がある。

ＥＵの立法権は、加盟国の国民がそれぞれのやり方で、割り当てられた数の議員を直接選挙で5年ごとに選ぶ欧州議会（７５１名の議員からなる）と加盟国の大統領ないし首相からなる欧州理事会（European Council）が共同して行使する。法案の提出は2万５０００人の職員を擁する事務局を持つ欧州委員会（European Commission）が行う。欧州委員会というのは欧州議会が承認した欧州連合の大統領と俗称される委員長と各加盟国が指名する28名の委員からなる。結局ブラッセルの本部の職員が農薬の使用制限から床屋の営業時間に至るさまざまな基準や規則の細則を決める結果となっている。イタリアの元経済財務大臣のトレモンティはグローバリゼーションの進行から欧州委員会が作る規則は自殺行為的に増大し、イタリアの官報に掲載されるEU官報は1995年に1万6500ページであったが、2006年には2万8000ページに増大したと述べている。[5] 各国議会がすることは、EU法の国内法化という下請け作業に次第に転落している。「男を女にし、女を男にする」以外は何でも出来るとされた英国議会にフラストレーションが溜まったのも理解し得る。

欧州委員会は法律の施行と遵守を担当する行政府であるが、実際の行政事務は加盟国の行政機関に委ねられている。ここにもEUの大きな問題点がある。加盟国は財政面での義務を正直に実行しなかったり、加盟国銀行の監督が不十分だったりする。また法律の施行に必要な予算措置を取らないこともある。「移民法」もこの二重立法制度のもとで「民主的に」採択されてはいるが、域内の人の自由移動を認めるシェンゲン協定と相俟って、理想を体する欧州法と国民レベルでの施行の間に大きな軋みを生み出しているのである。EUは「民主主義の赤字」の問題はあるとしても立法権については統合した。しかし行政権の統合は未だしである。

米国のように欧州が連邦国家となり、直接選挙で選ばれた大統領に行政の最高権限を与えるとか、欧州議会を参加国の国民が民主的に選んだ代議士で構成される完全な立法機関にして、英国流に欧州議会の過半を占める政党で行政権を持つ欧州内閣を作るかしなければ、矛盾は根本的に解決しない。ユーロを守るためには財政統合が必要である。しかし国家の生命線である財政を自国が決められないという規律を受け入れるには、参加国の意思を統合する民主主義に基づく、上位の意思決定メカニズムを作り上げることが必要である。しかし実際問題としては、快刀乱麻を断つ解決は不可能で、EU流に問題が起こる毎に解決を模索するしかない。

域内「南北問題」とドイツの財政健全主義の相剋

EU内部でギリシャ、イタリア、ポルトガル、スペイン等の「南」の経済の弱い国において大量の失業者が生まれている。ドイツ等北の諸国とこれらの南の諸国の間に格差が拡大している。一つの国の中でも地域格差があり、同じ心理が働く。例えばイタリアでは富裕な北部は南部への財政資金の支出が、北部にも多大の利益を齎しているとは考えないで、南の怠惰を責め、南は北に寄生していると非難する。国家の中でも地域格差の問題を解決するのは困難である。ましてや同等な国家連合の構成国の間の次元で、北の富める国が南の貧しい国を支援しなければならないことを、北の富める国の国民に納得させるのは難しい。

健全な経済政策の結果、富裕となったドイツ人は平穏な生活が脅かされることを好まず、隣国にも財政、金融の健全性を求めたのは当然といえる。しかもドイツ人には第一次世界大戦後のハイパーインフレーションの記憶があり、通貨の健全性を重視し、インフレを忌避する気持ちが極めて強い。大量の失業者が生まれている南部諸国をこのまま放置出来ない。しかしイタリア、スペイン、フランス等の南部の諸国はドイツ人が希望する規律を受け入れられない。「キリギリスの生活をした」南の隣国を助けるために、ドイツ人は「蟻のように働いた」成果を吐き出す気持ちにはなれない。EUの大黒柱がドイツであることに異論を唱えるものはいないであろう。欧州が曲がり角に来ているのは、ドイツの考えに他の国々が付いて行けないことにある。

戦後一貫して独仏両国は産業、金融面で融合を進め、今や独仏関係は切り離せない相互利益享受の関係となっている。ドイツがフランスの国家主導の介入主義に上手く折り合って、航空、宇宙、原子力、防衛産業の合併でフランスを懐柔したといえる。既にフランスにはドイツに抵抗する気力も国力もない。ウクライナ危機で表面に出たのはメルケル首相だった。なぜフランスの存在感がここまで希薄になったかについて、オランド仏大統領の力量不足もあるが、ドイツ経済が好調ということも与っている。ドイツはEU全域の対中輸出の過半を占めるほど中国への輸出が極めて大きい。EUの金融制度に詳しい竹森俊平は、その結果としてドイツは、域内貿易が多い他のEU諸国よりもユーロ圏の経済危機の悪影響を受けなかったので、それだけ発言権が高まったという興味深い指摘をしている。(6)

統一通貨ユーロの出現で最大の受益者になったのはドイツだった。人口が減少するドイツに東欧諸国やトルコなどから労働力が流入し成長を支えた。圧倒的な生産性の高さで競争力のあるドイツ製品が、加盟国全体の競争力を反映するユーロで輸出されるのであるから、ドイツ製品が世界を席巻したのは当然であった。実はユーロの導入でドイツは貿易上のボーナスを得ただけではなかった。金融資産を蓄積したドイツの銀行はユーロ圏諸国へリスクの伴わないユーロ建ての資金の貸付で、金融面で「ぬれ手で粟」の利益を上げていたのである。

だから欧州の南北問題をキリギリスと蟻の関係と見るのは間違っている。蟻であるドイツがキリギリスにお金を貸して大儲けをしたことを忘れている。頭を冷やして考えると、最終的にドイツの負担を意味する公的資金の提供を、ドイツが頑強に拒否しているのは、ドイツ国民の気持としては理解出来るが、片手落ちと言わざるを得ない。

ユーロを導入した国が後に「収斂基準」違反を続ければ厳しい制裁が課せられる。スペインとポルトガルは2009年以降、「収斂基準」のGNPの3％を越える財政赤字を続けている。

EUの財政ルールでは最大でGNPの0・2%の罰金が科せられる。2016年7月、欧州委員会は両国に罰金を課すことを当面見送らざるを得なかった。北が南に資金の援助をしない限り、恐らく「収斂基準」を維持するのは困難となり、やがてユーロの仕組みに亀裂が入らざるを得ないだろう。ドイツ流の厳しい財政規律では問題の解決は不可能である。通貨統合を救うために財政統合を進めるか、通貨統合が破綻するか、欧州連合は二者の一つを選択せざるを得ない極めて厳しい岐路に立っている。

ヨーロッパの難民・移民問題の行方

ここで英国の離脱決定を左右したともいえる東欧諸国からの移民の流入問題と欧州各国に反EUの右翼政党を活発化させている難民流入について触れておきたい。大事なことはEU内の人の自由移動の問題と世界のある地域の大変動に伴う一時的な大量の難民の発生と流入の問題を区別することである。前者は難民の受け入れに関するEU法やシェンゲン条約に基づく制度的な問題であり、EUとしては妥協が困難である。EU域内の人の自由移動は、新自由経済主義に基づくグローバリズムの一環でもあり、経済的な合理性もある。しかし現実には多くの域内諸国で失業率が高く、そう就業機会がないから、新規加盟のポーランドやハンガリーなどの東欧諸国から、就業機会の多い英国等の富裕国へ向けての移民が生まれる。

ヨーロッパの多くの国は多民族、多文化の伝統を持ち、移民に寛容であった。欧州諸国は英国やフランスという例外的な人口増加国を除き、高齢化と少子化が急速に進んでいるので、経済成長を続けるには労働力の輸入が必要である。人口減少に悩むドイツは歴史的に関係の深いトルコからの移民を大量に受け入れ、すでにドイツ人口の3割前後は移民である。シリア難民についてもメルケル首相は当初歓迎の姿勢を示した。溺死して波打ち際に打ち寄せられた幼い子供の死体の映像が同情の嵐を巻き起こした。シリア等中東地域からEU地域へのここ数年の数百万人規模の大量の難民流入は、中東内政の激変やシリア内戦と「イスラム国」の過酷な支配が理由の一過性の問題である。しかしその規模が余りにも大きすぎた。難民の殆どがムスリムという異文化を持つことと、パリ始め欧州各地でISの過激なジハード主義者による自爆テロが頻発するという時代背景の中で起きているので「文明の対立」的な側面も有する。

行政権が各国に委ねられていることから難民の入国管理体制に問題もあった。(7) 入域システムの改善、移民の入域数を合理的な水準に留めるなどによって、イスラム難民の流入問題はコントロールが可能であろう。2016年10月にEUは域外との国境警備を加盟国に任せるだけでなく、多くの難民が流入して域内国だけでは対応が十分でない地域について、国境管理を強化するためにEUレベルでの1500人規模の「欧州国境・沿岸警備隊」を発足させた。

今後シリア情勢が安定化し、「イスラム国」が瓦解の方向を辿れば、EU諸国やトルコ内の難民キャンプにいるシリア避難民の帰国も十分にあり得るだろう。いずれにせよ現実政治を無視した無制限な域外からの移民の受け入れは早晩修正を迫られることは確実である。筆者は基本的に欧州は多民族、多文化の経験を持っているので、移民のヨーロッパ文化への同化の問題は残るが、移民問題自体がEUを揺がす問題になったり、欧州の分裂を導くことはないと楽観している。

トランプ大統領の登場と欧州の安全保障

米国がトランプ大統領の下で、欧州防衛は一義的に欧州の責任で更に欧州は世界の安全保障のためにも適切な貢献をするべきであるという姿勢を強めて行くことは間違いない。米国が駐欧米軍の削減や撤退を進める可能性もある。一見日本と欧州は似ているが、本質的な違いがある。欧州は米ソ冷戦の正面舞台で、EU主要国はNATOという巨大な軍事同盟に参加して、日本のような理想主義的な平和主義とは全く無縁だった。

ただ戦後のドイツは、ナチスの亡霊が消え去ることをひたすら望んで、ドイツの姿を極力隠して、政治・外交的にはフランスと一体化することを厭わなかった。冷戦は米国に委せ、NATOの一員として、できる限り突出しないで、ロシアを極力刺激しない低姿勢で臨んだ。フランスの歴史人口学者のエマニュエル・トッドは、第二次世界大戦でドイツが戦った連合軍兵士の90％はロシア人であり、ドイツの敗北は地上戦でのロシアに対する敗北で、ドイツ人は勝者の正統性は米国ではなくロシアにあると考えていると述べている。(8) ドイツのロシアとの友好関係重視の姿勢はこの歴史に由来する。貿易面でもエネルギー供給面でもドイツとロシアは共通の利益がある。

ヨーロッパ大陸諸国は、冷戦という冷厳な現実の前には米国の反ソ政策に追従せざるを得なかったが、冷戦終了後は反ロ政策を自己の利益とは思っていなかった筈である。米欧関係には距離が生まれる。ここが欧州安全保障について、英国と大陸諸国が異なる点である。ドイツもフランスもブッシュ（息子）政権のイラク戦争には距離を置いた。ソ連崩壊後ＥＵが、地政学的に欧ロ間の緩衝地帯であるべき、ロシアの兄弟ともいえるウクライナへの「拡大」に向かった背景には、米国の陰に陽にの働きかけがあった。ＥＵが内心はクリミア併合に伴う対ロ経済制裁は程々にしたいと思っていても不思議でない。大量の難民の流入を齎したシリア問題がロシアの軍事的な介入で解決することは基本的に歓迎すべきことに違いない。

冷戦が終わりソ連の脅威が消滅した１９９１年に、ＥＵはＮＡＴＯの集団的防衛機能は維持するが、欧州正面の大規模全面戦争に備えるのではなく、地域的不安定性、民族紛争、テロリズム、大量核兵器の拡散防止などの「新しい脅威」に重点を移した「戦略概念」を採用した。これに伴い米国は欧州に前方展開していた米軍と核戦力の削減を開始した。ＥＵは更に１９９９年に新しい「戦略概念」を発表し、「欧州における大規模戦争の脅威はほぼ消滅」「民族紛争、人権侵害、政治的、経済的不安定性、大量破壊兵器の拡散、テロ、破壊活動、組織犯罪」という一層多様な脅威認識を示すとともに、機動的な展開能力を持つ多国籍部隊構想を掲げた。同年12月の欧州理事会は、ＥＵ加盟国は、２００３年までに、ＥＵ条約第17条の任務（人道支援、平和維持活動）を実施するため、60日以内に投入可能で一年以上維持可能な5～6万人の部隊の創設」（ヘルシンキ・ヘッドライン・ゴール）に合意した。これがその後「ＥＵ緊急展開部隊」構想へと発展して行く。(9)

ＥＵが日本と著しく異なるのは、加盟国が旧植民地への軍事介入をしたり、共同でバルカン半島などの旧勢力圏に積極的に実戦部隊も派遣したことである。ＮＡＴＯは１９９２年から95年に掛けてボスニア紛争に軍事的な介入をし、紛争解決後の国連による停戦監視にＥＵは２００３年から文民警察を送った。１９９８年から９９年に掛けてのコソボ紛争には米空軍を主体とするＮＡＴＯ軍が参加した。ＥＵはコソボの独立に主導的な行動をとった。

ＥＵは２００１年の９・11後のアフガニスタンからイスラム武装勢力を排除する戦闘には参加しなかったが、タリバン等イスラム過激勢力を放逐した後のアフガニスタンにおける治安維持については、２００５年以降国連決議に基づいて地上軍を派遣して、現在に至まで主要な責任を担っている。

イラク戦争に独仏は参加せず、英国は米国と結んでこれに主導的な立場を取り、EU内に亀裂が生まれた。米国の説得で対イラク有志連合の軍事作戦に対して「新しいヨーロッパ」国のポーランドは最大時2500人の軍隊を派遣した。

2011年のリビア内戦には安保理決議を受けてNATO軍が空爆により、反政府軍を支援して、カダフィ政権を打倒した。


9・11の同時多発テロ後2002年に米国が「国家安全保障戦略」を発表したのを受けて、EUも2003年12月に初の安全保障戦略文書である「よりよい世界における安全なヨーロッパ」を採択した。2013年12月の安倍政権により閣議決定を見た「国家安全保障政策」に10年先立ってのことである。この戦略文書の中でEUは、米国の単独主義的傾向に批判的で、国連安保理事会重視を打ち出している。寄せ集めの軍では対応できない経験から、「即応性」と機動的な展開能力の構築が必要との認識を高め、「戦闘群構想」を固めた。これは大隊規模（500～800人）の戦闘部隊ならびに戦闘支援（工兵、通信）・戦務支援（輸送、医療）部隊を束ねた約1500人からなる合同部隊である。国連のマンデート（お墨付き）を得て10日以内に6000キロの遠隔地でのPKOのために展開するとの構想である。その後に更にN

ATO加盟国からなるNATO即応部隊（NRF）の強化が進んだ。旅団規模の陸上部隊を中心に空軍、海軍の支援を受ける2万5000人規模の合同統合部隊で、5日以内の展開能力で「欧州軍団」（1989年に設置の独仏旅団を拡充して1992年にベルギー、フランス、ドイツ、ルクセンブルグ、スペインで結成）、トルコ陸軍、イタリア陸軍、獨蘭軍団、スペイン陸軍、英軍主体の合同軍から成り、2006年以降完全に運用可能となっている(10)。

当初米国は指揮権を米軍が握ることに固執したが、いくつかの戦闘を経験して、欧州側も漸次派遣軍の即応性を高めてきて、次第に「欧州軍」の実態が出来ている。2015年1月現在ドイツ連邦軍は、総兵力約18万人で、海外派遣任務中心へと改編が進んでいる。2016年5月，独国防省は独連邦軍の人員増加方針を発表した。2023年までに、兵士7000人及び文民職員約4400人の増員を見込む。

ドイツ国内には米軍約4万人のほか、英軍約1万人、仏軍約2000人（独仏旅団）、カナダ軍約200人が駐留している(11)。

現在ロシアの核の脅威は「冷戦」時代とは比べ物にならないほど低下している。ヨーロッパが挑発しないのに、ロシアが通常戦力で欧州に侵攻してくる可能性は極めて乏しい。米ロ間の関係が改善すれば、駐独米軍の規模が更に削減されても不思議でない。機動性を高めた欧州軍はヨーロッパの安全を確保し、周辺地域の治安の維持や平和維持活動に積極的に参加するため、今後とも強化されて行くであろう。英国離脱でEU参加国のうち核兵器を保有するのはフランス一国となった。当面EUが独自の核抑止力を持つ方向にはなく、トランプ政権となっても、核抑止力はNATOの枠内で今後とも米国と英国に依存する方向は変わることはないであろう。域外での軍事行動については、ケース・バイ・ケースで、国連PKOへの参加、有志連合への参加、独自の軍事行動と区別しながら対応するであろう。EUは既にかなりの軍事的対応能力を持っており、筆者は安全保障面でのトランプ・ショックは欧州では起こらないと思う。

EUの将来

欧州の危機の本質は、ドイツの健全財政主義が多くの欧州諸国の経済を破綻させ、失業の増大等の深刻な社会問題を生んでいるという現実である。この危機はドイツに政策変更を迫れない今の統治機構に関わる政治的なものである。EUでは民主主義的な政治決定メカニズムが大幅に遅れている。欧州議会を作り、欧州委員会を作り、大統領を設けたが、厳しく言えば格好づけだけで、各国政府と欧州委員会の二重構造になり、結局ブラッセルの本部が肥大して官僚主義が跋扈する歯止めが出来ていない。農業政策、通商政策、外交政策ではEU統一政策が出来ているが、まだEU大使館が出来ているわけではない。東京にも欧州連合の代表部と加盟各国の大使館が併存していることからも、この二重性は明らかである。

ＥＵは多様な28カ国で構成されるが、既に見たように、その中に19のユーロ参加国のグループがある。更にその中核に１９５７年に統一市場ＥＥＣを発足させた独仏を核とする６カ国の原加盟国がある。この同心円構造の中で「深化」へのコミットメントには差異がある。21世紀初頭ユーロが生まれ「東方拡大」が実現した昂揚感の中でヨーロッパに生まれた「欧州合衆国」的な夢は、２００５年の年央に欧州憲法条約がフランスとオランダにおける国民投票で否決されて消滅した。以降ＥＵはさまざまな危機を兎に角乗り越えて来た。筆者はヨーロッパをここまで導いた絶えず前に進むプラグマティズムの強靭性は、今後も続くと信じている。しかし民主主義が制度化されてＥＵが強化される可能性は薄いと思っている。むしろ同心円グループが別々の速度でそれぞれ前進する方法論の方がＥＵのプラグマティズムに合致すると思う。当然の結果として、ＥＵ内に一級市民と二級、三級市民が生まれるが、同心円毎の権利と義務のバランスを取ることが可能になる。そのような仕組みの中でドイツの規律を受け入れるユーロ参加国、統一市場の一部となるメリットだけで満足する国、さらには欧州への政治的な帰属で満足する国へと仕分けが進むのではないだろうか。これをＥＵの崩壊と呼ぶか、再編成と呼ぶかは立場により異なるだろうが、ヨーロッパがしたたかに生き残ることは確実である。

世界の中のＥＵ

トランプ政権の外交・安全保障政策はＥＵにとっても、基本的には日本同様の「未知との遭遇」である。独仏はじめＥＵ主要国にとり、２０１７年は選挙の年で、米国も新政権成立後は内政に忙殺されるだろうから、米欧間の本格的な協議はその後になると見るのが現実的であろう。

トランプ政権下の米国が保護主義的な貿易経済政策を取ることは明らかである。ただＥＵは巨大な統一市場であるという点で、米国に対する立場は日本とは比べ物にならないほど強力である。英国との離脱交渉においても、統一市場に英国を含めて置くことが、ＥＵにとって経済的にも政治的にも利益となる。その強みを弱める愚は冒さないであろう。プーチンのロシアとの「取り引き」を視野に入れるトランプ共和党政権は「東方への拡大」には恐らく以前よりも消極的になるのではなかろうか？　トランプ大統領下で、米ロ関係が改善することはＥＵにとっても好ましいことばかりである。

ユーロアジア・グループのイアン・ブレマーは、２０１６年の重大リスク予測で米欧同盟の乖離を挙げていた。米国の反露政策にも拘わらず、ドイツを盟主とするＥＵがロシアと関係を強化する可能性があるとの懸念からだった。米ロ関係に改善の要素が現れた今、ドイツが外交スタンスをロシア寄りにシフトして行くことは目に見えている。トランプ政権はパンドラの箱を開けることになり、ドイツが今までの自制を捨ててヨーロッパに君臨する「帝国」化することになるかも知れない。

日本との関係でEUの利己的な動きは要注意である。安全保障面では米国の利害も、欧州の利害も、日本の利害も基本的な部分では共通する。現状打破勢力が台頭する時には警戒感を共有し、共同対処しなければ現状打破勢力に対抗できない。かつて欧州はソ連のSS20ミサイルの欧州向け配置を問題視したが、欧州が排除したSS20が日本に向けて配置される危険を指摘する中曽根首相の強い姿勢で、SS20ミサイル全廃の方向で意見の一致を図ることになった。同様な問題は天安門事件後の対中武器禁輸政策を欧州が、日本の利益を度外視して過早に解除する動きを示した時に起きた。今や欧州の関心は中国一国に集中していると言っても過言でないが、なりふり構わぬ対中媚態姿勢には危険がある。

２０１６年中国の肝いりで誕生したアジアインフラ投資銀行（ＡＩＩＢ）に米国と日本が警戒心を解かないのに、欧州諸国は雪崩を打つように参加した。EU諸国が中国との関係を緊密化することに異存はないが、日本を始め近隣アジア諸国に対する中国の「法の支配」無視の行動に目をつぶって、関係強化にひた走りすることには問題がある。日本はドイツやEUの自己中心の行動については警戒を怠ってはならないと思う。

〔註〕

（1）アイスランド、マケドニア、モンテネグロ、トルコ、セルビア

（2）ロジャー・ブートル「欧州解体　ドイツ一極支配の恐怖」東洋経済新報社　2016年

（3）ティモシー・F・ガイトナー「ガイトナー回顧録」日本経済新聞出版社　2015年

（4）竹森俊平「逆流するグローバリズム」PHP新書　2015年　80〜110ページ

（5）ジュリオ・トレモンティ「グローバル化の克服とヨーロッパ　恐れと希望」一芸社　2010年　86ページ

（6）竹森俊平前掲書115ページ

（7）入国を取り締まる監視ポストの90％にインターネットが繋がっておらず、危険人物の入域の一元的コントロールが出来ないと言われる。（クラウス・ウェーレ欧州議会事務総長の2016年3月の学生対話における冒頭発言　欧州議会ウエッブサイトより）

（8）エマニュエル・トッド「問題は英国ではない、EUなのだ」文春新書　2016年

32ページ
(9)「欧州統合の軌跡とベクトル」田中俊郎・庄司克宏編 慶應義塾大学出版会 2006年 第13章「欧米関係とEUの共通安全保障・防衛政策」広瀬佳一 325ページ
(10)田中等編前掲書 334ページ
(11)国際戦略研究所 ミリタリーバランス 2016年

3章
転機に来た中国

それは天安門事件から始まった

毛沢東晩年の「文化大革命」（1966～76）は中国社会と経済を破滅的な状況に追い込んだ。鄧小平は白とか黒とか毛色に関わりなくネズミを捕る猫は良い猫だという、先に富裕になるものがいても良いという有名な哲学を導入した。その後中国は「改革・開放」の旗印の下に、資本主義的政策の導入と国際協調路線で国内の経済開発に専心する姿勢を取り、外国から資本、技術が大量に流入した。しかし中国が国際社会に順調に組み込まれるだろうという期待は1989年の「天安門事件」で打ち砕かれた。諸外国から中国は学生の純粋な民主化運動を弾圧したと厳しい糾弾を受けて、国際社会で孤立した。

この事件の衝撃が大きかったのは中国共産党指導部であった。総書記を退任させられ、16年に亘り幽閉された趙紫陽の極秘回想録を読むと、当時中国共産党中央内には改革路線を支持するグループと天安門事件における若者の行動に危機感を持ったグループの間に激しい対立が有ったことが判る。共産党のハードコア・グループは「天安門事件」は米国始め外国勢力が、中国の若者を使嗾《しそう》して、平和裡に中国の体制を転覆する陰謀を巡らせたことから発生したと主張した。鄧小平が改革開放路線の後事を託するつもりであったのは胡耀邦と趙紫陽であったとされているが、二人とも民主化の危険に甘すぎるとして、党中央のハードコア勢力に退けられた。いわばピンチヒッターとして1989年に総書記に抜擢された江沢民は鄧小平の後ろ盾を得て、1992年の党大会でその地位を固め、12年間中国に君臨した。1997年には鄧小平が死去し、江沢民の時代が来る。彼は国務院に経済に強い朱鎔基を迎えた。朱鎔基の奮闘で中国経済は驚異的な高成長の時代を迎えた。国内的には外国勢力による「和平演変」政策が最大の危険とみなされ、江沢民の下の中国では、これを防遏《ぼうあつ》するための努力が意図的に行われた。

資本主義を導入して実質的に社会主義を捨てた共産党は、その正統性をナショナリズム感情に求める選択をした。江沢民は「アヘン戦争から100年以上に亘り、中国人民は外国列強の下で虐げられ、恥辱を味わされた。これは主要な歴史的な事実を列挙することで明瞭に出来る。中華民族を守るため多くの人民が血を流し、「五四運動」[1]のあと中国共産党が結成され、中国人民は土地革命、抗日戦争、解放戦争を経て、新中国の建国に至った」という中国共産党の物語を描いたのである。この考えに基づく愛国主義的な教育政策は江沢民指導部の下で、1991年に始められ、1994年から国を挙げた強烈な愛国主義教育が始まった。毛沢東時代には勝者としての中国が強調され、その主役として中国共産党が賛美されたが、新愛国主義教育は、中国を被害者として強烈に印象づけ、その「国恥」を雪ぐことによる国民的なアイデンティティーの確立が求められたのである。若者に過去を教え、愛国心を植え付けることが急務とされ、教育のカリキュラムは一新された。1995年に全国に亘って100ヶ所の愛国主義教育基地が設けられ、地方レベルでの教育基地の設置も奨励され、その数は1万件に達したという。愛国主義教育は学校だけでなく、党の全宣伝組織を挙げてのキャンペーンが行われ、映画、テレビ等あらゆるメディアで取り上げられ、延安を始めとする主要な歴史教育基地への「紅色」観光も盛んになった。盧溝橋、柳条湖、南京等の抗日戦争記念館は、このキャンペーンの中で大規模に拡張された。

同時に中国は対外関係で新たな恥辱を受けないことを鮮明にして、1995～6年の台湾海峡ミサイル危機、1999年の在ユーゴスラヴィア中国大使館の誤爆事件や2001年の中国沖での米中軍用機の空中衝突事故において、極めて強硬な対米姿勢を貫いた。在中米国大使館等への大規模デモが組織された。[2] この結果中国共産党の目論み通りに、若者の目は民主化から愛国主義へと完全に切り替わったといっても過言ではない。将来の日中関係を考えるに当たっては、この間の事情を十分に理解しておくことが必要である。

開放路線の成功

中国は国内を固めると同時に、1992年のまたもや鄧小平による有名な「南巡講話」で経済発展と開放路線を復活させた。朱鎔基の下の経済政策は順調に進んだ。中国はWTOとIMFに加盟し、外資が流入し、「世界の工場」に向けてまっしぐらに突き進んだ。江沢民は勢力を温存しつつ、2002年に胡錦涛に総書記の地位を譲った。そしてさらに順調な成長を続けた中国は2008年の世界的な景気後退をもたらしたリーマン・ショックをも、4兆元（当時のレートで約57兆円）の景気刺激策で克服した。世界経済はこの中国の大規模な景気刺激策で漸く救われたと、世界中から称賛された。

栄光の中の格闘――「中国の夢」

1997年の中国共産党第15回党大会の報告は「結党100周年の2021年に『小康社会』を作り上げ、さらに建国100周年の2049年に、豊かで強い社会主義現代国家を作り上げる」という目標を掲げた。それ以来この「二つの100年」は機会ある毎にスローガンとして掲げられている。前者の「小康社会」建設の目標は、2010年に比較して2021年のGDPと一人当たりの国民所得を倍増するという具体的なものになっている。後者の「強い中国」の建設は習近平になって、さまざまな表現で繰り返されている。2008年の北京オリンピックで中国は紙、火薬、印刷術、羅針盤の4大発明とともに、「中国の夢」の大々的な開会式ページェントを展開したことは皆の記憶に残っている。「国恥」を雪ぐという目標は消極的なものであるが、「中国の夢」は中華民族の国家目標であり、共産党の正統性を強化する意味では、愛国主義教育よりは前向きの側面があるといえるだろう。

中国の名目GNPは1990年の約4000億ドルから2014年には10兆ドルへと急拡大した。日中両国の経済規模は2000年代末に逆転し、2012年に習近平が総書記になった時には、中国の経済規模はすでに日本を凌いでいた。貿易収支も大幅に黒字を続け、外貨準備高は2012年に日本の1・2兆ドルに対し中国は3・3兆ドルの巨額に達した。近隣アジア諸国のみならず欧州諸国に中国の「止めようのない」経済力の拡大にひれ伏す態度が明らかになった。光り輝く中国の到来と同時に中国の影の部分も現れてきた。中国は急速な成長に伴う深刻な公害問題と、多くの共産党指導者の一族を含む腐敗した超富裕層と二級市民である農村戸籍所有者との深刻な経済格差にも直面することになった。

比較的短期間に権力を一手に集中した習近平は、中国経済の減速が不可避であると認め、過剰生産、過大な不動産投資の清算などそのために必要な対策をとりつつ、共産党の基盤を揺るがしかねない汚職の蔓延を不退転の決意で阻止する政策を実行している。国際的にも人民元をSDR構成通貨に認めさせ、「一帯一路」開発計画のインフラ投資のためのAIIBを設立し、欧州諸国は雪崩を打ってこれに参加した。中国は長い国境線を抱える同じ大陸国家であるロシアとも提携し、米国との間に「新しい二大国関係」を結び太平洋を両国で仕切ろうと考えている。

変わりつつある中国社会・経済

中国政府も最近は自信もついてきて、信憑性には若干欠けるが、相当程度の経済指標を発表しているし、経済の基本政策も明らかにしている。近年の日本や欧米における研究の結果、2010年まで約20年に亘り年率10%を超えるスピードで続いて来た中国の驚異的な経済成長が減速することが明確になっている。中国の最高指導者自身がいわゆる「新常態」と呼ばれる中成長の到来を当然としている。現時点では経済成長が政府当局の言う6%台で安定するのか、またこれが何らかのクラッシュ的事態を招来する危険を孕むのか、刺激策で辛うじてソフト・ランディングが実現するのかについては欧米の識者の意見が分かれている。欧米に較べ日本の識者の間ではどちらかというと悲観論の方が強いようだ。何れにせよこれまでの驚異的成長を支えた土地の国有という利点、地方から都市に流入する膨大な数の低賃金労働者の存在、外資と技術の導入、人口ボーナス等の要因は急速に機能しなくなっていると見て良いだろう。中国はこれらの利点に由来する生産設備投資と不動産投資を中心とする高度経済成長から、消費の拡大とサービス・セクターを重視し、生産性の向上による巡航速度の成長時代に入るのは必至と予想されている。これは日本に起こったことで、永久運動がないように、いかなる経済体制を取るかに関わりなく、経済の論理として不可避である。

特に人口ボーナス要因については、中国にも少子・高齢化の波が押し寄せ、人口が減少することは避けられない。最も信頼し得る将来予想は人口動態である。無数の個人が子供を作るという決定を行う結果としての人口の動態は、政策によって短期間に、変動させることは出来ない。日本だけでなく韓国、タイ等の多くのアジア諸国で出生率の低下が起こっている。中国は「一人っ子」政策(3)を長く取ったために、人口のピラミッドの歪みが著しいという特殊事情もある。中国は長らく、一人の女性が生涯に産む子供の数を示す合計特殊出生率が1・8であると主張してきた。２０１０年の人口調査の結果、全国平均で1・18であったようである。これを踏まえた現代中国研究者の津上俊哉の推計によると、中国の総人口は従来言われてきた２０３２年

でなく、10年早い2020年の約13億7000万人でピークアウトする。(4)

中進国の罠

経済成長は主として生産性の向上と人口要因で決まる。中進国が、生産性の向上で高い成長率を維持することは至難の業で、「中進国の罠」といわれる。人口の頭打ちはそれだけで成長の鈍化を意味する。巨大な人口を抱える中国が次第に成長のスピードを減速しながら、富を巨大な人口の間で不満が起こらない程度に分配することはラクダが針の目を抜けるほど難しい。歴史的に見ると、自由経済を奉じる国は、国によりやり方は違うが、大小のバブルを繰り返しつつ、累進課税や社会保障制度により苦労しながらこれを実現してきた。中国は社会主義を標榜するが、この20年進めてきたのは、古典的ともいえる資本主義で、発生した格差は日本に較べれば法外に大きい。民生安定のための社会保障費の支出は尻上がりに増大する。

他方「絶対的権力は絶対的に腐敗する」という英国の歴史家アクトンの名言を立証するように、中国の権力者の腐敗は深刻である。中国には伝統的に「権銭交易」という権力と金銭の取引の慣行があり、一族が成功者に群がって権益を共有する習慣もある。習近平は共産党がこの巨大な腐敗を撲滅しないと存立が危ぶまれるとの危機感を持ち、そのために成長を犠牲にすることも覚悟しているようである。

「少子化による平和」は来るか？

現在ある程度収斂しつつある中国経済の先行きについての見方は、2020年頃から少子高齢化の影響が顕著となり、成長の低下とともに富の分配が重要になるだろうというものである。民生安定のための社会保障費と国内治安維持費用の負担が増大して、これまでのような大幅な軍事費支出は不可能になるはずである。中国指導部が常識的に行動するならば、結果的にそう遠くない将来に中国は、より融和的な対外政策を取らざるを得なくなる。まだ仮説ではあるが、中国に「少子化による平和」が訪れると考えることはあながち夢想ではないだろう。現在の南シナ海における占拠した島嶼の軍事基地化は、いわゆる第一列島線の内側の支配を、対中政策に迷いがあるオバマ政権のうちに何が何でも実現するという駆け込み的行動である。ただ中国の姿勢は「これは米国や日本の挑発的な軍事攻勢に対抗するためやむを得ない」というものである。われわれには強弁にしか聞こえないが、仮に一歩譲ってこの見方に立てば、中国はいずれ相互抑制に基づく平和の土俵に上らないこともないと思われるし、その可能性を試みる価値はありそうである。

独裁体制の利点とアキレス腱

確かに共産党一党独裁体制は、決定と実行の迅速性において、欧米諸国や日本のように三権の分立等で国内諸勢力の間の複雑なバランスを保つ民主主義体制に比して圧倒的な優位に立つ。鄧小平はこのことを極めて重視した。(5) 周知の通り中国では最高権力者である総書記は10年で交替することが厳格に守られている。バブル崩壊後日本では殆どの首相が一年程度で交替したことと比較すると、内部で権力闘争はあるにせよ、最高指導者が10年続けることがはっきりしている制度は極めて安定している。

他方利点に勝るとも劣らないアキレス腱も内在している。独裁体制は毛沢東のようにカリスマ化された暴君が生まれる危険を孕んでいる。「集団指導」を謳ってはいるが、詰まる所「人治」で恣意性が拭いきれない。権力は必然的に腐敗し、蔓延する腐敗をどこまで減らせるかが、中国が直面する現在の最大の問題である。

また同時に中国人は面従腹背の強かなところがあり、「上に政策あれば下に対策あり」といわれるように、決定の実行を骨抜きにする強かさも持っている民族である。たとえ民主集中制により共産党員の間のコンセンサスが存在する基本政策が立案され、党大会で決定されても、地方レベル、下級経済主体レベルに至るまで政策学習と実施を実現する上では大きな困難があることも知られている。重点が移っている消費財の生産やサービス産業では創意を求められる。共産党の支配下で、下部の創意が順調に育つかは疑問である。現在進められている汚職の撲滅により萎縮が生まれているとも伝えられている。いくら「法の支配」を謳っても、下のレベルでは権力行使に於ける恣意性は残るであろう。既得権益の側からの陰に陽にの抵抗もあるだろう。これらは独裁体制の影の部分として、中国のアキレス腱になっている。

中国の「民主」

中国は共産党独裁の国であり、企業、学校等の「基層単位」に三人以上の正規の共産党党員がいる場合には党組織を作らねばならない。要するに細胞である。共産党はこの底辺の党組織からピラミッド状に構成され、頂上に「党中央」と呼ばれる政治局常務委員会、いわゆるチャイナ・セブンがある。国家政策の基本はここが決定する。(6)

毛沢東晩年の狂気に満ちた暴挙である文化大革命に懲りた中国人は、党中央において毛沢東のような個人的独裁が生まれるのは危険という認識は持っている。毛亡き後は鄧小平の権威が絶対的だったが、その鄧小平も去って江沢民時代以降は「集団指導」がモットーとなっている。ただ共産党の意思決定には中国流の「民主」制度があり、下からの意見も吸い上げる努力は行われている。(7) またインターネット時代に入った中国も、「危険な」情報の遮断に腐心しているが、大衆意思(ポピュリスム)に警戒せざるを得なくなっている。

さりながら、共産党員の数は国民の一割にも満たない約8700万人であり、如何に下から党組織を通じて下部の意見を吸い上げても、国民が一票を投じる代議制度を採っていないから、真の民意と共産党体制下の民意の間にはどうしても食い違いが残る。筆者はこの違いを、欧米の民主主義国は民意を反映しているから健全であるのに比して、中国の「民主」はまやかしで民衆の希望を満たさないから危険であると断じるのには賛成出来ない。愛国教育の成果だけでなく、中国の目覚ましい国威への共感から、中国の若者が体制に反抗することは既に無くなっているようだ。米国などへ留学したものすら、欧米流の価値観に基づいて体制に反抗するより、進んで党員となり身の栄達を図りたいと思う者が多いという。(8) かつての日本人がそうであったように、国力が隆々としてくると、外国から学ぶものはないと思うのと一緒なのだろう。中国は多くの体制改革を迫られていて、現状がいつまでも不変と見るのは狭い考えであると思う。

「100年のマラソン」の後を考える

日本にとって問題なのは、中国の制度ではなく、制度に基づいて到達する政策、行動結果である。現在中国は愛国主義教育を徹底して、アヘン戦争以来の100年の「国恥」を雪ぎ、「中国の夢」を建設しようと懸命になっている。日本人はともすると愛国教育の内容に誇張や誤解があることを懸念し、愛国教育を受けた若者の反日行動に憤慨する。確かに問題はあるが、筆者はもう少し長い目で見るべきではないか思う。一方日本では巷の書店に「反中もの」が溢れているし、中国経済の失速を予言し、こういう本を読んで快哉を感じるものも少なくない。中国は複雑な巨大国であり、すべての事象を日中関係の側面から見て、一喜一憂するのは愚である。中国が名実ともに自信を取り戻し、健全で合理的な対外政策を取ることは十分にあり得ることである。筆者は「中国の夢」の中にある未来指向性がどう発展するか見定めたい。徒に中国を危険視する必要はないと思う。中国がいわゆる「100年のマラソン」を走り終えてから、更に走るのか、辺りを見回して、次の国家目標を定めるのかに注目している。「和平演変」の強迫観念から脱し、安全が確保された中国が、内外政でどんな優先順位を定めて来るかを見定めるまで、日本は決定的な選択をしてはいけないと思う。

中国の軍事戦略睨むべし

人民軍は国軍ではない。中国との関係を考察するのに、その軍事戦略を睨んでおくことは不可欠である。中南海の中国共産党中央における議論は外部に全く現れないから、軍指導者の発言や軍拡の方向などから推察するしかない。中国は長期的にものを考えるのが好きな国民である。筆者は中国指導部は米ソの軍拡競争からソ連の体制が崩壊した歴史的事実の重みを大前提にしていて、「前車の轍」に陥らないように独特の軍事戦略を追求していると考える。

第一はいわゆる「三戦」力の活用である。孫子の兵法の影響の有無は不明であるが、中国は戦わずして勝つという考え方をしている。謀略、宣伝、撹乱等の工作を通じて、輿論戦、心理戦、法律戦に訴えて、相手側の戦意を挫くという努力を行っている。

２００３年中国は人民軍の政治工作条例に輿論戦、心理戦、法律戦の「三戦」を追加した。２０１１年の米国国防省の中国の軍事・安全保障の進展に関する年次報告は、この「三戦」について次のような説明を行っている。「輿論戦」は、中国の軍事行動に対する大衆および国際社会の支持を築くとともに、敵が中国の利益に反するとみられる政策を追求することのないよう、国内および国際世論に影響を及ぼすことを目的とする。「心理戦」は、敵の軍人およびそれを支援する文民に対する抑止・衝撃・士気低下を目的とする心理作戦を通じて、敵が戦闘作戦を遂行する能力を低下させようとする。「法律戦」は、国際法および国内法を利用して、国際的な支持を獲得するとともに、中国の軍事行動に対して予想される反発に対処するものとしている。(9)

第二は非対称型戦争を構想していることである。これに備えた弾道ミサイル、宇宙兵器、サイバー戦争能力等に主力を置く軍事力の構築をしてきた。まだ世界で本格的なサイバー戦争を含む大型の軍事衝突が起こったことはないから、この作戦のコスト・ベネフィットは不明だが、常識的に考えれば、秘匿性が高いサイバー攻撃分野への投資は相手方も対応も困難であり、成功すれば相手側の指揮系統を破壊出来るから、極めて効率が良いと想像される。また中国は民生用も含めてドローンの開発では先進大国である。必ずやこの分野でも軍事利用を行うであろう。

第三に中国は90年代から米国の海軍史家アルフレッド・マハンの提唱した海洋戦略理論に従い、日本列島、台湾、フィリピン、ブルネイ、ベトナム沖合に伸びる「第一列島線」の内部を確保し、拡大する通商を支えるシーレーンを確保するために強力な海軍力の大増強を図って来た。さらに将来は列島線を小笠原沖合からグアム、ニューギニアまで太平洋側に押し出すことを考えていると伝えられる。練習用にしか使えないといわれるがウクライナから購入した空母「遼寧」や多数のフリゲート艦、核兵器搭載の原子力潜水艦を保有している。将来は米国のように空母打撃群を持ち、米国との間に対等な軍事力を築くことも考えているのではないかと推測される。南シナ海の島嶼を軍事的に占領し、軍事基地化しているし、中国が支配するアジアインフラ投資銀行（ＡＩＩＢ）を創設し、陸上の経済シルクロード（一帯）と並び、東南アジアから、インド洋を経てヨーロッパまで到達する、「真珠の首飾り」と呼ばれる拠点作りを通じて、「海のシルクロード」（一路）を構築するインフラ整備を行うという政策を推し進めている。２０１６年に英国始め欧州諸国が雪崩を打ってＡＩＩＢの創設に参加したのは記憶に新しい。２００７年習近平の指南役で海軍の最高首脳の呉勝利が訪中の米国太平洋軍司令官に「ハワイを境に太平洋を中国と米国との間で二分しよう」と発言したと伝えられる[10]。

ただ中国の優先度の高い政治・軍事的関心は、当面は台湾独立阻止と南シナ海の内海化で、他国の軍事力にこれらの地域に接近、展開し軍事活動をさせない「アクセス阻止／エリア拒否（Ａ２／ＡＤ）戦略をとっている[11]。その先は東シナ海からからの海軍力の外洋展開を考えていると推測される。２０１５年の中国の国防白書は、西に展開する経済活動を支える「遠海防護」と米海軍の接近を拒否する「近海防御」の二つの任務を掲げている[12]。

中国は東シナ海について、どのような長期的な野心を抱いているかは推測の域を出ない。中国は石油資源の存在を伝えるエカフェ報告が１９６８年に出てから、１９７１年に尖閣諸島の領有権を主張した。１９９２年には尖閣諸島、西沙諸島、南沙諸島を中国領土であると規定した領海法を施行、2013年には東シナ海に尖閣諸島の上空も含む防空識別圏を設定した。2010年から中国漁船の尖閣諸島領海内の操業が始まり、同年9月に中国漁船は海上保安庁の巡視船に体当たりし、その映像がテレビで流れ日本国内に衝撃を与えた。その後も中国は尖閣列島の周囲の接続水域と領海に公船や軍艦を進入させ日本側の強い反発を招いている。安倍首相の下で離島防衛力の強化が図られ、限定的な集団的自衛権を認める一連の立法措置も取られた。

南シナ海は海軍基地のある海南島の南方の海洋は深度が深い。かつてのロシアの原潜がオホーツク海を根拠地にしたと同じように、中国がこの水域に核ミサイル搭載の原子力潜水艦を配置すれば、外国からの攻撃を避け、核の第二撃能力が確保出来る。そのためフィリピン、ベトナム、ブルネイの沖合の東南アジアに赤い舌のように延びるいわゆる「九段線」内の南シナ海に領有権を主張している。また近隣諸国との間に領土紛争が存在する西沙、南沙諸島を占拠し埋め立て、滑走路建設や軍事施設の拡充を急ピッチで進めている。中国の考えは、中華民国時代に恣意的に引いた「十一段線」に由来するといわれるが、法的な裏付けの無い荒唐無稽なものである。(13)

2016年7月に海洋法条約付属書に基づいて設立された仲裁裁判所は、南シナ海の広大な水域について中国が主張する領有権を完全に否定する内容の判決を下した。中国はこの判決は「一片の紙切れに過ぎない」と猛反発しているが、この仲裁裁判所は国連の権威の下に制定された海洋法条約に基づいて設立された国際的な司法機関であり、その判決には法的拘束力がある。当面中国は聞く耳を持たないで、「海の万里の長城」建設に邁進するだろう。スカボロー礁の基地化の危険も取り沙汰されている。中国はフィリピンやベトナムとこの判決を無視して、二国間で解決しようと呼びかけているが、判決で勇気づけられた両国は簡単には応じないであろう。「法の支配」を掲げる日本、米国、ヨーロッパ海洋諸国も、中国にこの判決の遵守を求めていて、判決の国際的な影響は極めて大きい。中国が何らかの形で一歩後退しなければ、「法の支配」を否定する国家というレッテルを張られてしまうだろう。

スカボロー礁の占拠と軍事基地化が実現すると、第一列島線の内側は中国の内海と化す。中国は外国船舶や軍艦のこの水域内の「自由航行」は認めるとしているが、国際社会が中国の広大な南シナ領有権の主張を容認する見通しは乏しく、国際社会による「不承認政策」が続くだろう。

中国は米国と軍事的に全面的対決することは、現在はもちろんのこと将来にわたっても、不可能であろう。あらゆる対立地域であらゆる種類の戦闘を行うためには膨大な軍事費の支出と要員の訓練が必要となる。中国は核戦力、中長距離のミサイル開発、宇宙兵器開発、さらにはサイバー戦能力の向上に努めて来た。米国はクリントン大統領時代から次第に警戒感を高め、オバマ大統領の下でヒラリー・クリントン国務長官は、アジアへの関与を深めるリバランス戦略である「アジア・ピヴォット戦略」を採用するに至っている。

米中間の直接軍事対決は無いだろうと言っても、中国が意図的に戦略的に限定的な軍事行動をすることは無いとは決して言えない。むしろ中国は１９７９年のベトナム懲罰戦争、インドとの国境紛争等に見るように、必要と認める時は軍事力の行使に躊躇しない過去を持つことを忘れてはならない。

「勢い」を失った中国――２０１７年党大会と習近平体制

２０１６年の春のＡＩＩＢの発足の頃が中国のピークで、その後「勢い」が失われてきている。急成長した中国は「力こそ正義」であると錯覚して強権的な対外政策を取り始めた。南シナ海における島嶼の占拠、埋め立て、軍事基地化は、常設仲裁裁判所が中国の南シナ海全域への領有権主張を明確に否定したことにより一頓挫した。今後中国が更にスカボロー礁の基地化を強行すれば、「無法者」のイメージが強くなるだろう。欧州諸国も一時のような経済的な中国傾斜には慎重になっている。英国はこの海域でのプレゼンスを高める方針に切り替えた。

動あれば反動ありで、日本だけでなくオーストラリア、インド、ベトナム等が中国を警戒し始め、シンガポールやフィリピンも同調し、なんとなく中国包囲の形勢が生まれて来た。中国は明らかに「勢い」を失っている。アセアン内でも中国を代弁するのはカンボジアとラオスのみとなっている。興味深いのは2016年フィリピンで暴言と強面で知られるドゥテルテ元ダバオ市長が大統領に当選して、強い反米姿勢を鮮明にしつつ中国の懐に飛び込む外交を始めたことである。訪中で実際に何を話したかは不明であるが、二国間で問題を解決したいという中国に歩み寄る形で、実利を求め多額の援助を引き出すと共にスカボロー海域でのフィリピン漁船の操業を認めさせた。同大統領は引き続き訪日して、日本からの協力を取り付けると共に、領有権問題では日本と立場を共にするという発言も行い、典型的な二股外交を展開している。

親中政策を取ってきた韓国は北朝鮮の核開発に対抗するために、終末高高度ミサイル防衛網（THAAD）の配備に踏み切った。中国としては北朝鮮に核開発断念を働きかけているが、実効が上がらないので、痛し痒しと言わざるをえない。その中で武力による現状変更に反対し、「法の支配」を求める日本の外交が効を奏しつつある。

経済面でも中国はぱっとしない。2008年のリーマン・ショック時に中国は4兆元の景気刺激を行い世界を大不況から救ったと感謝されたが、中国の企業は巨額の債務を抱えるようになった。国際決済銀行（ＢＩＳ）によると、中国の企業債務の国内総生産（ＧＤＰ）に対する比率は、２００８年９月末の97％から２０１６年３月末には１６９％に急増したという(14)。

新常態も公にされた数字よりも低成長ではないかと噂され、中国への資源輸出をしていた国は軒並み成長が減速した。人民元は切り下げ傾向で、ＳＤＲ構成通貨になったが、中国で未だ資本取引の自由化が行われていないので、国際通貨としての信任が得られていない。アジアインフラ投資銀行もスタートダッシュが出来なかった。ＡＩＩＢは主要格付け会社の格付けが得られないので起債が出来ないのは致命的な欠点である。審査能力などまだまだ勉強を必要とする段階のようだ。他方政治的な圧力や採算度外視の価格設定で強引に落札した高速鉄道建設計画も各所で問題を起こしている。中国は息切れし始めているように見える。

李克強首相は不良資産の整理、過剰生産の処理、ゾンビ企業の整理に忙殺されている。習近平は党の生存を賭けて腐敗の撲滅に専念しているが、既得権益を持つ党の長老からの反発に直面しているようである。習近平の権力掌握は相当程度進んだように見えるが、２０１７年央に開催が予定されている共産党大会で選ばれるべき、習近平に引き続く10年を担うチャイナ・セブンの指導者の姿が未だ浮かんでこない。腹心で汚職撲滅運動の中心人物の王岐山が、年齢制限を破って留任するか注目されている。

経済のエンジンが不調であることは中国の対外政策の活気を失わせている。調子に乗りすぎた軍事的な強硬路線が突出して、外交も粗暴さが目立つようになった。次の世代の中国指導者の顔が明らかになり、内外政策の基調が定まらない間は、中国はメリハリの効いた外交を展開できないであろう。その場合も中南海が今のような軍事強国路線を続けられるかどうかは疑わしい。日本経済にまだ「勢い」は戻っていないにせよ「時の利」は日本に巡って来ているようである。

米中は「似た者同士」――対立と協調が続く

米中関係は現代アジア史でずっと基軸的な問題だった。日中戦争は中国大陸での戦闘だけでなく、米国を舞台とした日本と中国の争いだった。この事情はこれからも無視してはならない。未だに中国の外相が国連総会で「ファシスト日本の打倒のために米国とともに戦った中国」という主題を公然と述べていることからも明らかである。

その米国と中国は驚くほど似たところがある。巨大な人口、多民族国家、自己中心で理念やスローガンのレトリックを駆使する、核保有国、安保理常任理事国で力の信奉者、金銭欲が強い等々。話をするのは婉曲でなくストレートに行う。謙遜とか陰影がないところは、両国民は日本人と際立った対比を示す。「似た者同士」だから自ずからアメリカ人と中国人は話が合う。

筆者の米国の友人は日本人との話は退屈で、中国人の方がずっと面白いと言う。米中は相性も良いというべきであろう。

米国と中国は歴史的にも関係が親密である。大陸本土が共産党の支配下に落ち、関係が中断し、その間に朝鮮戦争を戦うが、中米両国は大規模に相争ったことが殆どない。どちらかというと米国は中国に対して保護者的な意識があるようだ。追い上げる国の経済力が追われる国に近づくにつれて、追われる側に強い対抗心が芽生え、緊張が高まる。19世紀末以降20世紀初めまでの勃興するドイツへの英国の対抗、第一次世界大戦後の東西冷戦、バブル崩壊までの日本と米国など。中国の凄いところは、前車の轍を踏まない戦略をとって来たことである。ニクソン／キッシンジャーはソ連への牽制から中国への支援を進め、歴代政権は最近に至るまで機密情報の提供から武器支援まで中国に対してあらゆる協力を行った。鄧小平は「韜光養晦」を標榜し、野心を隠して力を蓄える作戦を徹底的に推し進めた。中国への招待、資金援助等の手段で米国内の「親中派知識人」を増やし「平和的台頭」、つまり中国の発展は平和的に行われるという考えを徹底的に浸透させた。米国は純真にもこれを信じて、中国の台頭を扶けた。マイケル・ピルズベリーは、ニクソン政権以降30年に亘ってＣＩＡ等の政府機関で働いて、米国と中国の親密な協力関係を経験してきた。その彼が、ある日、中国が孫子の兵法で米国を打ち負

かす戦略を取って来たことに気付いて愕然としてChina 2049を書いた。(15)

米中関係のこれまでの基本的な土俵は２００９年の米中共同声明であり、両国がそれぞれ相手国の「核となる国益」を尊重するということにある。これはいずれの国の間の関係においても「共通土俵」ではあるが、米中の場合は、圧倒的な経済規模を有する二大国であることから来る特殊性がある。実際はそう簡単でないが、中国は米国をいずれは凌駕しうると自負していて、追い上げる国と追われる国はいつかは対決に至ると考えている節がある。王毅外相は２０１３年のブルッキングス研究所における講演で「幾つかの歴史研究によれば、大国が勃興した例は約15あるが、そのうち11の事例で、既存の大国との間で対決、戦争が起きた」と述べている。そのために中国は米国に対して「新大国関係のモデルを作ろう」と呼びかけている訳である。最大の不一致点は台湾である。米国が非民主的手段で行われたロシアのクリミア併合を容認しないように、米国は中国が非民主的な手段で台湾を支配することを容認することはほぼ絶対に考えられない。認めた瞬間に米国の太平洋における勢力圏はハワイと豪州のラインまで後退するのは必至である。前に述べた通り共和党は、２０１６年の大統領選挙の選挙綱領で「台湾関係法に基づいて米国は忠実な友人としての台湾が自らを守ることを助ける。台湾海峡における現状が一方的に変更されることに反対する」としているからこの点のトランプ外交に心配はない。

短期的に米中が折り合える見込みは乏しいと言わざるをえない。では米中両国は対決に向かうかといえばその可能性は高いともいえない。経済的な依存関係が出来上がっているからである。中国の貯蓄が米国民に実力以上の消費を可能にしている。中国経済が崩壊すれば米国経済も共倒れする。不透明感を深めるヨーロッパの求心力、産油国経済の停滞、プーチン大統領下の強大化するロシアを前に、トランプ大統領の下で、アメリカが自国第一主義をどこまで貫けるかは、予想がつかない世界である。２０１６年央のＦＲＢの利上げの先送りに見るように、米国といえども中国経済の成長維持に共通の関心を抱かざるを得ないのが実情である。

経済的に中国は相互依存関係の深まりが、安定した二国間関係を作るという政策を一貫して追求した。国内市場の開放を渋り、米国の参入に消極的だった日本とは完全に異なる政策である。中国は開発途上国であるとして、外国からの資金、技術投資を歓迎し、特に金融面では外国資本に極めて寛容な政策を取って来た。外国企業が中国で利益を上げることを歓迎する政策を取ってきた結果、米国の金融、サービス産業を始めとする自動車、航空機ビジネス界では中国市場に対して期待が極めて高い。中国は米国債の保有を増やし、遂に日本を凌駕するに至った。かつての日本も米国への輸出から大幅な黒字を抱え、米国債の保有を積み上げたが、橋本首相が「米国債を売る誘惑に駆られたことがある」と発言する以上のことは出来なかった。中国は明らかに長期的に人民元の基軸通貨化を追求している。まだまだ相当先のことであるが、中国経済が順調に発展すれば、いずれドルと人民元が世界の基軸通貨となることは避け難い。米国債保有について米国の中国への依存には、同盟国である日本への依存とは本質的に異なる危うい点がある。中国の外貨準備高は２０１５年末には３・８兆ドルに達し、その大部分を米国債で保有していると見られる。その根本には米国民は貯蓄を上回る消費を長年に亘り続けて来たことがある。しかし米国がこの点を改めることは不可能な以上、米国は中国との相互依存関係を続けるほかかない。現在は中国の内外金融制度が未熟であるので、例え米国が中国マネーに依存しても、依然として米国が金融面では多くの切り札を握っている。米国ＦＲＢの金利引き上げは、中国から米国への多量な資金の流出を誘発する。ただＦＲＢが金利の引き上げに躊躇しているところを見ると、米中の相互金融・経済依存関係は簡単に無視出来ないレベルに達していることが歴然としている。米中の協調関係は今後とも相当期間継続すると見た方が良い。

軍事的には中国の「アクセス阻止戦略」を巡り、２０１５年以降米国軍艦の南シナ海航行が注目を集めている。一見米中は対立しているように伝えられているが、筆者はボクシングに例えれば、ラウンドはまだ始まったばかりで軽いジャブの応酬程度で、本格的に相手を倒そうとする段階には全く至っていないと見ている。

米国の中国のアクセス阻止戦略への対応は、優越する空軍力と海軍の統合的な運用による「エア・シー・バトル」と呼ばれる構想であるが、どのラインを基礎にこれを実現するかは伏せられたままである。１９５０年アチソン国務長官のアメリカの東アジアにおける戦略的な利益がどこまで延びているかを示す発言が、朝鮮半島を含んでいなかったために朝鮮戦争を誘発したとされている。米国軍事力は強大ではあるが、現在は趨勢的には伸び切った前方展開を収縮する過程にあり、アジアに軸足を移すといっても、現在よりも攻撃的な展開を考えているわけではない。海兵隊にしてもグアムまでの撤退が基本線である。南シナ海についても、係争島嶼の領有権問題には関与しないで、専ら国際法に基づく海洋自由の確保が主眼である。オバマ政権は最低限の国際法上の自由の示威すらも実施に躊躇してきた。中国はこういう米国の足下を見透かして、ここ2年ほどは誰が何といっても、これを無視して南シナ海島嶼の実効支配を確立してしまう行動を取っている。

トランプ政権と中国

トランプ大統領が国内の孤立主義的傾向を踏まえてどのような国際戦略を展開するか不明である。しかし基本的にはオバマ大統領が8年間に亘ってやってきたことを１８０度転換することは考えられない。筆者は今後とも米中両国は相手の出方を探り、相当期間に亘り対決にも協調にも至らない歯痒い関係を続けると考える。日本にとってこのことは決して悪いことではない。日本を間に米中が熱い戦いを行う時に日本は巻き込まれることは避けられない。米中が完全に協調してしまえば、日本の出番はなくなる。不確かな米中関係の中に日本の活路があると考えるべきである。

中国がクリントン当選を予見して行動してきたことは明らかである。オバマ大統領の穏健な姿勢が、クリントン政権下では一層タフなものになると予想して、南シナ海で駆け込み的な軍事施設の構築をすると共に、気候温暖化防止のパリ協定を受け入れることにより、米中協力の実を示した。トランプの当選は想定外で当面様子見の姿勢を取らざるを得ない。1章で見た通り、トランプの中国についての発言には厳しいものがある。米中間には相互依存関係があるが、米国が中国を必要とする以上に中国は米国を必要としているというトランプの認識は基本的に間違っていない。トランプ政策の要である「米国に職を取り戻す」という考えは、中国にこれまで好循環を齎した旨味のある政策を続けることを不可能にする。特に中国にとり死活的な問題は為替レートの操作がこれ以上続けられないことである。経済の勢いが衰えて来て、国内の矛盾が噴き出すこの時期に大変な状況が生まれた。

他方名うての取り引き巧者を自認するトランプ大統領とは原理原則で争うことなく実利の均衡を実現する可能性も見え隠れする。取り引きのテーブルの上の交渉対象のリストは長い。当然日本カードもリストに含まれるだろう。米中間の取り引きに日本カードがあることは、日本のレバレッジが増加することを意味する。日本が巧みに行動することにより大きい外交上のレバレッジを効かせることが出来る。日本が安全保障政策の選択肢を広げることが意味を持つ時代が到来したと考えよう。

〔註〕

（1）1919年パリの講和会議のヴェルサイユ条約の結果に不満を抱いて中国全土に発生した反日、反帝国主義の大衆運動

（2）この間の事情はワン・ジョン著　伊藤真訳「中国の歴史認識はどう作られたか」（東洋経済新報社　2014年）に詳しく述べられている。

（3）中国が何故「一人っ子」政策を取ったのかは謎であるが、現代中国研究家の津上俊哉は、マルサスの人口論的な見方が中国で支配的で、人口増は悪の観念が強いことと、この政策を担当する部局の既得権益にからんでいるという興味ある見方示している。津上

俊哉「中国台頭の終焉」（日経プレミアムシリーズ　2013年）184〜5ページ
(4) 津上前掲書　186〜194ページ　日本では2005年に1・26まで下がり、人口の減少を危惧する念が強まり、安倍政権はこれを1・8まで戻したいと希望していることは周知の通りである。
(5) 「趙紫陽極秘回想録」光文社　2001年　382〜384ページ
(6) 宮本雄二「習近平の中国」37ページ
(7) 例えば党大会に総書記が行う基調演説に盛り込む問題を絞り込む党組織の基層からの積み上げ作業は、一年を掛けて行われるという。
(8) 加藤嘉一「中国民主化研究」ダイヤモンド社　2015年　400〜430ページ
(9) 防衛白書　2015年　35ページの注9
(10) 近藤大介「パックス・チャイナ　中華帝国の野望」講談社社現代新書　2016年　21〜23ページ
(11) 防衛白書2015　第1部概観以下
(12) 小原凡司「徹底解剖人民解放軍230万人のアキレス腱」文芸春秋スペシャル2016夏号　124ページ
(13) エドワード・ルトワック「中国4・0」文春新書　2016年　36〜37ページ

（14）２０１６年10月18日付日本経済新聞「習近平の支配　闘争再び」
（15）マイケル・ピルズベリー「China 2049 秘密裏に遂行される世界覇権１００年戦略」日経ＢＰ社　２０１５年

4章 アジアに目を向けるロシア

ソ連邦の崩壊と再生の苦悩

1985年に登場したゴルバチョフは、米国との勝ち目のない冷戦と共産主義体制の将来に見切りをつけ、大胆な改革（ペレストロイカ）を進める決断をして、情報公開（グラスノスチ）に踏み切った。しかしこれがパンドラの箱を開けることになった。ソ連邦の崩壊のスピードは信じられないほど早かった。

10年に亘ったアフガニスタンでの不毛な戦争は、ソ連経済・社会を深く蝕んでいた。1986年に始まった原油価格の急落でソ連経済は極端な不振に陥り、ゴルバチョフは欧米に資金支援を求めざるを得なかった。東欧諸国は相次いで民主化の道を歩み始め、1989年11月「ベルリンの壁」も遂に崩壊した。

1989年末ゴルバチョフはブッシュ（父）との「マルタ会談」で冷戦を終了させた。米露両国は新しい世界秩序を共に作り出して行くことで意見が一致したといわれる。

1990年ゴルバチョフはソ連邦大統領に就任し、改革を進めたが実効を上げられないままに混乱が続いた。1991年3月の国民投票で、ソ連邦は独立国家共同体（CIS）に姿を変えた。各共和国に大統領を置くことになり、6月エリツィンはロシア共和国の初の大統領に当選した。1991年8月、共産党の保守派がクーデターを起こすが、エリツィンの活躍で未遂に終わった。同年末にゴルバチョフはソ連邦大統領を辞任し、ソ連邦は消滅した。

新しいロシアを作る作業は容易ではなかった。エリツィンはIMFや米国の学者の提案を容れて、大規模に欧米流の市場経済の導入に踏み切った。資本主義の基盤が皆無のところに、急激な民営化を進めた結果、民営化された国営企業は怪しげな新興寡占資本家（オリガルヒ）に乗っ取られて経済は破滅し、国民の生活はどん底に落ち込んだ。

エリツィンは欧米との友好関係を築くべく努力したので、欧米もこれを評価して、1994年のナポリの先進国首脳会議の政治討議にロシアも参加、1998年からは正式にG－8入りを果たした。

しかしその間ロシア南方正面の枢要な地である北部コーカサスのチェチェンで独立派との二次にわたる紛争が生じた。1999年8月エリツィンにより首相に任命されたKGB出身のプーチンは、チェチェンの分離運動に断固たる姿勢で臨んだ。空爆も辞さず、ロシア軍をチェチェンに侵入させた。同年末高齢のエリツィンは電撃的に大統領を辞任し、プーチンが大統領代行も兼任した。翌2000年3月プーチンは大統領に初当選した。プーチン時代の始まりである。

プーチンの人となり

エリツィンがプーチンを後継者に選ばなかったら恐らく確実に今日のプーチンはあり得なかったであろう。1996年7月辛うじて大統領に再選されたエリツィンは健康に大きな不安を抱え、安心して後事を託し得る後継者選びの必要があった。プーチンが最初からエリツィンの意中の人であった訳ではない。エリツィンは再選後一年半足らずの間に、後継大統領を念頭に首相としてチェルノムイルジン、キリエンコ、プリマコフ、ステパーシンなどプーチンよりも遙かに知名度の高い大物政治家4人を矢継ぎ早に交替させた後に、1999年8月にプーチンを任命している。その裏にどういう事情があったかは判らないが、後事を託し得る有能な人物でかつ自分が寝首を掻かれない安心出来るものを模索したことは十分に推測出来る。

殆ど無名だったプーチンはその後現在に至るまで大統領または首相としてロシアを支配し、

国際政治的に世界でもっとも注目される人物と化した。ある意味でプーチンは「天の時」がロシアに齎した人物であったといえる。しかしこの乱世の梟雄《きょうゆう》とも言うべきウラジーミル・プーチンには謎が多い。彼について世界中で数多の書物が書かれているが、日本でもソ連・ロシア研究の泰斗である木村汎の『プーチン』（藤原書店2016年）は傑出している。プーチンの人となりについてのこの部分を書くに当たって筆者はこの本に多くを負っている。

プーチンについて唯一といえる公式伝記は、彼が2000年にエリツィンにより後継大統領に指名されたのち、知られざる候補者プーチンを国内の有権者に知らしめるための選挙キャンペーン用に作られた「第一人者から」という文書である。その内容が正しいかどうかとか、書かれていない大事なことがある等の問題はあるが、ほぼ異論の無いプーチンの生い立ちは以下のようである。

プーチンの祖父はレーニンの別荘付きのコックだったという。父は模範的な共産党員で、KGBの前身である内務人民委員部の破壊工作隊に属しレニングラード包囲戦（1941～44年まで約900日）でドイツ軍の手榴弾で重傷を負い、生涯片足が不具であった。母は雑役婦で3ヶ月の水も灯火も暖房もない過酷な「封鎖」中は餓死寸前の生活であったという。幼く死亡した二人の兄の後、プーチンは1952年レニングラード（サンクトペテルブルク）で生まれた。母は41歳の高齢出産でプーチンは溺愛されたが、小、中学校時代のプーチンは不良少年だった。ピオニール（青年共産主義同盟）やコムソモール入りは同級生に数年遅れをとったことは公式自伝でも認めている。小柄だったプーチンが柔道を始めたのは、強者がものを言うジャングルの不良生活の中で勝ち残る必要にかられてのものであったらしいが、柔道は彼にとり単なる弱さを補うだけのものではなかった様である。相手の力や特性を利用して勝つとい言う技術を身につけただけでなく、柔道人脈からラフリンの様な尊敬すべき師や、後にパイプライン建設利権で大富豪になったローテンブルグ兄弟など多くの仲間を得たのである。

中学校の最終学年の16歳の時にプーチンはレニングラードのKGB本部に行きKGB勤務を希望したが、係官から先ず大学を出る様にとアドヴァイスされ、猛勉強の結果、40人に1人と言われる競争率のレニングラード国立大学法学部に合格したと言う。いつプーチンが正式にKGBに採用されたかは明らかでないが、レニングラード国立大学在学中に自動車を持っていた唯一の学生だった彼は卒業後、公式には1975年にKGBに正式に採用された。4年半レニングラードで勤務の後、一年モスクワで諜報員としての訓練を受け、更に4年半レニングラードに勤務してから、初の外国勤務を東独のドレスデンで始めた。母国ではその間に、ゴルバチョフによるペレストロイカとグラスノスチの改革の嵐が吹きすさび、ベルリンの壁の崩壊も彼がドレスデンに暮している間に起きた。

失意のまま帰国したプーチンは友人の助けで生まれ故郷サンクトペテルブルグ（旧レニングラード）の市役所でやっと市長の補佐の仕事にありつく。と思う間もなく、プーチンが「20世紀における地政学的な大惨事」と呼ぶソ連邦自体の解体に直面することになり、彼を重用した市長も選挙に破れて彼は失職する。しかしプーチンの人生のドラマはここから異様な展開を見せ、プーチンは奇跡的な上昇気流に乗ることになる。再び友人の計らいで大統領府に職を得たプーチンは１９９６年８月に、40年の縁のある故郷サンクトペテルブルグからモスクワに移った。最初のポストは大統領府事務局次長職だったが、直ぐに大統領と直結した管理総局長、そして98年7月にはKGBの後継組織であるロシア連邦保安庁長官に就任した。とんとん拍子で出世の階段を駆け上ったのである。そしてモスクワに移ってから僅か3年半後の2000年3月にプーチンは選挙に勝利しロシア大統領になった。

側近から後継者にプーチンを推輓されたエリツィンは「小さいな」と評したといわれるが、体格的に小柄だっただけでなく、プーチンはそれまでいかなる組織でもナンバーワンのポストを占めた事がなかった。それだけでなく出世街道的にプーチンは常に二流の道を歩んで来ていた。ソ連時代の登竜門である共産党ではなく情報機関ＫＧＢに入り、ここでチェキスト（諜報員つまりスパイ）としての人生を始めた。諜報員としての在外勤務も欧米でなく東ドイツ、それもベルリンでなくドレスデンという風に。

それにも関わらず何故このようなことになったのかは信じ難いとしかいえない。時代環境が彼に実に好都合に展開した事と、彼の並外れた資質によるとしか言い様がない。プーチンの最大の幸運はロシアがあらゆる意味で激動の大変革の最中にあったことである。

スピード出世の鍵は上司に対する忠誠心で、プーチンの忠誠心はＫＧＢで受けた教育により拍車を掛けられた。人間としてプーチンには驚くべき自己規律心が感じられ、社会人としては組織への絶対的な忠誠心が際立っている。これらはマフィア的な世界で生き抜きかつ成功するために絶対に必要な資質である。それに加えてプーチンは極めて優秀な頭脳と、自分自身で「自分は人間関係の専門家」であると自称するほど、人間性について深い洞察力に恵まれた人物であった。上司から見れば極めて信頼度が高いのは当然である。「人誑《ひとたら》し」の達人ともいわれる如才なさも彼の成功を齎した要素である。

プーチンは、ほぼ23歳から39歳という人生において基本的な思想形成がなされる時期をＫＧ

Bで過したことが、彼にKGB独特の戦略的思考法である愛国主義や現実的思考を植え付けたと見られる。(1)職業的な諜報員には秘密の厳守が求められ、没個性、寡黙な生活を強いられる。大統領となってから超音速戦闘機や深海潜水艦乗り、最新型のレーシング・カー操縦等人気取りのための騒々しいマチョなパーフォーマンスは別にして、プーチンの私生活については秘密主義が徹底している。プーチンには離婚歴があるが、二人の妻が公の場に姿を現したことは殆どなかった。二人の娘についても知られるところは殆どない。プーチンはロシアに一切を捧げた完璧な仕事人間であることは間違いない。

プーチンは個人的な関係を極めて重視する。これはロシア社会の特徴でもある。この傾向はソ連時代に家庭菜園等の副業経営からの生産物との物々交換やコネで必要なものを入手するという闇経済への依存で強まったといわれるが、プーチンの側近や部下たちは、主としてKGB人脈やペテルブルグ閥から形成されている。特に「シロビキ」といわれる、軍、諜報機関、警察、治安関係者などの権力機関の出身者ばかりが目立つ。プーチンが容易に人を信頼せず、テスト済みの人脈に依存する性格の持ち主であることによると思われる。彼が性格的に生来野心家であったかどうかは分からないが、生じた機会を絶対に逃さなかったことだけは確かである。

「強いロシア」を希求するプーチン

カーネギー・モスクワ・センター所長のドミートリー・トレーニンは、ロシアは「ポスト帝国」と定義している。もはや帝国ではなく、帝国に戻ることもないが、帝国時代に染み付いた多くの特徴を残している国であるとしている。そしてロシアは帝国が残したものと取り組まなければならなかったので、西側に溶け込むことも、西側とうまくやって行くことも出来ないと述べている。(2)

とはいえロシアは常に強い指導者を必要とするし、国民はそれを求めている。ゴルバチョフはロシア再生のための歴史的決断を行い、引き継いだエリツィンは思い切った市場経済化に踏み切るが、逆に国内経済は大混乱に陥り、ロシアの国際的な地位は目に見えて低下した。現状に深く失望し、将来に希望を失ったロシア人にとり、「強いロシア」を体現するプーチンはまさに必要とした強い指導者であった。国内には愛国主義が高まり、プーチンへの支持率は一貫して極めて高い水準で推移している。

プーチンは盟友のメドヴェージェフと組んで、8年間大統領を務めた。プーチンは石油・ガス会社ガスプロムを国営化し、エネルギーを外交上の手段として使う。また基幹産業を私物化した新興財閥を次々と解体し自らの人脈で固めた。また政府権力を強化し、ロシア連邦の求心力と一体性を高めた。強いロシアの復活を図ったプーチンは幾つかの幸運にも恵まれた。

第一は就任後から始まったエネルギー価格の高騰がロシア経済を破滅の淵から救い、外貨準備高は2008年には6000億ドル近くにも上昇したことである。第二の幸運は、2000年の米国における9・11事件を機に米国が反テロ戦争を始めたことである。機を見るに敏なプーチンはこれに同調して、短命に終わったが親密な米ロ関係を構築し、反ロシア・テロの制圧に利用した。チェチェンへのプーチンの強圧的な姿勢についてもアメリカはむしろロシアに同情的になった。

8年後の2008年プーチンは盟友のメドヴェージェフを大統領に据えて、自らは首相として引き続き実権を振るい、2012年再び大統領となって今日に到っている。2008年8月ジョージアの南オセチアで紛争が発生すると、プーチン首相は、ソ連崩壊後始めて対外軍事行動に出た。プーチンは5日で紛争を収束させ、アブハジアと南オセチアを独立させ、これを承認した。ただこの決定には中央アジア諸国のみならず、ベラルーシすら同調しなかった。

欧米に裏切られたロシア

そもそも1989年末のマルタ会談で冷戦が終了したとき、ロシア人の考えはロシアがヨーロッパ、アメリカと共に冷戦に勝利したと無邪気に考えていた節がある。一時その延長線上でロシアがNATOを含む西側の機構に編入されて当然という考えもあったようである。1991年末の段階でエリツィンはNATO宛の最初の書簡で、ロシアが近い将来の加盟を検討していると述べたといわれるが、アメリカは警戒的な姿勢を崩さなかった。1992年春、ブッシュ（息子）はエリツィンの米ロ同盟の考えを明確に拒絶した。初期の夢想は消えたが、1994年に米国が行った旧ワルシャワ機構諸国と旧ソ連諸国とNATOとの安全保障枠組みである「平和のためのパートナーシップ」をロシアは受け入れた。しかし結果的にはポーランド、ハンガリー、チェコ等のNATO参加に道を開く結果に終わってしまった。ロシアはNATOと対等の立場を求め、2002年にNATO・ロシア理事会が創設されたが、議論の対象はテロ対策とか海賊対策で、NATOの集団保障政策に関与できない。ロシアはドイツ統一の交渉で米国は東方への拡大をしないことを約束したと考えていたが、完全に裏切られた形となった。欧州連合は一貫して東方への拡大を続け、2004年には旧社会主義陣営の東ヨーロッパ諸国を含む10カ国が、2007年にはルーマニアとブルガリアがそれぞれ欧州連合に加盟した。さらに2013年にクロアチアが加盟した。

1999年のNATO軍のベオグラード空爆はロシアにとり大きなショックだった。ロシアは西欧との一体化を断念し、プリマコフ（1996年外相就任、1998年首相就任）の下に「全方位的外交」を取るに到った。現在ロシアにとり、ヨーロッパ正面ではわずかに人口1000万人足らずの平和に徹したベラルーシしか同調国は存在しない。旧中欧、東欧諸国は欧州に復帰してしまい、バルカン半島、コーカサス、中央アジアへの関与も次第に薄めた。他方ジョージア、ウクライナ、シリアの様に決定的な利害関係のある地域については、欧米の反対を無視して単独軍事行動も辞さないという姿勢をとっている。

ロシアは世界の中での立ち位置を模索せざるを得なかった。ロシアはアジアにもルーツを持つユーラシア国家と自称するが、1億4500万人の総人口の9割がウラル山脈の西に住む基本的にはヨーロッパ国家である。国土は広大で資源に恵まれ、核兵器と強大な軍事力を保有する、衰えたりとはいえ強国である。筆者はロシアがソ連邦から現在までの複雑な移行の全過程を概ね平和裡に実現させたことは評価に値すると思っている。ロシアの最大の不幸は、ソ連邦を解体して、東欧諸国を自由にし、共産主義を放棄して、自由経済に移行したにも拘らず、欧米がこれを当然視し、欧米の仲間入りをさせる機会を与えなかったことであろう。

特にアメリカは冷戦終了後のロシアを徹底的に軽視した。基本的に米国内の世論は圧倒的に反ロシアである。冷戦時代に強い反共、反ソ感情が作られた。移民の力も侮れない。ポグロムで迫害され米国に逃れたユダヤ人もウクライナ、ポーランドからの移民も米国に強い反ロシア感情を持ち込んだ。

ポーランド出身のブレジンスキーのロシア嫌悪は当然としても、キッシンジャーも何故か極度のロシア軽視主義者で、ニューヨーク時代の筆者にも、幾度も「ロシアはもうナッシングだ」と言っていた。


同時多発テロ後暫くの間「米ロ蜜月」と言われるほど米ロの共同歩調が続いたが、結局は長続きしなかった。米国が一極主義に固執して、イラク攻撃が始まり、米ロ関係は冷却化した。欧州連合とＮＡＴＯは東方への拡大を推し進め、旧ユーゴスラビアは四分五裂となり、コソボも独立し欧州連合は速やかに承認した。米欧は更にウクライナの欧州連合参加を歓迎する態度をとったが、ロシアにとってクリミア半島を含むウクライナは歴史的、経済的、軍事的に極めて重要であり、欧米がウクライナへ食指を伸ばしたのは無理筋であった。２０１４年遂にウクライナ問題が爆発した。

ウクライナ問題の爆発

世界にはフォールト・ラインと呼ばれたり、フラッシュポイントといわれる幾つかの危険な発火点がある。歴史的にその帰就が地域のバランスを崩して軍事的な対立、さらには大戦争を招いた。ウクライナは歴史的に西半分はポーランドやハプスブルグ帝国の影響が強く、カトリックに近いウクライナ東方カトリック教会（ユニエイト）を信じ、ウクライナ語を話す。東部は民族的にロシア人でロシア語を話しロシア正教会の信者が多い。第二次世界大戦中西ウクライナはナチス・ドイツと協力してスターリンの下の東ウクライナとの間で、血で血を洗う熾烈な内戦を戦った。ウクライナはそのような文化的にも歴史的にも国内に断層が走っている地点である。

13世紀にモンゴルによりキエフ大公国が滅ぼされて以降、ウクライナの地は近隣強国により分割、支配されるという苦難の歴史を辿った。第一次世界大戦後ソ連邦の一共和国となった。1945年の国連創設時に、ウクライナは白ロシアとともに国連原加盟国となった。ソ連は国連で3票持っていると揶揄されたほど、政治的にはソ連の完全な衛星国だった。ウクライナはロシアにとり兄弟国といえる極めて重要な地で、スターリン亡き後のソ連邦の指導者だったフルシチョフもブレジネフも東部ウクライナの出身である。ソ連邦の崩壊とともに1991年に完全に独立を回復した。

現在ウクライナは北東ではベラルーシュに接し、西はポーランドとスロヴァキアに接し、南西はハンガリー、ルーマニアとモルドヴァに接する広大な国である。かつては「ヨーロッパの穀倉」といわれた肥沃な大地と、天然資源に恵まれ、ソ連時代には鉄鉱石や石炭など資源立地指向の鉄鋼業を中心として重化学工業、航空、造船等軍需産業が発達した。ロシアの核戦力もウクライナからの部品供給がないと維持出来ないといわれる。中国が購入した航空母艦「遼寧」もここの造船所で建設された。ひと頃4500万人を数えた人口は死亡率の上昇、出生率の低下から90年代以降漸減し、2016年には4250万人へと減少した。

東西に引き裂かれるウクライナ

文化的、歴史的対立を内部に抱えるウクライナは、次第に欧州連合への接近を指向するが、ロシアにとってはウクライナの欧州連合、NATO参加は、下腹部に短刀を突き付けるに等しい重大関心事であった。東部ウクライナに住むロシア人は、武器を供与したり、軍事要員を送ってこれを支援するロシアの後ろ盾を持って、親欧米路線に反撥した。欧米とロシアのウクライナ争奪戦が次第に熾烈化し、ウクライナ内政は混乱を極め、内戦が発生するに到った。

２００４年11月の大統領選挙は親ロシア派のヤヌコビッチと親欧米のユーシェンコの争いになるが、ユーシェンコがダイオキシンを摂取させられ顔面麻痺になるなどの選挙妨害があり、ヤヌコビッチが当選したが、市民の抗議活動が起こり、選挙に不正があったとして再選挙となった。翌月には西側との関係強化を重視するユーシェンコが大統領となった。この逆転劇は「オレンジ革命」と呼ばれた(3)。

２００５年5月大統領に就任したユーシェンコは欧州への統合を目指すことを明らかにした。しかし、ティモシェンコを首相とする新政権は直ぐに内部分裂しウクライナ政局は不安定を極めた。政治家達の間に抗争が続く中、ロシアは天然ガス供給を一時停止、ウクライナ経由の欧州向け天然ガス供給も大幅に減少し、欧州にも影響が及ぶ。ユーシェンコの連立政権は安定せず、２０１０年1月の大統領選挙ではヤヌコビッチが再び当選し、そのまま大統領に就任した。この間ウクライナ政局は親欧州、親ロシアの間を揺れ動き、ヤヌコビッチがＥＵとの交渉プロセスを停止したことを切っ掛けに、２０１３年11月、キエフのマイダン独立広場で欧州統合を求める大規模な反政府デモが発生した。翌２０１４年2月18日から20日にかけて１００

名以上の死者を出す激しい衝突に発展し、ヤヌコビッチは首都キエフから逃亡した。この「マイダン革命」にはアメリカの支援があり、西ウクライナの右翼活動家が参加していた。この間に2月ソチ冬期オリンピックが開かれ、ロシアが同性愛者を差別する法案を成立させたことを理由に欧米諸国はこれをボイコットし、ロシアと欧米の対立が激化した。

大統領がいなくなったウクライナでは2014年5月、大統領選挙が実施され、6月に親欧米派のポロシェンコが大統領に就任し、EUとの連合協定に署名した。他方親欧米派による「マイダン革命」に危惧を感じた東部ウクライナの親ロシア派は、ロシアからの軍事的な支援を受けて、西部ウクライナとの武力抗争に入った。2014年3月クリミアはロシアに編入され、欧米諸国はこのようなロシアの行動を強く非難し、制裁措置を課した。ロシアの主要な輸出品目であるエネルギーの価格は低下し、ルーブルの価値が下落するなど経済的な困難が増大していたなかで西側から受けた制裁はロシアを苦しめている。

2014年9月、ベラルーシの首都ミンスクで、ロシア、ウクライナ（政府）、親ロシア派および監視役のOSCE（欧州安全保障協力機構）代表の間で停戦に合意する「第1次ミンスク合意」が成立した。しかし東部ウクライナでの戦闘行為はその後も止まなかったが、

2015年2月、再びミンスクで、ロシア、ウクライナ、ドイツおよびフランスの首脳が協議し、あらためて「第2次ミンスク合意」が成立している。

ロシアも欧米との「新冷戦」を惹起させてまで、基本的にはウクライナ情勢のこれ以上の悪化を画策する理由はない。ウクライナ東部と南部のロシア人の居住する諸州をロシアに編入すれば、欧米との対立は永続化し、欧州と長い国境線を持つことになる。ウクライナへのロシアの影響力を残して、何とかウクライナのNATO参加を阻止したいというのが本音であろう。欧米派の提案する東部地域の「自治区化」に対して、ロシアは「連邦化」を主張して、条件闘争を繰り広げているのが現状である。結局ロシアはウクライナの欧州復帰を止めることは出来なかったが、クリミア半島はその間にロシアに編入された。

ロシアのクリミア併合

黒海北部に突出する2・7万平方キロのクリミア半島は1783年、ロシア帝国エカテリーナ2世によりオスマントルコから併合された。約235万人がこの半島に住む。19世紀後半以降ソ連邦時代を通じて景勝地ヤルタを始め保養地として栄えた。セヴァストーポリ軍港は一貫してロシアの黒海艦隊の根拠地であった。1954年東ウクライナ出身のフルシチョフは「象徴的ジェスチュア」として、憲法上の手続きを取ることなく、クリミアをウクライナへ移管した。まさか将来ウクライナがロシアから離反するとは考えてもいなかったのだろう。

ウクライナが欧州連合に引きつけられて行く中で、クリミアも同じ道を辿ることは、住民意思からまたその戦略的重要性からもロシアには、理屈抜きで受け入れ難いものであった。プーチンはクリミアだけはいかなる代償を払っても手放さないと決意したと思われる。東部ウクライナで武力抗争が行われる中、クリミア住民は住民投票を行い、独立を宣言して後、ロシアへの編入を求めた。これを受けてプーチンはクリミアをロシアに編入した。しかしクリミアの帰属問題は実際には極めて複雑である。ウクライナ政府はクリミア半島がロシア領だったのは1783年から1954年までの171年だけであるという。ただスターリンによるタタール人の追放もあり、現在クリミア半島の住人は圧倒的にロシア人で、住民投票がウクライナ憲法に反するとか、茶番であるとか投票率も低く、賛成の比率も高くないという批判はあるが、クリミアに住むロシア人がウクライナに残るよりロシアを選んだのは間違いない。ある意味では「民族自決」の面がある。現実主義者の立場から見ると、率直に言って欧米のウクライナ政策は強引で、ロシアに対して過酷であった。プーチンは完全な悪者とされロシアは制裁の対象となった。しかし筆者は基本的に仕掛けたのは米国・欧州連合であった事は間違いないと思っている。

ウクライナの国連提訴はロシアが安保理で拒否権を行使したので、国連総会に移され

２０１４年３月に「クリミアの住民投票を認めない」とする決議68／２６２が、賛成１００、反対12、棄権５８８（欠席24）で採択された。同年のソチで開催予定のＧ－８サミットは開催されず、ロシアは６月のブリュッセル・サミットには招かれなかった。ロシアがクリミアを編入した後、欧米はロシアに厳しい制裁を課した。同時にロシアの逆襲に備えて、ＮＡＴＯは５０００人規模の軍隊をバルト三国に派遣することになった。日本もロシアとのビザ発給簡素化交渉等の進行中の交渉を凍結した。日本もロシアとの平和条約締結交渉が更に遅延する結果となったから、被害者の一人といえよう。２０１４年のウクライナ問題は、国際政治の流れの上で極めて重要な事件であったと考えられる。ロシアの目は否応なく東方に向かい、中国との戦略的な協調路線を深めざるを得なくなっている。

ロシアの安全保障戦略の変化

ソ連邦崩壊後のロシアは歴史に例を見ないほどの軍事力の縮小を行った。ロシアの兵力は１９８０年代半ばの５３０万人から、２００１年には１２０万人へと激減した。ロシアは東独等隣接地域に駐留していた軍隊を5年もたたないうちに全部引き上げ、キューバとベトナムにあった基地も閉鎖した。軍事予算もソ連末期の10分の1ないし20分の1に激減した。この軍事力の削減は15年にわたり続いて、この間ロシアの軍事力と軍事産業は朽ち果てていくままに任されていたといっても過言ではない。新生ロシアはもうこれから大規模な戦争を戦う事はないと判断したからであるが、同時にその立ち位置が定まらないままに国際政治上の多くの難問に忙殺され、経済も停滞して国防支出を拡大することが出来なかったからでもある。

ロシア軍の装備の旧式化とハイテク戦分野での立ちおくれは著しかった。近代的なデジタル指揮・通信システム、精密誘導兵器（長距離精密火力）、衛星を利用した精密位置評価能力を全く保有していなかった。１９９９年のチェチェン第二次戦争の際には実働兵力は６万人しかいなかったといわれる。また２００８年ジョージア第二次戦争では勝利を収めたとはいえ、米国の軍事援助を得たジョージア軍との戦いで苦戦し、ロシア軍の欠陥が露呈した。常時即応部隊は全陸軍の５分の１以下に過ぎなかったといわれ、チェチェン戦争、ジョージア戦争、ウクライナ危機等冷戦後の大規模軍事作戦では、常時即応体制の下にあった空挺部隊が威力を示した。現在空挺部隊の規模は拡大され、４万５０００人へと増強されている。

冷戦終了後のロシア国防省内で、組織改革が図られるが、冷戦時代の戦略思想の残滓や軍内部での様々な既得権益からの反発で実現しなかった。第二次ジョージア戦争の後にプーチンは、軍の改革を真剣に考え始めた。大規模な軍事練習も再開された。まだ世界金融危機が終わっていない時点であったけれども、軍備強化計画の検討が始まった。

２００７年に国防相に就任したセルジュコフは、ビジネス出身で軍とのしがらみの無い人物で、プーチンの意向を体して、画期的な軍改革計画をまとめた。即応性と機動性を持つスリム化した軍事力を構築するために、陸軍の規模を11分の1、海軍と空軍を半減、戦略ロケット軍を3分の2の規模まで縮減するとした。また軍機構を改変し、軍管区を6から4に集約し、軍事力を統合的に指揮、運用可能にすることを目指した。また装備の近代化を図るために新しい国営の調達サービス企業を設立した。彼は国防当局内の反対派を強引に抑え込んで、大胆な改革を進めた。２０１２年末にセルジュコフは巨額の汚職と愛人スキャンダルで失脚したが、その基本方針は維持され、国防予算も従来の３％以内の水準から増大して対ＧＮＰ比４％を超えている。(4)

２０１５年のロシアによるシリアのイスラム過激派への攻撃は、実際は反アサド政権勢力への攻撃であったが、空爆能力、『カスピ海艦隊』から１５００キロ離れたシリア内ＩＳ拠点への26発の巡航ミサイル攻撃の高い命中精度から見て、ロシア軍の近代化の効果が顕著に示された。ロシアが局地戦争への対処に重点をおいた軍事力を着実に強化していることは確かである。

米国との関係においても、ブッシュ（息子）時代にロシアの対米関係は冷戦後最悪ともいえる状況に陥ったが、オバマ政権になり中東への介入抑制政策がとられ、それに伴い大幅な対ロ政策見直しが行われ、いわゆる「リセット政策」が打ち出された。オバマは「核兵器のない世界」を提唱し、核軍縮努力が再開された。２０１１年発効の米ロ間の「新戦略兵器削減条約（ＳＴＡＲＴ）」は、配備状態の戦略核弾頭の上限を１５５０発、運搬手段の上限を７００基と定めた。他方米国はミサイル防衛（ＭＤ）に力を注いでいて、ロシアはこれに強く反撥した。「リセット政策」の中で、米国はチェコ、ポーランドへのミサイル防衛システムの配備を中止した。ロシアは米国のＭＤ政策により、核の均衡が破れることを警戒して、地上配備核戦力の近代化やＳＳＢＭの新規配備等により米国の核攻撃を抑止する実効的な核戦力の維持に腐心している。

ロシアはプーチン時代になって、多極化さるべき世界の中で一つの極として求心力を持つ空間を支配し、国力を蓄え、影響力を発揮するという路線以外に、自らの立ち位置を持ち得ないことを悟ったようである。また安全保障のために隣接空間の支配を求めるというケナンの指摘した伝統的な傾向から脱却して、経済的相互依存、エネルギー供給を梃子に関係の改善を図るという安全保障政策に転換したように見える。安全保障の概念も軍事的な側面に限らず、経済成長、伝統的な価値観の保存、保健の増進による人口増加、生態系の確保（エコロジー）等広

範な捉え方をしている。(5)

ロシアの将来を展望することは極めて難しい。帝国崩壊後、新生ロシアのアイデンティティも不確かで、国力はエネルギー資源の価格変動に振り回されている。帝国時代のようにイデオロギーや軍事力で問題は解決しない。むしろ欧米の東方への拡大、バルカン、コーカサス、中央アジア諸国のロシアからの離脱を阻止出来ないままに追い込まれている。中国との戦略的パートナーシップを進めているが、中国に飲み込まれる危惧もある。時代の流れとともに発生する厄介な問題を、複雑なモーバイルのような危ういバランスを取りながら、何とか凌いで来ているといっても過言でない。かつてスターリンは領土、人口を意のままに動かして、対立を作り出し、支配を続けたが、最後に国力が追いつかずにソ連邦は崩壊した。プーチンは柔道を好み、その精神性を高く評価しているといわれるが、プーチンの外交を見ると、積極的な攻勢を仕掛けて行くというより、機会を巧みに捉えて自己に有利な体制を築く柔道の「受け身」の姿勢が感じられる。そうしながらエネルギー資源の輸出でなく、産業力を強化して経済を成長させようという正攻法をとりたいと考えているように見える。ただ国際競争力のある新産業を創出することは困難だから、当面は伝統的な軍需産業に期待するのが自然であるが、ウクライナとの関係の悪化は、ソ連時代に東部ウクライナの重化学工業との間に相互依存関係を築いたことが禍いして、ロシアのミサイル生産やヘリコプターの生産に支障が生じているといわれる。

石油価格の高騰から予想外のボーナスを得たロシアでは、社会に前向きな期待が生まれたようである。幼児死亡率が急速に低下し、出生率も改善した。その結果人口も増加に転じた。ロシア経済は天然ガスや石油のような天然資源の輸出に依存しているので浮沈が激しすぎる。ただエマニエル・トッドが指摘するように、何よりも女性が子供を作るようになって幼児死亡率が減少したという事は、画期的なことである。

アジアに目を向けるロシア

ロシアは今や旧ソ連圏諸国のCISには大きな期待を寄せず、中央、東、南アジア諸国との関係の積極的な強化を図っている。そのためさまざまな機構や枠組みへの参加を進めている。上海協力機構［1996年のシャンハイ・ファイヴから2001年にロシア、中国、カザフスタン、キルギス、タジキスタン、ウズベキスタンで結成、その後インド、パキスタン、イラン（オブザーバー）が参加］は国境問題解決の合意が履行されているかの監視から、反テロ、外部勢力による機構参加国の内政への干渉についての危惧等を共通の関心事項として次第に重要性を増している。ロシアは北朝鮮問題をめぐる六者協議、アジア欧州連合（ASEM）、APEC

等の組織への参加を重視して、首脳会議をシベリアで開催してロシアのアジアへの関心を際立たせている。大きな流れとして見るとロシアと中国の関係が緊密化し、ロシアの東方への関心が次第に高まっているといえよう。特に中国との間では、90年代後半からエリツィン・江沢民間で戦略的パートナー関係が始まり、２００１年に友好善隣条約が締結され、懸案の国境画定問題も２００４年に解決した。ロシアからの中国への武器の売却もロシア国内の武器メーカーの働きかけもあり着増した。２００５年には共同軍事演習まで行うようになった。その後安全保障上の考慮から武器輸出は漸減しているが、中ロ貿易は拡大を続けている。しかし過疎のシベリアの国境を隔てて膨大な人口を持つ中国には、警戒感を持たざるを得ない。

ロシアは米国の一極主義に反対し、外部からの工作に警戒感を隠さないが、決定的な軍事対立を招くことは慎重に避けている。プーチンは対米関係を重視しているが、米国内では反ロシア感情が強く、対ロ関係が基本的に改善するかは疑問である。同時多発テロ後の一時期、反テロで米ロは提携するが、２００３年のイラク戦争で冷却化し始め、ジョージアからのアブハジアと南オセチアの分離、独立承認、ウクライナからのクリミア分離、編入で対立は決定的になっている。プーチンの人気は圧倒的に高いが、エネルギー価格が低迷する中で、対ロ金融制裁が緩和される見通しは暗い。ロシアが苦境にあることは明らかである。

冷戦終了から約20年がたった現在、はっきりしていることは現在のロシアは、帝政時代、共産主義時代の領土の拡張という対外膨張主義から決別したことである。ロシア経済は資源輸出と軍事生産に偏っていて、漸く２００７年に冷戦終了前のレベルに戻った。ウクライナ危機に伴う欧米の制裁措置から、「耐えながら」国産奨励のアウタルキー的経済に戻りつつあるように見える。政治的な現実を受け入れ、東欧始めソ連時代に支配していた広大な地域を手放し、中国始め隣国との国境を次々に確定して、国境が収縮することも辞さなかったが、ジョージア、ウクライナなどロシアのレッドラインともいうべき核心的な地域を失うことを避けるのに精一杯の状況である。しかし依然として、世界の中で無視されることのない一つの極でありたいとする「大国」思想からは抜け出ることができない。冷戦時代と打って変わり、米国はロシアを計算に入れていないかのように振舞っている。プーチンは何とか米国に真剣にロシアに向き合うようにしたいと、9・11後米国を強く支持し、中国と接近し、シリアへの介入を強めたが、米ロ関係の抜本的な改善には繋がらなかった。オバマ大統領はブッシュ（息子）時代に冷却した米ロ関係を一応リセットしたにも拘らず、オバマ政権下の8年間に亘り、ＮＡＴＯは引き続き東方に向けて拡大し、結果的に米ロ関係は発展しなかった。西側との関係が八方塞がりの中で、ロシアは中国、インド、中央アジア諸国等との関係を深めた。だが不思議なことにロシアの地図に、高度の経済技術大国である日本が存在しなかった。ダレスの恐喝後、日本側が北方領土に「妥協」的な姿勢を見せなかったこともあるが、ロシアが踏み切れば、いつでも日本との間に北方領土問題の合理的な解決が可能であったにも拘らず、大局的な判断ができなかったのはロシア外交の大失敗であった。

個人的に筆者は外務省時代にはソ連との関わり合いは無かったが、ミグ25機の函館飛来後に行われたニューヨークでの、小坂外相とグロムイコ外相との「水一杯も出なかった」冷たい会談に秘書官として同席した時のグロムイコの非礼なまでに強圧的で威丈高な態度に、愕然とした記憶が生々しい。冷戦終了後、ゴルバチョフ、エリツィンを経てプーチンの時代になり、ソ連時代の、相手が何個師団持っているかという軍事的考慮でしか外国を評価できなかった思考様式から、ロシアが漸く脱却し始めているのは喜ばしい。

２０１３年12月の大統領教書演説で、プーチンはシベリア・極東の開発が「21世紀全体を通じての国家的プロジェクト」であり、同地域をアジア太平洋ビジネスの中心とするべきだと述べた。この考えの中には新しい視点がある。欧州が手詰まりな中での一般的なアジア志向と異なり、アジア太平洋との経済関係の発展がシベリア・極東の開発というロシアにとり極めて重要な国家的プロジェクトの成否に繋がるという視点である。ロシア研究の泰斗である下斗米伸

夫が、このプーチンの政策を、単なる「東方政策」でなく「脱欧入亜」と捉えるのは正鵠を射ている。(6)

日本側でも2012年末に就任した安倍首相はロシアとの関係を重視し、プーチンとの個人的な関係も深めている。筆者が注目するのは、上記のプーチン発言が、エネルギー価格の低迷と中国との接近の進行という状況の中から出ていることである。前者はロシアにとり対日資源輸出の持つ経済的重要性の再認識がなされていることを意味する。後者は中国への一方的な傾斜を日本との関係改善でバランスを取ろうという意識の現れである。若しプーチンが中国の「新常態」の持つロシアへのマイナスの影響も念頭に持っているとすれば、KGB出身のプーチンの鋭利な情勢判断を高く評価すべきであろう。日ロ両国がそれぞれの国民が納得し得る妥協案で合意する、戦後最大でおそらく最後の機会が訪れているように見える。

トランプ政権の誕生と米ロ関係

ロシア人はアメリカ文化に憧れると同時に猜疑、嫉妬、警戒心を持つアンビバレントな気持を米国に対して持っている。ソ連・ロシアの対米関係にもこれが色濃く反映されているといって良いだろう。共産主義イデオロギーを放棄し、権力と結びついたオリガルヒ（新興財閥）の跋扈、透明性の欠如や汚職等、ロシア流ではあるが一応自由経済に移行したロシアは、昔日のソ連よりは取り引き可能な国になっている。

１９８０年代の終わりにゴルバチョフが軍拡競争の負担に耐えられず、米国との長い冷戦を終了させ、米国との間で新しい世界秩序を作る決断したのは、歴史的な出来事だった。その結果ソ連邦が崩壊し、新生ロシアは共産主義と決別して自由主義世界の仲間入りを夢見て、東西ドイツの統一も受け入れ、東欧諸国の支配も放棄した。民主化、自由経済の導入も熱心に進めた。国内は大混乱に陥ったが、１９９８年には念願の先進国首脳会議入りを果たした。

しかし欧米は一貫して東部ヨーロッパ、バルカン半島、コーカサス、中央アジアへ勢力を伸ばし続けたので、自由主義世界の仲間入りをするというロシアの夢は見果てぬ夢となった。１９９９年のＮＡＴＯ軍のベオグラード爆撃はロシアに衝撃を与え、伝統的な米国への猜疑心が復活する。21世紀に入りプーチンは米国における同時多発テロを切っ掛けに、対テロ共同対処を共通利益とする基礎の上に米ロ蜜月に入るが長続きしなかった。イラク戦争以降のアメリカのネオコン主導のブッシュ（息子）大統領時代は米国一極主義に傾いたので、米ロ関係は冷戦後最悪の状態に戻ってしまった。結局プーチンは「強いロシア」しか選択肢がないことを気付かされた。エネルギー価格の高騰がプーチンを助け、オバマ大統領は米ロ関係をリセットし、戦略核兵器の削減が実現するが、クリミア編入で再び関係は冷却、対立の時代となった。結局ロシアの米国との関係強化の願いは「片思い」に終わり、ロシアは中国との提携を深めると共に、シリアでＩＳ打倒の戦いに参加する表向きの姿勢で、アサド政権の梃入れをすることで独自の影響力を顕示しつつ、機会を待っている状況だった。

米国で想定外だったトランプ政権が生まれ、新政権は「ロシアの国内政策は抑圧的で対外政策は向こう見ずである。米国はロシアの好戦性が復活する場合には、かつてソ連を崩壊に導いたと同様の固い決意で対抗する」としつつも、トランプはプーチンは「優れた指導者であり、上手くやって行けるだろう」と楽観論を述べた。トランプは２０１３年にモスクワで「ミス・ユニバース」世界大会を開催し、プーチンに近いロシアの財界人と歓談した経験もあり、ロシアについて無知という訳でもない。プーチンにとっては待ち望んだ米ロ関係改善の機会の到来である。

ブッシュ（息子）が会った瞬間に信用出来る人物と思わせた伝説を持つ名にし負う「人誑し」のプーチンがトランプとの間に良好な人間的な関係を作り上げるのに成功する可能性は極めて高い。米ロ関係の好転は、大国となった中国への牽制となり、国際関係に巨大なインパクトを持ち得る。ただ米ロ間の関係が直ちに改善するにはロシアの猜疑心が強すぎる。

当面はＩＳの壊滅とイスラム過激主義への共同対処、戦略核兵器とミサイル防衛問題についての関係改善の模索などから始めて、相互信頼性を高めて行くことになるだろう。プーチンはクリミア編入問題では絶対に譲歩しないだろうから、欧州における最も危険なフラッシュ・ポイントであるウクライナ問題のとげ抜きは、米国側の余程賢明な対処なしには容易に進展しないだろう。プーチンは米欧離間を狙っているから、米ロ交渉の先行きには厳しさが予想される。

米ロがシベリア開発で共同することとなれば、日本企業のロシア進出が促進され日米露の協力分野が拡大する上で、日本にとり好ましい展開となる。反面米ロ共に世界最強の資源国であるので、エネルギー面での米ロ協力は、両国にとって中東産油国および中国、日本と言う大消費国への影響力の強化となることに、日本は注意を怠ってはならないだろう。

筆者は米国の対ロ政策は、米国国内政治においてロシア系、ポーランド系移民、ユダヤ人の反露ロビーの影響力が強過ぎ、またキッシンジャー、ブレジンスキー等の国際戦略家の積年のロシア警戒・軽視から、歪んだものに成ってきているとの認識で、米ロ関係の改善は日本外交にとり大いに歓迎すべきものであると考える。

〔註〕

（1）木村汎「プーチン　人間的考察」藤原書店　２０１６年　１５９～１６４ページ

（2）ドミートリー・トレーニン「ロシア新戦略」作品社　２０１２年 36～37ページ

（3）オレンジ革命の複雑さについては佐藤親賢『プーチンとG8の終焉』岩波新書 2016年 110〜130ページ参照
（4）小泉悠『軍事大国ロシア』作品社 2016年 207〜304ページ
（5）小泉悠『軍事大国ロシア』作品社 2016年 巻末の2015年「ロシア連邦国家安全保障戦略」392〜411ページ
（6）下斗米伸夫『プーチンはアジアをめざす』NHK出版新書 2016年 156ページ

5章
北朝鮮の将来

北朝鮮の狙い

北朝鮮の核問題についてのこれまでの大きな流れを振り返ってみると、北朝鮮は一貫して核兵器の開発、保持を企んでいて、その基本的な目的は朝鮮戦争終結以来の休戦という現状を打開して、米国との間に平和条約を結ぶことと自国の安全保障を確保することであったと見られる。その本音は２００３年の米国、中国と北朝鮮の三者協議で、北朝鮮が「一括妥結方式」として提示したロードマップに示されている。それによると第１段階で、北朝鮮が核計画の放棄を表明する見返りに米国は重油と食料の提供を行う。第２段階で米国が北朝鮮と不可侵条約を締結する見返りに査察を受け入れる。第３段階でミサイル問題の解決の見返りで米国と日本との国交を正常化する。第４段階で軽水炉を米国が提供する見返りで核施設の解体を行うというものであった。
この提案自体も、北朝鮮が誠実に実行するつもりであったのか、欺瞞であったかは分からない。何れにせよあまりにも身勝手な要求として一蹴されている。

北朝鮮は政治的に朝鮮労働党の一党独裁で、しかも金日成を継ぐ世襲制支配の国家であり、自由な意見の表明は全く許されず、党内の民主も全く認められない。恐怖による支配が行われている異常な国家である。内部を窺い知ることはほぼ不可能と言って良い。その対外政策は欺瞞に満ちていて、到底信用できる国ではない。

1993年に核拡散防止条約脱退の意向を示して以来、北朝鮮は2006年、2009年、2013年、2016年（2回）に核実験を行った。2016年9月の核実験は3基の中距離ミサイルを北海道沖の同一地点に同時に発射を成功させた数日後に行われたもので、北朝鮮は核弾頭の開発に成功したと発表した。核開発の実情にはさまざまな見方があるが、少なくとも一定量の核爆弾は保有していると見た方が良い。また運搬手段の開発も進み、中、短距離の射程を持つミサイルは実用化されていて、今回の実験でミサイルに核搭載も時間の問題と思われる。大陸間の弾道ミサイルの開発とこれへの核兵器の搭載を目指している。第三国やテロリストへの核技術移転の疑惑もあるし、外貨不足に悩む北朝鮮にはその危険は十分にある。国際社会はいよいよ本格的に北朝鮮問題に取り組まねばならなくなった。

周知のように2003年8月末から、日本、米国、韓国、北朝鮮、中国とロシアの関係6カ国の間で「6カ国協議」と呼ばれる局長クラスの協議が断続的に行われて来た。なんらの成果を挙げ得ず、2008年末以来中断されている。

また幾度となく国連決議による北朝鮮への制裁措置がとられて来たが、未だに所期の効果を上げていない。その長い経緯を記せば分厚過ぎる著書ができるであろう。筆者は交渉について内部情報は一切持ち合わせず、その機微についても全く承知しない。しかし外部から観察していて結果的に明確なのは、第一にこれまでの米国には北朝鮮に軍事的手段で臨む意志がなく、中国の影響力により解決を図るという姿勢だったことである。第二に中国には唇歯の関係に立つ北朝鮮と完全に対立してまで、北朝鮮を説得する意志がなかったし、その政治的影響力も限定的だったことである。中国が北朝鮮に核開発の断念を迫らなかった訳ではない。2012年に中国は、急死した金正日の後を襲って第一書記に就任した金正恩に特使を送り、核・ミサイル実験の中止と6カ国協議への復帰を求めた。しかし金正恩はこれを一蹴し、北朝鮮は同年末に長距離弾道ミサイル「テポドン2」の発射を行った。第三に韓国が朝鮮半島に軍事衝突が起こることを忌避し、日本は拉致被害者の解放に外交の重点を置いて、日韓両国は結果的に交渉に対して影響力を及ぼすことが出来なかったことである。

他方金正恩は2016年5月、36年ぶりに朝鮮労働党大会を開き、核保有国になったことを誇示した。党第一書記に代わって新設された党委員長に就任し、今後は核開発と経済開発の双方を同時に遂行する「並進路線」を取るとした。党と並んで政府機構の強化を目指し、9月に国務委員長に就任した。

進行する「斬首作戦」

関係国の態度は次第に厳しくなっている。北朝鮮の核兵器と運搬手段の開発が進み、米国すらも対岸の火事と楽観視は出来なくなって来た。また中国もそろそろ真剣に東アジアで核ドミノが起こりうる可能性の芽を摘む必要が出て来た。北朝鮮の中国無視の結果、中国の面子が失われる危険もある。国連における米中間の意見交換も次第に深く行われているようである。その結果国連決議による制裁が次第に厳しくなっている。

既に説得により金正恩に核保有・ミサイル開発を断念させることは不可能となったので、そのためには、金正恩を排除する秘密作戦も、計画されていているようである。これは金正恩に恐怖感を与えて、政策変更を迫る心理作戦でもあろう。

金正恩も身辺の安全には厳重に警戒している。２０１３年12月、金正恩の叔父にあたる張成沢が粛正されたのは、中国と通じて金正恩を追い落とす危険を未然に排除したのであろう。金正日の実妹の金敬姫（ギョンヒ）を妻に持つ張成沢は経済特区の共同開発等をめぐり中国と密接な関係を持っていた。彼は中国首脳に秘密裏に金正恩に代えて異母兄の金正男(ジョンナム)を擁立し、核を放棄する可能性にも言及したと伝えられる。このことは直に金正恩に知れるところとなった。香港メディアが後に暴露したところでは、会談内容は、中国共産党政治局常務委員の周永康から北朝鮮側に伝わったという。粛正は見せしめのために過酷を極め、機関銃で殺害の後、火炎放射器で跡形もなく葬られたといわれている。

「斬首作戦（decapitation または beheading mission）」とはおどろおどろしいネーミングであるが、この頃良く聞く言葉である。元々はオサマ・ビン・ラーデンの殺害作戦のようなテロリスト集団の指導者を物理的に排除する作戦であるが、体制変革を伴わず、指導部を取り換える外部からの工作という形でも使われている。この言葉は２０１５年の米韓合同演習５０１５の中に出てくる。この演習は北朝鮮の核兵器、ミサイル施設に対し先制攻撃を行う訓練と米韓の特殊部隊が金正恩を狙う訓練が平行して行われたもので、後者がいわゆる「斬首作戦」である。
韓国は２００６年に自主防衛を主張した盧武鉉が当時米軍にあった戦時作戦統制権を韓国に移管するように求めた。その後、北朝鮮の核ミサイル開発の進展が深刻となったので、朴槿恵は２０１４年10月に統制権移管を無期延期した。２０１６年３月８日に開始された米韓の合同演習計画は、統制権の米国返還が無期延期になったことで内容が見直され、韓国の被害を最小限にするため北朝鮮首脳部を攻撃する特別な作戦が加わった。この「斬首作戦」には米海軍特殊部隊「ネービーシールズ」、特殊戦レンジャー兵士や米海兵隊などが参加した。特に注目されるのは２機のステルス戦闘機を沖縄・嘉手納基地から韓国に配備したことである。

このような特殊戦力による共同演習は、米韓両国が北の核ミサイル開発に最終的には武力で対応する強い決意を示したものである。同時に関係国による北朝鮮への締めつけは次第に強まっている。斬首でなくても首に食い込むロープは次第に北の指導層を死に至らしめることが目論まれているようである。中国の姿勢も次第に明確になり、２００１２年２月の３度目の北朝鮮による地下核実験の際には中国各地で「自発的な」核実験反対のデモが出て、テレビで放映された。その少し後に、共産党幹部養成学校・中央党校の機関誌「学習時報」の副編集長が、フィナンシャル・タイムス紙に「中国は核実験を強行した北朝鮮との関係を見直し、統一は韓

国と手を携えて行うべき」との内容の寄稿をしている。(1)

２０１３年3月の国連安保理事会の第２０９４号決議は、北朝鮮の核実験は国連安保理決議の違反であるとして、北朝鮮船舶への禁輸物資の臨検、核ミサイル開発に繋がる金融資産の移動禁止、資産凍結と渡航禁止団体等の拡大、北朝鮮外交官の手荷物検査強化を決定した。しかし北朝鮮はこれら一連の決議を無視して、実験を強行し続けている。武器の輸出や資金の流入は禁止されているが、密輸等抜け穴も存在している。生活関連物資等の輸入制限には人道的な側面もあり、北朝鮮の息の根を止めるような全面的な禁輸には到ってない。禁輸の徹底を通じる北朝鮮への圧力は、国境を接する中国の協力なしには実現不可能である。

不自然な朝鮮半島情勢と「弱者の恐喝」

北朝鮮は地政学的に北東アジアの要の位置を占めているが、同時に周辺国全てを敵に回しては存在出来ない。そのような立場にいる北朝鮮が核兵器保有国と認められることはあり得ない。それにも関わらず経済力にも乏しい北朝鮮がここまで成功出来たのは、何よりも金世襲独裁体制の核開発への強固な意志である。国際社会は、基本的に北朝鮮が「弱者の恐喝」により安全保障を図るものとして、「脅威」としては本気で取り上げなかったといって良いであろう。また核開発阻止についての関係国の思惑が一致せず、北朝鮮はその間隙を巧みに突いた外交を展開して来た。国際社会がここまで翻弄されて来たのは類例を見ないといっても良いが、ある意味では北朝鮮を過小評価して来た結果でもあった。

他方1953年7月の板門店での休戦協定の調印後、今日に到るまで朝鮮半島は休戦状態で60年以上が経過しているのは不自然である。しかし中国が米国と対峙する中で、このまま中国が北朝鮮の首を絞めて、金体制を崩壊させることまで応じるかは極めて疑問である。国連決議の強化による北朝鮮締めつけは、金正恩に核・ミサイル開発を断念させるための必要条件であるが十分ではない。中国としては少なくとも金体制の崩壊が韓国の主導下の朝鮮統一に導くことにならない歯止めを必要とする。また核・ミサイル開発を放棄した北朝鮮が国際社会に受け入れられ、その安全を確保する責任がある。その関連で、休戦協定に替えた平和協定の締結、北朝鮮の国際社会への完全復帰、北朝鮮の安全保障確保、国連軍、米軍の朝鮮半島からの撤退問題の解決が図られなければならない。それまでは中国は絶対に北朝鮮に手を下すことはないだろう。北朝鮮内部で瓦解が起こり、金正恩が排除されて、何らかの新体制が成立しても、新体制はさまざまな条件闘争を続け、現在の袋小路に入った状態が続き、最悪の場合には小型化された核弾頭搭載の中長距離ミサイルが使用可能にならないとは断言出来ない。その前に解決を図るのは焦眉の急であり、その緊急度は日本が最も強いと思う。韓国は内心では北の核が同じ民族の同胞に向けられないと安心しているだろうし、核大国の中国は痛くも痒くもない。米国は潜在的な脅威認識は深めても、全世界戦略の中で、ミサイル防衛システムによる対処をより重視する可能性が高い。このような事態の進展で最も困難な立場におかれるのは日本である。北朝鮮が核兵器を保有する限り、たとえ日本が巨額の防衛支出を覚悟しても、究極的には米国の「核の傘」による抑止力への依存が恒久化する。

トランプ大統領は変化を起こせるか？

２０１６年の米国大統領選挙の共和党予備選挙の段階で、トランプは大統領に当選の暁には金正恩と直接会っても良いと述べた。思いつき発言か、これまでの民主党政権の無策を際出たせる作戦だったのか不明である。共和党綱領は「北朝鮮の核兵器開発の検証可能な廃絶を求め続け、中国には金体制変革が不可避なことを認めるよう要求し続ける」としているから、いくら取り引きのためといってもこの基本路線が揺らぐことは絶対にないことは明らかである。しかし斬首作戦に怯える金正恩が直接首脳会談という「最後のワラ」にしがみつき、「瓢箪から駒が出る」の例えのあるように、金体制の温存と北朝鮮の安全と経済発展を確保することと引き換えに核開発を断念することに踏み切る可能性は絶無とは言えない。

北朝鮮の核兵器開発・保有断念の実現には、中国の協力が不可欠である。これは北東アジアで中国の影響力が拡大するという結果を招来する。もし米国と北朝鮮との直接交渉でこれが実現すれば、日本にとっては申し分のないことで大歓迎である。北朝鮮の核兵器開発・保有と核兵器搭載手段の開発は着実に進んでいると考えるべきで、拙速は避けねばならないが、ここはトランプの直感力と取り引き力に期待したい。

〔註〕

（1）近藤大介「中華帝国の野望」講談社現代新書　２０１６年　35～36ページ

6章 「イスラーム国」(IS)の崩壊と中東激変の予兆

驚愕のバングラデッシュ邦人襲撃事件

2016年7月バングラデッシュの首都ダッカで日本人7名を含む外国人20名がレストランでイスラーム過激派のテロ集団に襲撃されて殺害された。悲劇が起こったのが親日国で知られていたことと、被害者がその国のための経済協力活動に携わっていたことで、国内に大きな衝撃を与えた。「イスラーム国」(IS)が犯行声明を出したと伝えられた。特に被害者が日本人だと叫んだが一顧だにされず、ニュースではテロリスト達は、日本人を狙って犯行を行ったと伝えられたので、日本国内で改めてISの存在が身近に感じられ、関心が高まった。「イスラーム国」なる存在が、今後日本人に同様な攻撃を行うだろうか、日本国内にもその危険があるのか、そうだとすると何故だろうかと疑念が深まっている。率直に言ってISについては知られていないことが多く、筆者がこれらの問いに対して明快な回答を出すのは難しいが、現在のISがどうして生まれ、何故このような殺戮を繰り返すのかから説明しよう。

十字軍に遡る文明の衝突

迂遠なようだがまずイスラームの歴史を簡単に遡る必要がある。世界的なイスラーム研究の碩学である井筒俊彦は、イスラームという語の最も基本的な意味は、無条件で自分を相手に引き渡してしまうことだという(1)。自分を委ねる相手は神で、このような神への絶対無条件的な依存の態度は、世界の諸宗教の中で特にセム族系の人格的一神教、具体的にはユダヤ教、キリスト教とイスラームにぴったりと当てはまるという。その絶対神のアッラーが預言者ムハンマドに託した啓示の書コーランは聖と俗を分離せず全生活のあり方を律している。

イスラームの神アッラーも、ユダヤ教の神ヤーウエもキリスト教の神も同一神でありながら、絶対神を信じるイスラーム世界とヨーロッパキリスト教世界との対立は根深い文明の対立である。７世紀に生まれたイスラームにより高揚したアラビア人は、８世紀にはスペインやシチリアを征服し、地中海ではジェノヴァ、ヴェネチア等のイタリア海洋都市国家とアラビア人との間に激しい攻防が繰り広げられた。この対立は１０９５年の教皇ウルバノ二世の「神がそれを欲し給う」との聖地回復の呼び掛けで決定的な宗教対立・植民的征服となった。キリスト教会側からは十字軍になり、イスラーム世界ではジハード（異教徒に対する聖戦）になり妥協の余地のない抗争が繰り広げられた。イスラーム世界からすると十字軍は略奪の歴史だった。優れた東洋学者のルネ・グルッセは名著『十字軍』の結論として、12世紀から14世紀に掛けてのヨーロッパの行動は、十字軍の精神的な高揚に支えられたヨーロッパの最初の植民地活動だったとしている。(2)

その後イスラーム教徒は反撃に転じ、オスマン・トルコはコンスタンチノープルを陥し入れ、近東のヨーロッパ植民地は奪い返され、16世紀にトルコ軍はウイーンの城下まで迫り、1571年レパントの海戦でトルコ海軍が敗れるまでイスラーム世界の反撃が続いた。第一次世界大戦でオスマン帝国の支配する中東諸地域がサイクス・ピコの英仏露間の密約で分割され、バルフォア宣言でシオニズムが国際的に認知され、第二次世界大戦後の1948年には、英国の委任統治下にあったパレスチナの地にユダヤ国家イスラエルが成立した。この文明の対立はキリスト教ヨーロッパ対イスラーム世界の間のものだったが、第二次世界大戦後は米国がこれに深く関わることになった。

米国とイスラエル

ナチス・ドイツは600万人とも700万人ともいわれるユダヤ人をガス室で殺戮した。その組織性と規模の大きさでは、遠く離れた日本では現実感がない。筆者は外務省で分析課長時代の1976年に、ソ連圏に出張する機会があった。ポーランドの首都ワルシャワから200キロ近く車を飛ばして貰ってマイダネックの旧ユダヤ人収容所を訪ねた。36万人のユダヤ人が風呂に入れるとして裸にされコンクリート製のガス室に導かれ、青酸ガスで命を奪われた。筆者はこの収容所の鬼気迫る施設、展示物を見て「ホロコースト」が実在したと心の底から確信した。

ナチの迫害を逃れた多数のユダヤ人がアメリカに渡り、現在世界中に暮す約1400万人のユダヤ人の内の約600万人が米国に住んでいる。米国の学会、メディア、エンターテインメント、金融界においてその影響力は急速に拡大した。一例を挙げれば、筆者がワシントンに勤務した70年代の初めには東部の蔦の生い茂る壁を持つ有名大学の学長に、ユダヤ系アメリカ人は一人もいなかったが、今では殆どの学長はユダヤ人であるといっても間違いではない。富裕なユダヤ人はニューヨーク、フロリダやカリフォルニアに集中していて、その経済力とともに大統領選挙でも無視出来ない政治的影響力を持つようになった。お金に色は付かないからはっきりしないが、ウォール・ストリートの金融資産の相当部分をユダヤ系資産家が保有していると思われる。筆者はユダヤ人に何らの偏見も持っていないし、ニューヨーク総領事時代の多くの親しい友人はユダヤ系アメリカ人であった。しかし２００８年のサブプライム・ローン問題等の幾多の金融危機を招いた金融工学はユダヤ人の頭脳が貢献していて、拝金主義が米国の文化になってしまったといっても間違いないであろう。

冷戦中米国にとり、イスラエルはソ連に対抗する重要な拠点であり、米国はその対外援助の過半をイスラエルに無償の軍事援助として供与した。米国のイスラエルへの一方的なテコ入れは冷戦後も続いたが、その背景には強力なイスラエル・ロビーがあった(3)。

米国在住のユダヤ人の支援と米国の援助でイスラエルは軍事的に強大となり、累次の中東戦争で勝利し占領地を拡大し、占領地に植民都市を続々と建設するに至った。難民となったパレスチナ人も第二次世界大戦後独立したアラブ諸国も非力で、アラブ世界には反イスラエル、反米の強い反発が積って行った。

21世紀の初頭に米国で起きた9・11の同時多発テロはこのような背景の中で発生したもので、「ある日突然に起きた」ものではない。残念ながら米国の識者の中にこのように明快に述べるものは居ない。パレスティナ人であるが屈指の知識人のエドワード・サイードが述べているように、「今では誰も知っているように、西洋の主流をなすメディアで、米国の政策やイスラエ

ルに対して批判めいたことを語るのは、極めて難しい」のである。(4)

２０１６年の米国の大統領選挙における民主、共和両党の選挙綱領を読んでも、アメリカのイスラエル一辺倒の政策に変化が生じる兆候は皆無だった。共和党の綱領は「イスラエルの存立は絶対に守る。イランは敵でありイスラエルの脅威である。イランとの合意は議会の承認を得たものでないので、これに拘束されない」と述べ、オバマ政権の外交努力の成果と思われる部分を否定する過激なものであった。僅かながら米国内のユダヤ人の間にも、イスラエルの政策を無批判に支持することは適当でないというロビーも生まれてきているとはいえ、トランプ共和党大統領にそのような声が届くとは考えられない。(5) もしトランプ大統領が、大使館をテルアビブからエルサレムに移すなど額面通りの親イスラエル政策を取る場合には、既に不安定な中東全域のパワー・バランスを一層複雑化させる危険を孕む。

米国の中東介入の失敗と「イスラーム国」の誕生

20世紀末に、サダム・フセインのイラクがクエートを侵略併合した。ブッシュ（父）大統領は湾岸戦争でイラクをクエートから駆逐したが、イラクへの侵攻を見合わせる賢明さがあった。その後のクリントン大統領の時代もほぼ同様だった。２００１年にブッシュ（息子）大統領が就任する頃から、英国と米国で対イラク強硬論が台頭した。米国ではイスラエル・ロビーに連なるいわゆる「ネオコン」と呼ばれた強硬派が国防省の中枢の地位を占めた。2001年の9・11テロは、米国一極主義の頂点ともいえる時期に起こった。この同時多発テロを首謀したのはビン・ラーディン率いるアルカーイダであった。元来この組織はアフガニスタンに侵攻したソ連に対するジハード(聖戦)を戦うように米国の支援を受けてパキスタンで生まれたといわれる。いわば飼い犬に手を噛まれた米国は、直ぐに「対テロ戦争」を開始し、ビン・ラーディンとこれを匿ったアフガニスタンの土着勢力タリバンへの空爆を始めた。地上には特殊部隊を送り、空からの強力な支援で、タリバンに敵対する北部同盟の力を借りて、アルカーイダを山岳地帯の戦いで打ち破った。

2002年の年頭教書でブッシュ大統領は、イラクをイラン、北朝鮮と並ぶ「悪の枢軸」と呼び、イラクが核兵器を開発し生物化学兵器の所有の疑いがあるとして累次の国連決議を成立させて、イラクの査察を行った。決定的な証拠がないのでフランス、ドイツ、ロシア、中国が反対したため国連安保理決議は成立しなかった。しかし2003年3月、米国は英国、オーストラリアとポーランドとの「有志連合」の形で「イラクの自由作戦」を開始した。正規軍同士の戦闘は同年中に終わり、年末にはサダム・フセインが逮捕された。サダム・フセインは特別法廷で死刑が宣告され、2006年に刑死した。しかしイラクに自由な諸制度を作るという米国の意図は、準備も全く不足で、核兵器保持の情報は虚偽のものだったことが後で判明した。

イラクは大混乱に陥り、自爆テロが続発した。その間にイラクではイランのシーア派の勢力が伸長し、北部はスンニ派やクルド人が支配する完全に分裂した無秩序国家になった。

山岳地帯から姿をくらましたビン・ラーディンは伝説的なジハード指導者となったが、2011年にパキスタンの隠れ家でCIAの特殊部隊に殺害された。アフガニスタンから追われたアルカーイダ勢力は隣接するパキスタン北西部の部族地域に隠れ場所を見いだして生き残った。アルカーイダはイスラーム世界の各地に拡散し、分散型のグローバル・ジハード運動として勢力を急拡大するようになった。世界各地でグローバル・ジハード思想に共鳴する一匹狼的なテロも多発するようになった。ブッシュ政権は勝利宣言をして、米軍の引き揚げを行ったが、イラクでもアフガニスタンでも政府のコントロールは全く失われる事態となった。最大の失敗はイラクのマリキ政権がスンニ派の自警民兵組織への給与の支払いを停止したことであった。その結果イラクのスンニ派が政府から離脱しただけでなく、サダム政権下の優秀な軍、諜報関係者が「イスラーム国」に流入した。

事態を更に複雑化したのは2011年にチュニジア、エジプト、リビアの政権の崩壊を齎した民衆の蜂起による「アラブの春」がアラブ諸国を不安定化したことである。これにより抑圧されていたイスラーム過激派勢力が各地で急速に台頭した。リビアのカダフィ政権の崩壊により膨大な武器がアラブ各地に拡散した。シリアでもアサド政権と反対勢力との間に複雑な内戦が起こり渾沌とした状況になった。

こういう状況が現れた中で、2014年にシリア東部とイラク北部に領域を支配するグローバル・ジハード運動の本拠としてISが誕生した。指導者のバグダーディーは、預言者ムハンメドと同族のクライシュ族に属すという身分で、自らカリフを名乗った。カリフはイスラーム法によればイスラーム教徒の共同体(ウンマ)の正統な指導者ということである。彼は傘下に高度の電子技術を駆使する人物を抱え、効果的な映像戦略を駆使した。計算し尽くした陰惨な公開処刑のシーンをインターネットで公開し、恐怖を煽るとともに世界各地から共鳴する義勇兵士の参加を呼びかけた。2014年国連の専門家グループが出した報告によるとシリア・イラクには1万5000人の外国人戦闘員が存在するとしている。同時に世界各地で共鳴者にテロ実行を教唆する。その映像作製と公開の手法は極めて高度である。オレンジ色の囚人服を着せて公開処刑するシンボリズムは、明らかに米国によるグアンタナモやイラクのアブグレイブ刑務所における囚人虐待を連想させ、強烈な反米意識を反映している。グローバル・ジハード運動の宣伝活動は、インターネットを通じて体制に不満を抱く全世界の若者に伝播し、各地で計画的テロや一匹狼によるテロを誘発している。テロの要員はイスラーム国の戦線から帰郷したものや生まれた地で感化されたホーム・グロウンのテロリストも含むのである。その活動地域はエジプト、トルコ等の中東地域に限らずロンドン、パリ、ブラッセル等西欧の心臓部にも及んでいる。

及び腰になった米国

ブッシュ政権は目的を達成したとして「勝利宣言」をして、イラク、アフガニスタンからの撤兵の方針を打ち出したが、後事を託する受け皿となる安定した現地政権は、テロからの攻撃、宗教対立、部族の利害衝突等の中東的諸問題に阻まれて結局出来なかった。米国の支持で辛うじて生き残った政権も首都周辺しか実効支配出来ず、辺境にはイスラーム過激組織が勢力を伸ばす素地が生まれた。アフガニスタンでもイラクでも米軍は足を洗えないでいる。ブッシュ（息子）大統領の「かつて日本で実現したような」欧米価値観に基づくイラクのレジーム・チェンジはネオコンの夢想に終わったのである。

独裁、残虐性等の問題はありながら、独裁者の下で曲がりなりにも非宗教の国家を維持していたイラクとシリアは四分五裂の状況で、過激派テロ組織の「イスラーム国」が広大な領域を支配するようになり、電脳空間で異教徒や背教者（シーア派）に対する「聖戦」を呼びかけた。中東各地に無差別な自爆テロが横行し、ヨーロッパやアジアでもＩＳを名乗るテロが頻発している。米国の中東介入が惨憺たる失敗に終わったことは明らかである。

オバマ大統領の下の8年間は、ブッシュ政権が齎した中東における巨大な負の遺産を、不介入により解消することに努めた期間であった。「対テロ戦争」に敗北することは許されない米国は、地上で戦うのは現地の勢力に任せ、高性能の無人機によるテロ指導者の暗殺と特殊部隊の派遣と土着勢力への軍事的支援に限定する作戦に切り替えた。更には戦闘を民間組織に外注する等の方法で米軍の死者を減らすことに努めている。米国はISについてもこれを米国への直接的、短期的な脅威とは認識していない。シリアに地上軍を送ることを回避して、空爆に留め、外交により解決を模索した。

グローバル・ジハードは何を目指すのか?

中東のムスリムはヨーロッパから非道な扱いを受け続けてきたという強い被害者意識を抱いていることは歴史を見れば十分に理解し得る。石油が人類の主要なエネルギー源になっても中東はそれから裨益するよりは更なる抑圧支配を受けることとなった。欧米がパレスティナの地をユダヤ人に与え、イスラエルが誕生したことにより、この地域には更なる捩れた対立が生まれた。スエズ運河の接収、モサデグのアングロ・イラニアン石油会社の接収と欧州勢力が後退するのにつれて、石油を支配した強大な軍事力を有する米国が、イスラエルの後ろ盾となり、中東に関与した。中東には強い反米感情が生まれたが、非力なムスリムはイスラーム宗派の対立から大同団結出来ないままに、欧米に分断支配されてきたといえる。その間にケマル・アタチュルクのトルコ、「モスレム同胞団」のエジプトとシリア、ヨーロッパに親しいチュニジア、ジョルダン、バース党のイラク等に非宗教国家が生まれた。

いつの時点からかは特定出来ないが、イスラーム原理主義が復活を遂げた。イスラエルとの累次の中東戦争の敗北、イスラエルに抵抗するパレティナ人によるインティファーダ、イラン革命と神権政治の復活、ソ連のアフガニスタン侵攻と敗北、サダム・フセインの野心と滅亡などの経験を経て、宗教的な過激主義が次第に力を得たのである。世紀が変わった所でアルカーイダが反撃を開始した。9・11が更なる転換点であったことは間違いない。米国がブッシュ（息子）大統領の下で「反テロ戦争」を戦うことになったのも不可避だったし、結果として中東を大混乱に陥れ、その中からグローバル・ジハードという凶暴な運動が解き放たれてしまった。絶対神アッラーへの帰依がその根底にあるから、これはユダヤ・キリスト文明対イスラーム文明との対立の要素を色濃く持っている。ヨーロッパ諸国には植民地支配の過去から、多くのムスリムが移り住んで、今なおシリアから多数の難民が欧州を目指している。この矛盾は欧州の多文化主義の中で救いの源泉になるのか、グローバル・ジハードを奉ずる外来ないし内在のテロリストに依り、西欧の愛国的右傾化を招き、文明対立へと劣化して行くかは判然としない。

筆者はこれまでに述べた「イスラーム国」誕生に到る経過を、イスラーム政治思想研究者である池内恵の好著「イスラーム国の衝撃」に多く負っている。この書はグローバル・ジハード主義者が目指すところを良く解説している。池内恵によると「イラクのアルカーイダ」の中心人物の一人で後に米国により殺害されたザルカーウィーが、ロンドンで発行されるアラビア語紙に、２００５年に語った「第二世代のアルカーイダ」と呼ばれるジハード主義者が抱く「カリフ制再興構想」は、この１０年ほどの間に世界で起きたことにかなりシンクロナイズするようだという。(6)

ジハード主義者によると、２０００年から２００３年までが世界のムスリムを「目覚め」させる衝撃的な事件を起こす時期で、この期間に９・11が起きた。

２００３年から２００６年の「開眼」の時期に、世界のムスリムはイスラーム世界が外国に占領されていたり、陰謀により攻撃されていることを理解し、若者がジハードに参加するようになった。

２００７年から２０１０年は各地でジハード運動が「立ち上がる」時期とされたが、イラクでアルカーイダ勢力はブッシュ大統領の2万人の増派で、守勢に立ち、ザルカーウィー自身２００６年に殺害された。この構想は挫折したかに見えた。

ところが第４段階の２０１０年から２０１３年の「復活と権力奪取と変革」の時期に「アラ

ブの春」が起こり、中東の多くの政権が正統性を失った。この期間ジハード主義者は、米国には消耗戦を仕掛けるとされ、2013年には「一匹狼」によりボストン・マラソン襲撃が起こっている。

2013年から2016年の第5段階は「国家の宣言」の時期とされ、2013年6月にイラク北部のモスルがジハード主義者の手に陥り、この構想通り2014年にシリア東部とイラク北部に領域を支配するグローバル・ジハード運動の本拠として「イスラーム国」が誕生した。指導者のバグダーディーは、自らカリフを名乗った。

2016年から2020年に掛けての第6段階は「全面対決」の時期で、善と悪の間の究極的な戦いが起こるとされている。なお最終段階は2020年に来て、「世界はイスラームの理解に基づく真のテロリズムを」を知ることとなり、それによってイスラームへの敵対勢力が抑止されるということになっている。

興味深いのは特定国家の樹立と維持が目的ではなく、善が勝利するか悪がこれを破るかというイスラーム教義の終末論的な考えに影響されていることである。また現実と夢という仮想現実がないまぜになっているところは、昔筆者がアラビストからアラブ人の特徴として夢と現実が分明でなくなることであるとして聞かされたジョークを思い起こさせた。そのジョークというのは「あるアラブの人が、皆をからかってやろうと思って、あそこの街角を曲がった先でお金を配っている人がいると言って、多くの人がそっちへ走って行ったのを笑っていたが、その内誰も戻ってこなくなり、もしかすると本当に誰かお金を配っているのではないかと心配になり、自分もそっちに向かった」というのである。

グローバル・ジハードは指揮系統があるわけではないが、神の求めるところであるという示唆に動かされて、現実と仮想現実の区別のないなかで行動が実行されるようである。その意味ではシリアの地で「現実」がどう展開するかがＩＳへの対応の鍵を握る。

「イスラーム国」の行き着くところ

筆者はＩＳの瓦解はそう遠くない将来に起こり得ると考えている。地上で起こることは基本的に武力の争いである。アルカーイダはアフガニスタンから追われ、パキスタン北西部の部族地域からも追われ、イラクのシーア派政府からも追われ、シリアの混乱に乗じて現在の地域支配に辿り着いた。主要な資金源はクルド人支配の石油をくすねることから生まれている。それだけで大量の武器を購入し、戦士を養うことは無理である。一時の爆発的な勢力の拡大はイラク北部のイラク政府軍がパニック的に崩壊した際に放置した最新鋭の米国製の武器の故だった。既に多くの外国人戦士は幻滅してこの地を離れているし、匿う部族も離反するであろう。

「アラブの春」の流れの中で、シリアで起こっていることは、第二次世界大戦前の１９３６年

7月から1939年3月までの永きに亘って体制の打倒と維持に向けて、外部から多くの支援があり、これら諸勢力間の代理戦争の様相を呈した「スペイン内戦」に似たところがある。第一次世界大戦後10年以上続いた独裁専制政権を無血革命で倒して成立した左翼政権の統治能力が欠如して民衆の不満が高まった。これを打倒してファシズム政権を樹立しようと軍事クーデターを起こしたフランコの反乱軍をヒトラーのナチス・ドイツ、ムッソリーニのイタリア、サラザールのポルトガルが支援、反ファシズム人民戦線をソ連が支援した。多くの進歩的欧米知識人がロマンと熱情に駆られて義勇兵として参加した。ヘミングウェー(『誰がために鐘は鳴る』)、オーウェル(『カタロニア賛歌』)の名作を生んだことで知られている。

現在シリアでは専制独裁者のアサドを倒す反政府諸グループとアサド政府軍との間で2011年始めから内戦状態が続いている。大雑把に言うと旧委任統治国フランス、人権抑圧・専制に反対する欧米はアサド退陣を求め、シーア派イランに対立するサウディアラビア、スンニ派諸国が反政府勢力を支援している。年来の友好国であるロシアは頑強にアサド政権を擁護し、イラン・革命ガードも支援する。内戦で生まれた大混乱に乗じてIS・アルカーイダ系武力勢力が支配を拡大し、米国がイラク軍等を軍事的に支援し、その打倒を図っている。イラク始めイスラーム世界からの支援も宗派対立が錯綜しており、更にクルド人勢力も自治拡大の好機と見て政府軍と戦う。三つ巴、四つ巴の武力抗争であるので、国際社会は決定的な対応が出来なかった。

２０１３年８月アサド政府軍のサリン等化学兵器の使用問題が起こったが、オバマ大統領は政府軍への軍事攻撃に消極的で、弱腰と非難を受けた。しかしアサド打倒が更なる混乱を生じ、その機にイスラーム過激派が勢力を伸長する可能性もあり、第二のイラクを避けたという点では賢明だったと考えられる。ロシアはＩＳ拠点への攻撃を口実に爆撃を行い、カスピ海艦隊から誘導ミサイルを発射したが、軍事力の示威とアサド反対勢力への攻撃だった可能性もある。大混迷の数年間の後、関係国の間に当面はＩＳ打倒に最優先順位を置く漠然としたコンセンサスが出来たように見える。かくして２０１６年秋以降ＩＳ支配地域が次々に陥落し始めている。トランプの親プーチン発言は、米国新政権がロシアとシリア情勢の沈静化に向けて協力する方向を強く示唆している。アサドは生き残り、シリアでのＩＳの支配は終焉する気配を漂わせている。

残された問題はトルコ、欧州連合に殺到した数百万人のシリア難民問題とグローバル・ジハードが電脳空間の宣伝により世界に拡散して行くことである。イスラーム貧困国は現状への不満分子で満ち溢れている。バングラデッシュ、フィリッピン（ミンダナオ）、インドネシアのムスリム社会がジハード主義者を生む土壌となる危険性がある。日本の安全保障という観点から、これらのイスラーム貧困国への経済協力には高い優先度を与えなければならないと思う。

イスラームと日本

日本は文明の対立の見地から、イスラームに対して偏見を持っていない。国際政治においてもイスラエルの建国には関わらず、中東問題ではむしろパレスティナ人に同情して、イスラエルに批判的な態度を取ってきた。サダム・フセインのクエート侵略に対する湾岸戦争では戦費の負担や戦後の掃海活動などには参加したが、9・11後の「対テロ戦争」である英米主導のイラク戦争には距離を置いてきた。

2001年9月のニューヨークのツイン・ビルの破壊テロでは2600人が犠牲になり、日本人も24名が命を失った。その後イスラーム過激主義者による自爆テロ、襲撃事件は中東地域で多発して、ルクソール、チュニス等での観光客を対象にした事件では、相当数の日本人観光客が巻き添えになっている。しかし犯行声明等からテロが明らかに日本人に向けられたケースはそう多くはない。冒頭で触れた2016年7月のバングラデッシュ事件に先立っては、2013年1月にアルジェリア東部で英国、ノルウェー企業が運営する国営の天然ガス関連施設がアルカーイダ系のテロリストにより襲撃され、主として外国人の人質37名が殺害され、そのうちに建設に係わった日本企業の従業員10名が含まれていた事件および2015年2月イスラーム国に拘束されたフリージャーナリストが、日本がＩＳに敵対する行動に参加したとして殺害され、その映像が公開された事件があるだけといって良い。ただ2013年以降にこれらの事件が起こっていることに注目する必要がある。出来れば日本はこの文明の対立的な戦いの局外にいたいが、日本はエネルギー資源をこの地域に依存する経済的な事情から、中東と深く関わり合って行かねばならない。

重要なことは「反テロ戦争」には参加しないことである。テロリズムを憎み、反対することは当然のことであるが、これまで述べたようなグローバル・ジハード運動が生まれた背景に照らすと、日本が「反テロ戦争」の当事国の一つと見なされることは危険である。世界に拡散したジハーディストは本部からの具体的な支持で動いている訳ではない。ジハード主義者が異教徒として日本人、インド人や中国人をユダヤ・キリスト教徒と同じに扱うことは必ず修正されるる。イスラーム世界の「抑圧者」かどうかが判断の基準になるべきで、その意味から安易に「反テロ戦争」に参加することのないように注意しなければならない。

第二は、日本は石油は適正価格で買うという姿勢を堅持することである。日本人には至極当然のことであるが、欧米の考えとは違う。このことを筆者はニューヨーク総領事時代に痛感した。湾岸戦争が勃発して、米国内にペルシャ湾岸に石油を依存している日本の貢献が不足と言う批判が高まった時のことである。ニューヨーク総領事だった筆者に、ニューヨーク大学でポール・サミュエルソン教授と公開討論をやる誘いがあった。1990年末の討論会では、サミュエルソン教授が「湾岸危機における日本の責任についての米国の見解」を、筆者が「何が日本の湾岸危機対応を制約しているか」について意見を述べた。筆者は日本が湾岸戦争に巨額の資金を拠出したのは、これが冷戦終了後起こった最初の明白な侵略行為であるからであって、石油を確保するためでないという持論を述べた。筆者は「日本は石油を支配したことはないが、経験から誰が石油を所有していてもこれを売ることを知っている、その意味で日本は米国と違い誰が石油を支配するかにはそれほどの関心はない、我々は石油はカネを払って買うものと理解しており、価格が上がれば節約に努め、代替エネルギーを開発する」と述べた。その後も筆者は色々な機会に、「中東からの日本の巨大な石油輸入の問題と湾岸貢献の額とを結びつけるのは筋違いである」との意見を述べた。これが米国の一部メディアに狙い撃ちされ「舌禍」を引き起こした。

1991年3月ロスアンゼルス・タイムズ紙に「日本の大使が湾岸危機はアメリカの責任と非難」というセンセーショナルな見出しの記事が出た。湾岸危機への日本の貢献を巡りぎくしゃくした日米関係を修復するため、海部首相がブッシュ（息子）大統領と会談するために米国入りする直前のことであった。当然ホワイトハウスの朝の新聞打ち合わせで問題となったらしく、早速国務省から在米大使館に照会があり、記事の源である筆者に至急電話が入った。

筆者はすぐにニューヨークから同紙編集長に電話で抗議し、反論をファクスした。編集長も流石にこの記事はおかしいと思ったのであろう、異例なことに翌日の同紙に私の反論が掲載された。だがロスアンゼルス・タイムズ紙の記事は見出しがセンセーショナルだっただけに読者の反響も激烈で、口にするのも憚れる罵りの言葉をご丁寧に記事の切り抜きにスタンプで押して、筆者に送り付けてくるものもあった。何十通もの手紙を受け取ったが、流石アメリカは奥が深い言論の国で、悪口半分に対し、半分は「貴使は正しいことを言われている。確かに米国の石油浪費は良くない」という趣旨のものだった。

今でも筆者は通商国家日本は資源の支配を求めるべきではなく、購入先を多角化する等に努力しつつも、基本は日本が必要とする資源はちゃんとした対価を払って購入すべきであると確信している。

しかし石油・天然ガス資源の購入は可能でも、タンカールートが航行不能になった時には日本の安全保障が脅かされる。ホルムズ海峡がテロリストにより機雷で封鎖されるとか、湾岸を挟んでイランとサウディアラビアが対立を深めるということが考えられる。日本はイラン、オマーン、サウディアラビア、アラブ首長国連邦、カタール等との関係を強化し、迅速な情報入手により安全保障度を高める必要がある。安保法制で対応を想定する「存立危機事態」が起こらないような積極的な外交努力を展開しなければならない。

いささか脱線したが、第三に重要なことはイスラームへの正しい理解と冷静な対応である。グローバル・ジハード運動を理想化したり過大視することは、彼等の宣伝に陥るだけで、現実感覚を忘れてはならない。「聖戦」を戦っていると確信するテロリストを根絶することは難しいし、自動車も斧も武器になる。過大視するのは逆効果であるが、ヨーロッパで一匹狼的なテロが行われる危険は確かに存在する。日本におけるイスラーム・コミュニティーはごく少ない上に、過激主義が蔓延る土壌もない。日本のムスリムを危険視するようなことは絶対にあってはならない。非難され続けたが、難民の受け入れが少ないことも幸いである。移民を受け入れなくては日本の発展はないから、外国人の受け入れは拡大しなくてはならないが、グローバル・ジハード主義の教訓は、日本は外国人を社会に受け入れる諸環境を整えつつこれを行わなければいけないということである。池内恵が指摘するように、日本が最も注意するべきは、「イスラーム」を理想化し、「アメリカ中心のグローバリズム」への正当な対抗勢力として、あるいは「西洋近代の限界」を超克する代替肢として対置させる日本の思想家や知識人の一部に見られる言説かも知れない。(7)

中東激変の予兆

中東の現代史は、イスラエルの建国とアラブ世界との対立（中東紛争）、欧米による石油支配の盛衰と植民地主義の後退という三つの大きな流れの中で展開して来た。植民地主義は終わりを告げ、アラブ世界がイスラエルを排除することはもはや不可能になり、米ロのエネルギー大国化で、中東の石油の重要性は劇的に低下した。

人、モノ、カネ、情報が自由に動き回るグローバリズムの進展は中東を様変わりさせた。表面的にも砂漠の中にアラビアンナイトの魔法の壺から現れたかのような、近代的な摩天楼が立ち並ぶ。スーパー・モールだけでなくスークにも利便性の高い消費財が溢れるようになった。情報がカセットテープやスマホで自由に動き回り、大衆を動かし革命を起こし、若者をジハードに駆り立てる。

本来イスラーム共同体（ウンマ）は「カリフも乞食も同等」だという特殊な社会契約的平等主義の社会で、外部にミッショナリー精神に基づく宣教はしないで、かつ他所者も排除しない基本的には包摂的な文明圏である。(8)

生活の全てを律するコーランや経典が「経典の民」に規律を強制し秩序を保つとはいえ、イスラーム教徒同士が争う時には解決は困難となる。現に全てのイスラ諸国が参加するイスラーム協力機構（ＯＩＣ）は欧米、イスラエルからの攻撃に対しては一致した立場がとれるが、シリア、イラクで宗派対立の要素が絡んだ紛争が起こった場合には解決の力は弱い。過激なジハーディストがコーランを始めとする教典を基礎に過激な行動に訴える時、イスラーム信者はそれが世俗的に許されないことを知りながらも為す術がない。バグダーディーがカリフ復活の主張をすれば、インドネシアのモスクで無批判にカリフが受け入れられる。いかにイスラームの特殊性があるにしても、異常と言わざるを得ない。池内恵はイスラーム世界に宗教改革が求められる時期ではないかと述べるが正鵠を得ていると思う。(9)

この数年世界の耳目と対応が「イスラーム」国に向いていた中で、中東には巨大な変化が生まれている。これまでの歴史は終わったが、新しい歴史が将にこれから始まろうとしている。アフリカから中近東、アジアに亘るイスラームを信じる広大な世界が文化圏としてだけでなく政治的な統一性を持ち得るかは疑問である。砂と言われたアラブ人の世界にも部族を越えた国家が次第に固まり出したが、逆に国家、地域利益を基礎に対立する時代に入る可能性もある。

北アフリカで起り、中東アラブ全域に影響を及ぼした「アラブの春」は、現状に不満を抱く民衆の反乱という点では、ある意味で英国に始まり、今や米国に及んだポピュリズム・ナショナリズムの流れの中東版だったのかも知れない。

民衆の意思もどんどん覚醒しているので、民主主義や人権尊重という欧米の価値観も重要になるだろう。

民族、宗教、巨大な富、固有の文明を持つなどの何らかの求心力を持つイラン、トルコ、サウディアラビアが自己主張を強めるミニ・ヘゲモン（ミニ覇権国）となっている。これらの国は自己主張を強め、欧米と対立しながらも協力したり、或いは場合によってはイスラーム同士が相争う。イラクやシリアでの自爆テロ、土着勢力の争いはいつかは終わるのだろうか。イエーメンではイランに通じるフーシ派政権を巡りイランとサウディアラビア主導のスンニ派諸国が代理戦争を戦っている。今後の中東世界は上記三つの中級覇権国とイスラエルが複雑に絡み合った競技場と化すかも知れない。

その中で人口約８０００万のイランは反帝国主義、反米運動の代表選手であり、イラクのフセインとの抗争にも勝利した、イスラエルと並ぶ、地域の撹乱要因である。イスラエルはイランの核開発を自国の存立への危機と極めて懸念し、２０１３年にはイスラエルの核施設攻撃の可能性も噂されるほど両国間で緊張が高まった。国連は安保理決議によりイランに制裁を課した。その後安保理加盟国とドイツを加えた6カ国とイランの間で交渉が行われ、２０１５年７月経済制裁の解除と引き換えにイランは核兵器開発を断念する妥協が成立した。シリア問題の解決にイラン、ロシアの協力が必要という思惑があったと思われる。イスラエルはこの合意に強く反対し、既に見たようにトランプも共和党もこの合意を反古にすることを匂わせている。シーア派はイスラーム教の中で特殊な地位を占める。シーア派人口が支配的なイラク南部、レバノンに勢力が伸び、アラビア半島東部にも勢力が広がっている。イランの動向には目が離せない。

他方8000万人近い人口を持つトルコは、ヨーロッパ帰属の夢を断たれて独自の立場をとる方向に進んでいる。大量のシリア難民の受入国となったが、欧州連合からの資金援助を取り付けて実利を上げげた。そのトルコではエルドゥアン大統領の強権政治がアタチュルク以来の非宗教国家の伝統を揺がせ、親米である軍内部に不満が高まっている。クルド人への対応を間違うと反米機運が噴出する危険もある。

第一次世界大戦後オスマン帝国が解体され、1916年英、仏、露三国間に締結されたサイクス・ピコ秘密協定に従い、線引きが行われて委任統治の名の下に英仏の実質支配下に入った広大な中東アラブ人居住地域には、激震が起こり続け、既存の秩序は完全に崩壊してしまった。特に地政学的理由や、宗派的、民族的な国内対立から、国民国家を作れない宿命を持つシリア、イラク、レバノン等の多宗派諸国の荒廃は目を覆うばかりである。

第一次世界大戦で取り残され、トルコ、イラン、イラクに別れ住むクルド人は、合計すると2500~3000万人といわれる。中東ではアラブ人、トルコ人、イラン人に次ぐ人口規模を持ち、独自の国家を持たない最大規模の民族グループである。永年の統一悲願は近隣国による仮借のない圧迫で果たせぬ夢となっている。ところが近年のIS打倒の軍事活動に積極的に参加して存在感を増している。共和党は選挙綱領にクルド人の貢献を特記し、自治権(autonomy)に値すると述べている。これからのシリア情勢の推移如何にもよるが、IS覆滅への貢献の代償に対するクルド人の期待が満たされなければ、地域を不安定化させる可能性もある。他方クルド人の自治権を拡大することには、トルコ、イラン、イラクからの猛反発が起こり得る。クルド問題の舵取りは慎重を要する。

人口は3000万人(その30%は外国人)に過ぎないが、巨大な石油資源に恵まれたサウディアラビアは、二大聖地を抱えるイスラーム世界の盟主で、G-20の唯一のメンバーである。スンニ派のなかでも保守的で厳格な戒律を守るワッハーブを信じる保守的な国であるが、近年内政改革を急ぎ、婦人に参政権も付与した。2015年サルマン皇太子が第7代国王に即位し、その下で王位継承権2位ではあるが国王の息子のムハンマド副皇太子が改革を先導している。9・11テロの実行犯にサウディ人がいたと言われ、王家の安泰のためにイスラームの過激な勢力にも資金援助をしている。米国がサウディの仇敵であるシーア派のイランとの関係を改善しつつあることに懸念を抱いている。石油価格の低迷はサウディ経済の運営に打撃を与え、世界最大の石油会社の国営サウジアラムコ社の株式公開も進め、石油依存体制を改める大転換も構想している。

中東介入に懲りた米国は、オバマ政権の下で、イラク、シリアへの軍事介入を可能な限り抑制して、土着の部族等を背後から支援する方針をとった。結果的に非アラブ・イスラーム国家のトルコとイランが力を伸ばした。アメリカと言う心棒が抜けたので、イラン、サウディアラビア、トルコが自主性を強め、地域のミニ・ヘゲモンとなり、中東世界は群雄割拠の乱世に突入し、激変の予兆がある。

トランプ政権の中東政策の危うさ

1章で書いたことの繰り返しになるが、共和党の大統領選挙綱領や大統領選を通じるトランプの発言から、新政権の中東政策として次のような考えが見えてくる。

(1)「イスラーム国」対策

ISは壊滅させねばならず、ISと戦うために海外派兵が必要になるかも知れない。ただ軍事アドヴァイザー派遣だけでは勝利は達成出来ない。資金源である石油を奪わねばならない。他の国に手を貸してもらうことも必要である。

(2) 中東政策

イスラエルの存立は絶対に守る。イランは敵でありイスラエルの脅威である。イランとの合意は議会の承認を得たものでないので、これに拘束されない。いかなる犠牲を払ってもイランの核武装を阻止する。シリアの独裁者であるアサドは排除され、国民を代表し、少数民族の人権と宗教を尊重する政府に代替されねばならない。クルド人を引き続き支持し、彼等の勇敢な協力は尊敬と自治権（autonomy）に値する。

トランプの世界地図で中東の比重は大きくない。米国のエネルギー資源開発は、中東石油への関心を低くする。群雄割拠の乱世に入っている中東を前に、新政権が体系的な中東政策を策定するかどうかも判らない。家族を大切にするトランプの先妻イヴァーナとの間に生まれた長女のイヴァンカはユダヤ教に改宗してニューヨークのユダヤ系不動産会社の御曹司のクッシュナーに嫁いでいる。彼の父親はニューヨークのユダヤ人社会の有力者で、ユダヤ・ロビーの役員もしている人物である。クッシュナー夫妻はトランプの選挙キャンペーンの中核におり、安倍首相のトランプタワーでのトランプとの1時間半に及んだ私的懇談の時にも同席していた。トランプのイスラエル支持はこういう事情もあり、どうも中途半端でないようで心配だ。今回の大統領選挙戦では共和、民主両党共にイスラエル支持を競うように明確にしている。オバマ政権が8年に亘り、ユダヤ・イスラエル贔屓の米国にあって、イランとの関係の改善で中東外交のバランスを取り戻したのは全てご破算になりそうである。

ロシアと協力してシリア問題を解決するという考え方は、米国の伝統的な反露バイアスの風土からは異端であるが、評価に値する。対価も高いかも知れないが、中東の安定に資する可能性はある。ただ定見も十分の準備もなしにクルド問題に手を付ければ、イラン敵視と共に中東に大波乱を巻き起こし得る。トランプ大統領は中東政策については直感に頼るだけでなく、賢明な外交アドヴァイザーの意見に耳を傾けて貰いたいと切に希望する。

〔註〕

（1）井筒俊彦「イスラーム生誕」中公文庫1990年 123〜5ページ

（2）ルネ・グルッセ「十字軍」白水社 クセジュ文庫 1954年 134ページ

（3）ジョン・ミアシャイマー、スティーヴン・ウォルト共著 「イスラエル・ロビーとアメリカの外交政策」（上下）2007年 講談社 上巻第4章 ＜イスラエル・ロビーとは何か？＞ 201〜271ページ

（4）エドワード・W・サイード 「知識人とは何か」平凡社ライブラリー1998年 186ページ

（5）立山良司 「ユダヤとアメリカ」中公新書 2016年 第5章「存在感増すJストリート」140〜164ページ

（6）池内恵 「イスラーム国の衝撃」 文春新書 2015年 77〜86ページ

(7) 池内前掲書　166ページ
(8) 井筒俊彦「イスラーム文化　その根底にあるもの」岩波文庫1991年　122〜125ページおよび井筒前掲書　163〜179ページ
(9) 池内前掲書　171ページ、203ページ

第2部　外交の復権

7章 「トランプ・ショック」で変容する世界の中の日本

ナショナリズム世界の到来

ここまでの諸章は、この本の後半諸章で、日本の安全保障政策の選択肢を論じるための情勢分析だった。

まず2016年米国での激しい大統領選挙で、国内にグローバリズムの恩恵に浴さなかった白人低所得層を核とする現状に不満な広範な階層の存在を鋭い直感力で捉えたトランプが衝撃的な勝利を勝ち取った背景を明らかにした。移民の国アメリカで「白い革命」と呼ばれた逆転劇を生み出した白人層は米国が戦後一貫して支えた安全保障、自由貿易、国際金融の諸制度に懐疑的で、今後米国が国際秩序の担い手となることに強い疑念を持たせる。米国はナショナリズムの時代に戻りつつある。

欧州でも米国に先立ち「怒れる」伝統的保守層の反グローバリズムが起きている。メイ英首相が２０１７年後半から、それぞれに選挙を経たフランスとドイツの指導者との間にどんな新欧州の姿を描いて行くかは、日本にとっても重大な関心事である。

日本の隣国の中国は、すでにここ数年むき出しの国益追求を進めてきているが、低成長への切り替えがスムースに進むのかの難しい時期に入っている。突発的なことが無ければ、習近平は２０１７年の中国共産党大会で自身の地位を固めて、これからの５年、さらにはその次の世代の１０年をも支配する体制を築くであろう。人口13億の中国に君臨する習近平が、今の強圧的な対外姿勢を改め得るかが最大の問題である。

２０１６年９月の下院選挙で不動の勝利を得たプーチンのロシアは、クリミア編入の結果課された諸制裁にひたすら耐えながら、国力を蓄えている。アジア太平洋への重点移動も進めている。「取り引き」重視のトランプ政権との交渉で、活路を開くために、硬軟両様の外交を展開するだろう。

これから日本に限らず世界全体が直面するのは、自国第一主義、多極世界への移行、低迷する経済の中で起こっているグローバリズムの手直し等の新潮流である。いずれの国にとっても共通するのは内政重視のポピュリズム傾向をコントロールしながら、国益を極大化する対外政策を構築する必要があることである。

トランプ政権とどう向き合うか

今回の米国の大統領選挙で露骨な自国第一主義を掲げる共和党のトランプがまさかの当選を果たしたことに日本中が愕然とした。率直に言って筆者にとっても驚きであった。ただその驚きは変化の方向に愕然としたのではなく、思っていたより早く変化が起こったことだけである。1971年のニクソン・ショックの時に、筆者はワシントンの日本大使館経済班に勤務していた。当時の日本は沖縄返還と繊維交渉で頭が一杯だった。ワシントンから見ていると、円の切り上げは不可避だったが、日本の想定にはなかった。後付けでいろいろな議論が行われているが、アメリカの政策大転換は想定外で、その場合にどう対応するかを考える発想は日本政府には全くなかったことだけは確かである。半世紀前の国力の日本だから仕方がないが、世界第二の経済大国から転落しマージナライズする瀬戸際にある今の日本が未だに当時と変わらず、ショックがないと対応できないのは悲しむべき現実である。だからトランプ政権の成立が日本にショックを与えたことは、怒られるかも知れないが、筆者は日本人に自主的な思考を余儀無くさせるという意味で、長い目で見れば「本当は幸運（blessing in disguise）」になると確信するので、日本の将来のために大変に良かったと喜んでいる。国家はどんなに想定外なことが起きても、直ちに新しい状況を織り込んで、対外政策を進めなければならない。全てを直ちに織り込んで行動するという意味では、外交はある意味では株式市場に似ている。
ただ外交は個人が短期にいくら儲けるかというものではなく、多くの国民が長い目でどれだけ多くの安全と繁栄を享受できるかという真剣白刃の勝負である。外交が大局判断を失い対応に追われて行けば、希望しないにも拘わらず「どか貧」に転落することを、日本人は「あの戦争」で知った。

筆者はこの本でどうしたら20年先に、日本が諸外国と相互依存のウィン・ウィン関係を維持させ、今よりももっと豊かで、国民が満足感を持っている国であり続けられるかだけを念頭にした安全保障戦略を描こうと思っている。一口に言えば「世界から歓迎される日本の自立論」である。そんなことなど出来るはずが無いなどと、考えることすら放棄したり、反対する人ばかりだったら、正直に言って筆者はこの国の未来に救いはないと思う。

多くの選択肢を用意して置くことは日本の将来について透明度を高め、隣国に不必要な猜疑心を取り除く上でも大事である。憲法を改正しないで解釈で凌ぎ、問題が起きた時に「超法規」対応をする国は、信用されない。トランプが言うように相手に手の内を知らせないのが交渉上有利というのにも真理はある。中国も似たような姿勢といえる。しかしこれは超軍事大国には利点であっても、日本が取るべき姿勢ではない。後述するように特に安全保障については政策の透明度を高めたほうが良いとするのが国際的認識と慣行で、米国、EU、ロシアは国家安全保障戦略を公表している。日本も２０１３年に史上初めて閣議決定をした「国家安全保障戦略」を公表した。

日本が独立を断念するのでなければ、しかるべきレベルの防衛費は必要である。トランプがずばり指摘する「守って貰う国はそれなりの金を払え」というのは真理であり、日米関係は今までもそうだったから「思いやり予算」という奇妙な名前の防衛負担がなされている。率直に言ってトランプの駐留米軍費用の全額負担要求は前後撞着である。失礼ながら超大国米国も貧したら鈍したと評さざるを得ない。米国がまず自己の防衛戦略を明らかにして、日本駐留がどれだけ日本のためかを明らかにしてから議論を始めるべきである。日本が焦る必要は絶無である。基本的に相当の時間を掛けて、日米はそれぞれの危機認識を説明し合ってから、それぞれの安全保障戦略をすり合わせるのが当然の道筋である。ただそのためには日本側で、現在から将来に向けての危機認識を熟慮して、安全保障戦略上の選択肢を考えることが必須の急務である。

トランプ新政権は先ず激しい選挙戦から生まれた国内の亀裂を修復しなければならない。国内に生まれた反グローバリズムの逆流現象の制御にも苦労するであろう。加えて米国は中国の目覚ましい台頭、ロシアの復活、米国の経済力の相対的な低下に直面している。少なくとも当面米国が世界を意のままに仕切ることは困難となっている。米国が同盟国に様々な形で負担を求める気持は判らないでもないが、当面東アジアで米国が危機感を持つのは、中国の米国挑発の可能性と中国が日本との尖閣諸島を巡る争いをエスカレートさせて、日中間に軍事衝突が起き米国がこれに巻き込まれる危険性の2点であろう。内政にアキレス腱を抱える中国が、米国の国防政策の転換期に、これまで以上に米国を挑発する可能性は皆無である。トランプの登場で日米間に生まれた微妙な間隙を突いて、中国が日本に対する挑発行為をエスカレートする可能性は確かに存在する。しかし危険なチキン・ゲームをやって、若しどちらかでも制御不能になった場合には、日中は共倒れになる。米国新政権がこれをどう評価して、将来のアジア戦略を考えるかについて、中国側に「不可測性」の大きなリスクがある。トランプ新政権も基本的には、台頭著しい中国には責任あるステーキ・ホールダーとしての行動を求めつつ、新国際秩序の構築に参画させる方向に向かうことは確実である。米国にとっては安定している日米関係より、中国との関係が遥かに重要であり優先事項である。習近平が国内基盤を固めた後には、国内に社会・経済面で諸々のアキレス腱を抱える中国が、米国との融和の可能性を自ら閉じることがないのは明らかである。中国が新政権との真剣な対話を始める前に、米国に「漁夫の利」を与えるような、リスクの高い「チキン・ゲーム」をやる筈はない。この流れは日本にとっても悪いことでは無い。むしろ良いことである。稼いだ時間は僅かであろうが、日本政府と国民が熟慮するには十分の時間を持てる。また日本がさまざまなレベルでトランプ政権に対して、間違っている認識を明確に指摘し、日米間の意思疎通をはかる十分の時間はある。心配は無用である。

世界経済における新秩序

トランプ政権の登場で保護主義的傾向が高まることに世界中が戦慄している。通商立国の日本にとってTPPの流産は残念なことだった。不本意ながら米国抜きでも次善の自由貿易圏拡大策を進めるべきである。最も懸念すべきことは、反グローバリズムの嵐に翻弄されて各所に綻びが生まれている戦後の自由で開かれた世界の経済秩序が崩壊することである。

グローバリズムと呼ばれたモノ、カネ、人、技術等の国境を超えた自由移動は、先進諸国と発展途上国との間の格差を是正した。今やG－7と並んでG－20が重要になった。反面結果的に成長が鈍化した先進国側では、国内の経済格差が深刻な社会問題を生み出している。多くの先進国で社会保障制度の破綻、貧困の拡大、過大な教育費の負担、少子・高齢化の進行が起こっている。人の移動については、先進地帯のヨーロッパや米国では移民受け入れへの抵抗が増大している。巨大な国家資本主義国である中国は様々な摩擦を世界中に増幅させている。中国が経済発展スピードを加速するために行う技術の買収への懸念が増大している。特に先端技術、軍事技術の中国への流失は安全保障問題としても無視できない。知的所有権の保護も技術先進国には生き残りを保証する意味からも重大関心事である。ダンピングを永続させる中国の国営企業と先進国私企業の間の不平等な競争も大問題である。カネの動きについても、実需から完全に切り離されたマネーゲームの齎す弊害やタックス・ヘブンを利用した多国籍企業の税の支払い回避は許容の限度を超えるに至っている。人民元の国際金融への建設的な参入には、米国議会の後ろ向きな姿勢と中国の資本移動規制、為替レート操作から、世界経済への撹乱的な要因となっている。

本来TPPはこれらの問題のいくつかについて、先進国に有利な新ルールを作り、自由貿易体制を補強するという意味合いが重要であったが、肝心の長期的な利益享受国である米国が、これを葬り去ってしまった。逆にトランプ政権の下で、米国が自国一国の利益を優先して、保護貿易に傾斜することが危惧されている。だがこれは世界規模の問題で、日本だけがじたばたしても仕方がないし、名案を出せる訳でもない。日本には同じ危惧を持つ諸国と手を組んで、新しい経済秩序の形成に有力なアクターとして前向きに取り組む以外の選択肢はない。

喜ばしいことに世界の主要国と較べると、日本の状況は比べ物にならないほど良好である。米国が悩む貯蓄不足は日本には不在である。国民が保有する1400兆円の資産は消費に向かわないという問題点はあるとはいえ、将来不安が解消すれば大きな財産となる。内部留保を厚く持つ日本の大企業は新しい対外投資戦略を始めることが出来る。ソフトバンクの3・3兆円の英国半導体設計アーム・ホールディングス社の買収はその流れを象徴的に示す。国際的に批判はされながら、移民、難民の受け入れに慎重だった日本には、欧米に見られる反移民のポピュリズムは希薄である。ヘイトスピーチが問題にはなるが、参加しているのはほんの一部の人間である。その上内政では今後2年間は安倍首相の下の自民党が衆参両院の三分の二をコントロールするだろうから、日本の内政は無風状態ともいえる安定性を持っている。冷戦が終ると共に不動産バブルが崩壊した90年代の初頭、内政が混迷を極めたあの日本の状況とは様変わりの現在である。

もちろん少子化と人口の減少傾向は日本にとって大きな懸念材料であるが、敗戦後の人口が約7500万人であったのが現在の1億3000万人にまで増加したことを考えると、適性人口の下で日本が成熟した高い生活水準を享受する良い国になることは可能である。女性の積極的な社会参加を実現すれば事態は改善する余地を残している。日本では「コップにはまだまだ多くの水が残っている」のである。個人消費を低迷させている先行きへの不安の解消のためには、社会保障制度の改革は待ったなしである。しかしこれについては民主党政権末期に与野党間の合意が出来ていることは重要である。この合意を無にしてはならない。バブル時の蓄積を持つ高齢者階層の福祉を削って、少子化対策に資源配分を傾斜させる必要は強調しすぎることはない。

当面は経済を完全にデフレから脱却させて、活性化することが最大の優先事項とならざるを得ない。思い切った規制の緩和が出来るか、企業と個人が使える資金を潤沢にして消費を増やせるかに知恵が求められている。日銀依存の金融一辺倒の経済政策は限界に達している。たとえ国債増発による財政資金を出動させても、一時の大盤振る舞いに終われば、日本の将来は明るくない。ある意味では日本は国益重視の賢明な政策を打ち出す奇跡的な機会に恵まれている。安全保障政策についてもトランプ・ショックは日本に長期的な視野の必要性を痛感させた。

B案を用意する重要性

世界の新潮流が日本にとり、これまでの日米安保体制と自由貿易体制の下で安穏な日々を過ごせた時代からの決別を迫るものであることは容易に想像がつく。これまでの経験に照らせば、問題対処指向の官僚主導で惰性に委ねる外交を進めれば、日本は米国の利益実現にとことん同調してその中に住み処を得るという方向を辿ることは眼に見えている。筆者は今後の惰性的対応には大きな危険があると考える。

曲折はあっても中国が大国化し米国と対等な関係を築いて行くことは防ぎようがないであろ

う。日本が積極的に中国と良好な関係を築くことに失敗し、日中関係が緊張すればするほど日本は米国依存を強めるという構造が定着する。極端に言えば、オバマ政権時代に慰安婦問題を解決して、日韓関係を改善しろという米国の強い圧力があったように、米国から日中間の問題を何としても解決しろといわれることも予想される。所詮大国は身勝手なものである。自主性の持つ意味を理解できなければ、日本はこのような圧力に押し流されてしまうであろう。誰かが積極的に働きかけなければ、北朝鮮が核兵器を所有しつつ生き延びて行くことも十分に想定可能である。日本が長期的にどのような国家となり、近隣諸国といかなる関係を築けたら良いかの理想図を描くことは絶対に必要であり、官僚の惰性に流れがちな傾向に依存し続ければ、日本は東アジアで細々と生存する従属国家となるのが自然であろう。この本の目的は、現実主義の立場から実現可能性のある日本の安全保障を実現する選択肢を模索する努力を積み重ねて、望ましい日本国家の未来像に一歩でも二歩でも近づこうとするものである。つまり惰性的なA案に対するB案を描こうという発想である。

B案というのは政府の政策に対する対案のことである。政権交替があったり、政府の政策が袋小路に陥ったりした時に、誰かが別のアプローチを考えていれば社会は強靭になる。アングロサクソンの強靭性の背景には、構想力の豊かさがあり、シンクタンクと俗称される政府から独立したさまざまな研究機関の存在がある。英国では王立国際問題研究所、国際戦略研究所等の政府から独立した組織がある。米国では同様に外交問題評議会、ブルッキングス研究所、アメリカンエンタープライズ研究所、ヘリテージ財団始め多数の研究所がある。思想傾向も右から左まで、またさまざまな分野に特化した研究所がある。

筆者自身が客員研究員として王立国際問題研究所（チャタム・ハウス）で過ごした経験や、冷戦終了前後の大変革の時期にニューヨーク総領事・大使として米国シンクタンクとの接触の経験から、英米のシンクタンクではいつもベターな政策への意思と、新しい多様な構想への夢があることを見て羨ましく思った。

戦後日本でも国際問題についてのシンクタンクの必要性が叫ばれ、吉田首相のお声がかりで、英国の王立国際問題研究所を模した、日本国際問題研究所が設立された。そもそも英国で第一次世界大戦後にチャタム・ハウスが創立されたのは、英国外務省にヴェルサイユ会議における戦後処理能力が殆どなかった反省に基づく。いずれの時代でも、いずれの国でも外交当局は目先の懸案処理に追われて、長期的な国家政策について研究する余力がない。冷戦が始まった米国で国務省内に長期国策策定のために政策企画局が設置され、「対ソ封じ込め」を提唱したジョージ・ケナンが初代の局長に就任した。かつて日本外務省でも暫くの問情報調査部という組織があり、分析課と政策課の二つの課が置かれていた時代がある。前者で外務省に入る情報の整理と分析を行い、後者で現業の課では疎かになり勝ちな国際情勢の大局的な判断に立つ政策立案が行われていた。かくいう筆者も分析課長を経験している。欧米の外務省にも類似の組織があり、活発な政策協議が行われていた。ここから現在活躍している多数の外交論の論客が輩出している。

米国では大統領選挙で政権交替があると、数千人にのぼる官僚機構の上層部がごっそりと入れ替わる。良くこれで行政や外交の継続性が保たれると思うが、ちゃんと機能しているのは、前回の政権交替で野に下り、企業、大学、法律事務所やシンクタンク等に場所を移して再度の政権交替を待っている人物や、気鋭の人物として登場する機会を待っているものが沢山いるからである。政府の要職から民間企業へと、またはその逆方向で、「回転ドア」を出入りするように優れた人材が流動している。その中で大統領が信頼し、衆目も評価する国際問題の専門家がホワイトハウスの国家安全保障担当補佐官に就任して、外交政策に方向づけを与えるのである。大統領が変わると自動的にこれまでの政策に代わるB案が採用される仕組みが出来ているのは羨ましい限りである。

シンクタンクにおいて一番大事なことは、これらの研究所が政府から人事、財政面で独立していることである。所長が官僚出身だったり、資金源が役所の予算だったりでは、真に独立した研究は不可能である。日本には星の数ほど多くの研究所が存在しているが、政府資金や特定の業界、企業など一部の既得権益からの資金に依存するものばかりである。日本のシンクタンクがしっかりとしたB案を作れるようになるのは、広く厚く各界からの寄付によってこれらの研究所の資金が賄われるまでは駄目である。そのためには寄付税制をもっと緩める必要がある。

ただ日本でも政権交替が実現するようになって、長く続いた官僚機構が情報も政策立案も独占する状況が変わってきた。野党議員にも政策通が現れた。大学教授や脱藩官僚が総理補佐官や顧問に任命され、新しい政策の実現に腕を振るうことが起こってきた。筆者はこの流れは極めて歓迎すべきことであると考えている。日本でも米国のような「回転ドア」的人事が行われると、官僚機構一辺倒で全てが官僚のお膳立てで進むのではなく、政府のA案が行き詰まったら、在野からB案が出てくる余地が生まれる。特に政権交替を機に、行き詰まった政策の転換が行われるようになるだろう。筆者は官僚機構の中にB案を準備する部局を設けることを提唱したことがある。[1]しかし各省に一局を増設することは官僚機構の肥大化を招くとして強い反撥が予想され、実現は難しいだろう。最も現実的なのは政党助成金の一部を政党の政策研究に当て、野党のB案立案能力を強化することであろう。特に野党の場合には、政策通の落選議員をここで勉強させたり、優秀な官僚が野党の調査部に席を移し、官僚機構から外れたルートでB案的な発想を活かせるようになると思う。因に英国民は第二次世界大戦終了直後の選挙で、不屈の戦争指導者だったチャーチルを退けて労働党を勝利させ、アトリー党首が首相の座に就いた。その後保守党が返り咲けたのは、保守党がバトラー副党首の下に、保守党調査部を作り大学から有為な青年を採用して、労働党の政策に対抗する政策を用意したことも与っている。

健全野党の役割

外交の世界でよく言われてきたことに「政争は水際で打ち切れ」というのがある。国内で与野党が外交路線についていかに争っても、自己の立場を強化するために外国の力を借りてはいけないという戒めである。幕末にフランスからの軍事援助を峻拒して薩長と和解した幕府の偉大さは、このことをよく理解していたことである。

筆者は戦後の社会党の最大の問題点であり、結局社会党が完全に没落した理由は、外交政策について見識がなかったことであると思っている。だから政権を手中にした途端に、社会党出身の村山首相はこれまで反対して来た自衛隊をいとも簡単に認め、「日米安保」を何の不思議もない様に堅持するとした。政争を水際で打ち切ったと言えば聞こえが良いが、「爆弾男」たちが国会で神学的ともいえる安保反対の論陣を張って政府を厳しく糾弾して来たのを見てきた国民からすると「戦争ごっこをしていただけだったのか」という虚しさが残った。

安保法制を「立憲主義」に反するとまで反対する現在の最大野党の民進党についても、筆者は同じ様な疑念と懸念を感じる。民主党の鳩山政権が沖縄の普天間基地の移転先を「少なくとも県外」として自滅したのを見た国民は、民進党の安全保障政策、外交政策に安心感を持つまでは、決して政権を渡さないであろう。筆者はバブル崩壊後20年にわたる「失われた時」の中で築いた現在の政治制度は二大政党間の政権交代を目指すもので、日本の民主主義の成熟を示すものであると考えている。若し民進党が本気で政権を奪取する気なら、長期的な視点に立った外交、安全保障政策についてのB案を持たねばならない。

断っておく必要もないとは思うが、筆者はいずれかの政党を支持するという立場は持たず、研究者として日本の長期的な安全保障についての選択肢の提示をしている。政権政党がこの本で述べたことの一部でも良いから採用してもらえれば素晴らしいと思うし、健全野党が現在の与党の政策への対案として「丸ごと」採用してもらっても構わない。要は国家は常に広い選択肢を検討しているべきだと言いうことである。

孤高な日本の立ち位置

日本人は自分を特別と考え過ぎるとしばしば批判されて来た。しかし色々な意味で日本人、日本文明は世界の中でユニークな特徴を持っている。大陸と隔絶した島国であるという地理的条件からも、モンスーン地帯で米作を主として来たという経済的な条件からも、勤勉で集団主義で和を重んじるという調和主義の国民性が出来た。日本人は海外に雄飛する帝国を築くというより、どちらかというと「鎖国」のDNAを持っている。これが徳川260年の政治のせいなのか、そういう内向きの国民性があったから「鎖国」時代が長く続いたのかは興味あるテーマであるが、学者の議論に任せたい。ペリーが来航してから日本は欧米列強の軍事、経済力に愕然として、富国強兵政策に転じ、最後は朝鮮を併合し、中国大陸を侵略し、「あの戦争」で破局を迎えた。敗戦後は米国の庇護の下に軽武装で「内向き」な経済発展に専念して、専ら富を蓄えた。ナンバーワンとまで言われた経済力が付くに従い、米国が作った開放的なグローバリズムの経済システムにただ乗りすることが許されなくなり、国際貢献が求められた。日本の自国優先の政策は非難され、修正を迫られた。軍事的には米国の軍事力を補完する方向で軍備が進んだ。今世界が皆「自国第一主義」になりつつある時点で、日本を見つめ直すと、自立しなければいけないというこれからの日本の方向性も見えてくる。その中で日本人の「鎖国的」

DNAにも新しく肯定的な見方が可能な気がする。

サミュエル・ハンチントンは、将来の世界はイデオロギーでなく文化によって分けられると予言した。日本では彼が日本文明を独立した文明として扱ったことが高く評価されている。しかし彼の国際関係論の核心は、当時ネオコンと呼ばれる一連の強硬派がリードして歴代大統領が追求した米国一極優位の政策は、アメリカを孤立させ、世界各地に対抗勢力の連合を生むだけだとしてこれに強く異論を唱えたことである。

筆者は文化多元主義の信奉者で、ハンチントンが80年代末の論文で「アメリカは消費し過ぎ、ソ連は武装し過ぎ、日本は貯蓄し過ぎ」であり、これが国を滅ぼすと喝破した時に、その分析の明晰さに打たれ、それ以来彼の言説には注目し、深い敬意を抱いて来ている。彼は日本について、「日本文化は独特で、広く共有される可能性のあるイデオロギーも宗教も持たないので、世界で孤立している『家族を持たない文明』である。そのため危機に臨んで同じ文明の仲間の支援を期待出来ないが、反面しがらみがないので自国の利益を思うがままに追求出来る」という趣旨を述べている。彼はまた国際政治についても優れた分析をしていて、現在の状況を一極・多極状況と捉え、この状況は21世紀に真の多極体制が生まれるまで、今後10年ないし20年続くとして、その中でいかなる状況が起こるか興味ある分析を行っている(2)。日本の進路としては日本の伝統的な勝馬に乗るやり方で米国から中国に鞍替えするか、または地域のナンバーツーとして米国と協力して地域の覇権国（中国）と争うかの二つの可能性を示唆しているのが面白い。しかし筆者は日本にはハンチントンの二択選択肢の他に第三の「孤高の選択肢」も十分に有り得ると考える。

自立を恐れるな——外交の復権

この見地から、外務官僚で次官、駐米、駐独大使を経験し外務省の中枢にあった村田良平は、「日本は常に孤立していたし、これからも孤立を続ける。それはわが国が地理的、歴史的な宿命により『一匹狼』たるべく運命づけられているからである。そしてかかる運命的な孤立はそもそも良いとか悪いとか考えるべきものではない」と述べているのに勇気づけられる。(3)

日本は開国後、西洋の文物を取り入れ、近代化を図ったが、西洋の一員にはなれなかった。日本の近代史には立ち入らないが、ハンチントンが指摘するように、日本は一つの文明ではあるが「家族を持たない」孤立した文明だったことは否めない。例え価値観を共有しても真に助け合う「家族」はいない。村田良平は「日本には兄弟づき合いする国々はないが、世界の多くの国と親戚以上の友人は増やし得る」とし、日米間の距離の増大を「孤立」と誤認する危険を指摘した上で、「日米両国に同時期に十分の先見性を持った偉大な総理大臣と大統領が生まれること」に期待している。(4)

筆者は、主要諸国が自国第一主義を強く主張する世界に変容しつつある現在、日本も同じような日本の利益を第一とする政策をとる以外の選択肢はなくなってしまったと思う。誤解を避けるために、筆者はこれを「自立」と呼ぶ。そうと頭を切り替えれば、「孤立」を利点に代えて行くのが賢明である。実は10章で見るように日本は軍事的な対米完全依存から、自国の脅威に見合った防衛力へ変換する努力を既に数年前から始めている。

近隣諸国との関係を改善することにより脅威を減らす努力はもっと必要である。そのためには外交が復権しなければならない。外交が失敗するところから戦争が始まるのである。外交は「妥協」により好循環を作り出す作業である。地政学的に「孤高」の立ち位置にある日本は、本来外交力によりその地位を安定させなければならないのに、近代史においては武断的に解決するか、同盟政策に訴えた。国益が正面に出てくる変容しつつある世界で、日本は戦争を避けるためには外交力を強化しなければならない。

外交の復権と自己批判の必要性

国家関係においてさまざまな分野で相手に自分の意思を強制することが避けられない。経済交渉でも戦略兵器削減交渉でもこのことは同じである。「不一致を合意する」ことから戦争まで、意思の強制の行き付く先には幅がある。すべて損得計算で結果が定まると決めつけるのは楽観的過ぎよう。国内のナショナリズムが制御出来なくなるとか前線の軍関係者の暴発もあり得る。しかし冷戦終了後は政治的イデオロギーの役割は後退し、国家による非合理的な行動は大幅に減少している。軍事行動より外交が優先されるという事態が生まれていると見て良いだろう。

ただ米国がその軍事的な影響力を後退させれば、力の真空状態が生まれ、誰か他の国がそこを埋める可能性は高い。アジアにおいては特にその危険性がある。21世紀に世界が多極化すれば戦争の危険が高まる危険もある。ある程度軍事力に裏打ちされないと効果的な外交は出来ない。「棍棒を持って忍び足で歩く」とか「鉄の手にヴェルヴェットの手袋をして」といわれる通りで、丸腰で外交を行うことにはハンディキャップが大きすぎる。

筆者はここで学問的な外交論をする気はない。これについては古今の名著に譲ることにして、ここではこの本の目的に必要な範囲で外交についての筆者の考えを述べるに留める。外交は他国との交渉で、相手がある。このことは大前提である。その上で筆者は、次のように考える。

(1) 外交の要諦は妥協により国際関係において「良い循環」を作り出すことにある。

(2) 外交交渉は平和裏に行なわれるが、その背景には軍事力、経済力、技術力、同盟形成能力等々あらゆるパワーがある。

(3) 外交交渉から生まれる結果には、交渉当事者の利益が相半ばすることがその永続性を保証する。一方的な勝利はあり得ないし、例え策略で実現しても永続性に欠ける。

日本がこれから外交力を強化するに当たっては、過去の失敗を反省する精神が欠かせない。日本人は人間関係で「言挙げ」しないで、責任の追及もほどほどで水に流してしまう。しかし国策については厳しい態度が求められる。1995年の戦後50年の終戦記念日に村山首相が出した「村山談話」には批判があるが、「過去の一時期、国策を誤り……植民地支配と侵略によって、アジア諸国の人々に対して多大の損害と苦痛を与えました」という自己批判は今後とも揺がせにしてはならない。さもないと「歴史修正主義」に陥る危険がある。同様に日本外交についても批判の精神を忘れてはならない。だから次章に筆者の日本外交批判を書くことにした。

〔註〕

(1) 英正道 「新平和憲法のすすめ」 草思社 2015年 59~60ページ

(2) サミュエル・ハンチントン 「文明の衝突と21世紀の日本」58~61ページ、156~

158ページ

（3）村田良平「何処へ行くのか、この国は」2010年　ミネルヴァ書房　210ページ

（4）村田良平前掲書　213～214ページ

8章
日本外交批判

必要な「死後診断」

40年外務省で働いた筆者にとり、日本外交と古巣の外務省を批判することは身を切るように辛いことである。1997年に退官以来20年間一度も公に古巣を批判したことはない。この本を書くに当たり、大きく変容する世界の中で、日本が自立しなければならないと説く時に、戦後の日本外交の批判すべき点をいわば自己批判しなければ、筆者の述べることを信頼してもらえないと思った。

日本が置かれた状況は大きく変わって来たから、批判はその時代に対応を誤ったと考えることと、組織としての外務省に欠けていたと思うことを書くことにした。その時点の国益を守るという点で欠けていたことがなかったかどうかという視点からの自己批判である。

最近英国で10年以上前のブレア首相のイラク戦争への参加の適否についての7年間に亘る独立委員会による検証結果の報告が発表された。この報告書は12巻260万語に及ぶ膨大なもので、「誤った情報分析をもとにイラク侵攻を決定したが、政府内でその内容が問いただされることはなかった」「ブレア氏は、イラクについて自分は米政府の判断を左右できると自らの影響力を過大評価していた。英米関係は、英国が米国を無条件に支えることが前提だと思い込んでいた」という率直な見解が表明されている。このような失敗を反省する作業である「死後診断（postmortem）」は外交を改善する上で必須のものである。政府がやらないと十分の情報が得られないから、本来は政府内の独立した組織が行うのが適当である。

戦後の外務省批判の一つに開戦直前の在米大使館のミスによって交渉打ち切りが本省の指示通りに真珠湾攻撃の前に米国政府に通告されなかったことの責任を問うというのがあった。「真珠湾の騙し討ち」が米国民を対日戦争に挙国一致で駆り立てる結果となったのは外務省の重大な落ち度の結果だという批判である。戦後外務省内で奇襲開始の30分前に行われるべきだった交渉打ち切りの対米通告が、なぜ真珠湾攻撃の後になったのかの責任の所在について内部で調査が行われ、その調書は公表されている。滞米通告遅延で外務省のイメージは低下したが、筆者は大局的に見れば「何故遅れたか」に矮小化された「責任」追求は、歴史ストーリーとしては面白いが、ここで筆者が述べる「死後診断」とは異なる。「真珠湾の騙し討ち」は、ルーズベルト大統領の巧妙な国内宣伝で、対米通告も交渉の打ち切りであり宣戦布告ではなかったから、例え訓令通りに真珠湾攻撃の30分前に手交されていても、恐らくルーズベルト大統領は「宣戦布告のないだまし討ち」だとしたであろう。しかも日本軍のマレー半島上陸は真珠湾攻撃の2時間前に行われているが、筆者の知る限り英国はこの行為の国際法違反を取り立てて問題にしていない。また遅延の理由そのものについては、在米大使館の不手際に偏った見方ではなく、東京で電信局を抑えていた軍が意図的に発電を遅らせたという事実も出ていて、通告の遅れを当時の在米大使館の責任とするのはすでに適当ではなくなっている。[1] この事例でも判るように、具体的な事実の究明は極めて難しいことであるが、外交政策についての大局的な体制の責任についての「死後診断」はそれほど難しいことではないと思う。

日本では「あの戦争」の責任については、遂に一度も上記の英国におけるイラク戦争についての独立委員会の調査のような調査はなされていない。そのために「あの戦争」が東京裁判史観を受け入れるか否定するかの二者択一になってしまっていることは悲劇である。こういう大事なことですら批判されない風土の国で、筆者が日本外交を批判するのは酷ではないかという気もする。また国内官庁では重要な決定の記録さえも残されていないのに較べれば、不十分との批判も有るが、英国同様に30年ルールで外交記録を原則的に公表している外務省の情報公開制度について触れないでは公平を欠くと思う。また筆者の批判は、100%個人としての意見であり、扱った諸点は私の判断に基づいた選択であることも予めお断りしておく必要がある。ただ推測に基づく外務省は「伏魔殿」であるとか、国策が対米追従でけしからんというような視点からの批判ではない。

外交には国際情勢という与件や国内政治からの制約がある。また一般論として官僚の保身性というような問題があるので、筆者はあまり理想論を述べる気はない。外交における選択肢を重視する筆者の視点から、筆者は、できる限り客観的に、「より良い」対応がなされなかったと考える重要な問題に絞った。日本外交や外務省に優れている点も多々あるが、首題から離れるので敢えて触れていない。くどくどと前置きが長くなったことをお許し願いたいが、筆者は以下に(1)冷戦終了時の世界情勢の見誤り、(2)一般的な問題点として法律論の過剰、(3)情報記憶システムの弱さ、(4)北方領土問題への対応と(5)沖縄基地を巡る及び腰の対米外交の5点についての批判を述べることにしたい。

冷戦終了時の世界情勢の見誤り

イラク戦争で日本は130億ドルの財政的な負担を負いながら、米国から評価されなかったのみならず、当のクエートからすらも感謝されなかったのは日本外交の失敗であった。橋本蔵相が米国財務省と直接交渉を行って使用する為替レートのツメが曖昧だったとか、国内に軍事的な貢献を忌避する世論があったなどの事情があるが、筆者はその根底に当時の外務省に、冷戦終了が及ぼす歴史的な意義を見誤ったことがあると考えている。ある高名な学者が敗戦国から脱却出来るのは次の戦争で勝利者になることしかないと述べていたが、筆者はこれは現実主義的な卓見であると思う。その意味で米ソ冷戦において、ソ連が敗れたのは、自由世界の側に立っていた日本の勝利であった。この機会に日本がするべきだったのは、日本外交の立ち位置を改めて「戦後」が終わったことを明確にすべきだった。

筆者は冷戦終了時が独立回復時と並んで、主権を持つ国民が自らの手で、憲法改正を行うべき時期だったという意見である。筆者はこの時に日本は、敗戦国の立ち位置である憲法の前文にある「日本国民は……平和を愛する諸国民の公正と信義に信頼して、われらの安全と生存を保持しようと決意した」という思想だけでも改めて、「日本も平和愛好国で、そのために必要な貢献を行う」ことを明確にするべきだったと残念でたまらない。日本はイラク戦争の教訓を受けて、必要な国際貢献を行うという立ち位置に変わってきていることを考えると返す返すも残念である。最近漸く憲法改正を9条改正と同一視する考えは後退してきているが、日本人は民主主義国として国民が自らその憲法に意思表示をすることの根本的な意義を見失ってきたと思う。

当時の日本はバブルの崩壊で国内政治経済が危機的状況で、1989年6月の竹下内閣の退陣後、2001年4月の小泉内閣成立に先立つ12年間に9人の首相が目まぐるしく変わってい た時期である。この憲法下の外交であったから、この時期の日本外交の失敗を全て外務省に帰するのは酷ではある。しかし外務省の存在理由は、情報を入手整理して、世界情勢の変化に関して正確な認識を持つことである。9章で述べるように、冷戦終了に伴い米国は米国一極主義を志向し、その考えは米国紙にリークされ知れ渡っていた。またシンクタンクの提言などを精査すれば米国の政策方向は自ずから明らかだった筈である。明らかに外務省はこの潮流の大変化を深刻に理解し、日本の対応を考えていた形跡は皆無である。外務省には日本はハンディを抱える特殊な国であるから国際貢献も専守防衛の国是に背馳しない程度に限られるとする「ハンディキャップ国家」論が条約局出身の歴代次官によって堂々と主張されていた(2)。

毎年総理が変わる内政状況であったからこそ外務省は勇気を持って、時代を先取りする外交の必要性を国内に向け政治家に向けて説くべきであった。しかし外務省はそれとは全く逆に、条約局の守備的な発想で結果的には現状維持の惰性的な方針を続けた。栗山尚一次官は、湾岸戦争で必要になった貢献を、冷戦下の惰性的な発想で、自衛隊を一切海外に派遣しないという第1次ＰＫＯ法案を作ったがあまりにも「一国例外主義」で国際社会の対応と乖離していて与党の支持も得られずに挫折した。その後外務省は自民党の小沢幹事長が提示した「国連平和協力法案」を渋々受け入れたが、この法案も結局激しい社会党の抵抗で廃案となった。海部首相の見識と指導力の欠如は無残なほど明らかである。しかし冷戦終了後始めての侵略(3)であるイラクのクエート併合への国連決議に基づく武力行使への「集団安全保障」的対応を、従来の集団的自衛権不参加と混同した外務省の国際情勢認識の誤りの失敗は覆うべくもない。

法律論の過剰

筆者は外交の本質は、問題を平和的に解決することを目的とする妥協であるべきで、正義を実現することが目的ではないと考えている。また法の支配を普遍的にすることは重要であるが、あくまでも手段であり、相手の主張とできる限り折り合って、日本の国益を損なうことなく着地点を探ることが使命であると信じている。東アジアの地政学的に重要な場所に位置し、勤勉な国民の努力で経済力はあるが、軍事力を背景にしない国策を取っている国として、力で押し切ることはしないから、その外交には高度の判断力と交渉力が求められる。

国際法は法と呼ばれているが、まだ不完全な未熟な法であり、残念ながら国際法上こちらが正しいと思っても相手に強制力はない。最近の南シナ海の中国の領有権を巡る仲裁裁判について中国政府がとっている強硬な無視の態度を見れば直ぐに理解出来るであろう。相手との交渉において国際法の助けを求めることは良いが、それだけでは解決しない。解決を望むのであれば最後は政府が譲るべきところは譲るという政治決断をして、妥協することが必要になる。外務省は重要な外交方針や重要な交渉について、この全過程で政府、具体的には時の首相に、適当と考える献策をするのである。もちろん外務省は外国の主張だけでなく、関係官庁の意見や世論の動向も参酌して意見を述べ、総理の指示を待つのである。

外務省の献策は選択肢の形で示されることもあるが、大体一つの方針の形で首相に提示される。だから日本外交批判は、政治決定により外務省の献策が時の首相に退けられて失敗に終わった時以外は、殆ど外務省批判となることは避け難い。このことはメディアに報道される「総理の動静」をみれば、時の首相が毎週何度も外務省の次官や局長の訪問を受けていることからもよく判る。

筆者は外務省に籍を置いて内部で経験した時も、また退官後外部から観察しても、外務省は法律的な主張が勝ちすぎる嫌いがあると考えてきた。財政資金を支出する必要がある交渉において、大蔵省（現財務省）が「金は出さない」という姿勢を、しばしば原理主義的に主張したのと双璧である。「国際法」は弱きものにとり最後の拠り所である。しかし21世紀の日本は、幕末に高杉晋作が「万国公法」で国を守るといった時よりも遙かに強大な国である。筆者は日本外交が法律論に傾いた結果、人の心に訴える「訴求力」が欠ける嫌いがあると思う。ニコルソンは「外交交渉を行うものは、交渉相手の立場に立つことができなければならない」と述べているが至言と思う。この欠点が現れた例を具体的に述べれば、「慰安婦問題」への対応である。日韓基本条約で解決済み、国家機関による強制はなかったことに固執したが、この問題の根本的な側面は、「あの戦争」中に多くの日本人兵士がこれらの女性に慰安されたという事実の重みであると思う。間違った戦争であったとかいうことと関係なく、日本はこれらの女性に感謝するという視点が完全に欠落していたことは遺憾だった。法的な視点のみでなく人道性や「情」も当初から踏まえていたら、あのようなギスギスした展開となったり、誇大化が行われたりしなかったのではないかと残念である。筆者は外務省報道官の経験から、たとえば報道官が当初から「戦争中に日本軍兵士がこれらの女性から慰安されたことは事実であり、法的な立場に固執することなく、これらの不幸な女性が幸せな余生を送るように努めたい」という姿勢を示せなかったかということである。もちろん韓国側の背後に韓国挺身隊問題協議会（挺対協）のような政治団体があって、政府を突き上げているから、簡単な交渉ではなかっただろう。歴史に「若し」はないが、日本が当初から融和的な姿勢を取っていたら、韓国世論があのように挙国的な反日に染め上げられることはなかったのではないだろうか。同じように明らかに同情の余地がありながら放置されている問題にインドネシアの「兵補」補償の問題がある。戦争中日本軍の補助部隊としてインドネシア、マレー、ビルマ等で現地青年に軍事教練をして日本軍部隊に編入した。彼等の給料の三分の一が天引きで貯金されていたが、日本は「賠償で解決済み」として払い戻しをしていない。

外務省の姿勢が条約局ベースになったのには同情すべき理由がある。もう皆忘れているが、安保条約を巡る国会の審議は、当時の社会党の重箱の隅をほじくり、爆弾発言で政府を攻撃するもので、政策論議ではなかった。特に国際情勢が大きく変わっても、以前の政府発言との食い違いを見つけて鬼の首を取ったように喜んだ。メディアもこれを楽しんだ。その結果外務省条約局長や法制局長官の発言が前面に出ることとなった。「事情が変わりましたから、政策も変わりました」といえない状況が長く続いた。再度ニコルソンの引用で恐縮だが、彼は「外交官の中の最悪の部類は、宣教師、狂信家と法律家である」といっている。この本は外交官論をしているのではないのでこれ以上は述べないが、興味ある方には、教養豊かな優れた外交官の矢田部厚彦の『職業としての外交官』をお勧めする。(4)

歴代外務次官に条約局長出身者が少なくないが、日本外交に及ぼした影響という点では、1989年から1995年まで三代に亘る外務次官が連続して条約局出身者であったことの影響力は少なくなかったと考える。条約局は基本的にアドヴァイザーであり、ゴールキーパーのような防御の役割で、「国会で言質をとられない答弁技術には長けていても、新しい発想で外交に新機軸をもたらす才覚」(5)は期待出来ない。

不幸にしてこの時期はベルリンの壁が崩壊し、ソ連邦が解体し、米国が一極支配構造の構築を始め、イラクがクエートを併合し、湾岸戦争が起こるという50年に一度の世界の変革期に相当していた。ドイツはコール首相の元にドイツの統一を実現したのに比すると、米国が日本を主敵と思うという大間違いを冒した時期ではあったが、日本は湾岸戦争への対応で後れを取り、更に外務省の評判を決定的に落とした「機密費流用事件」が起きている。

情報・記憶システムの弱さ

法律に頼る外交には弱点がある。際立った弱点は、交渉が受け身になり勝ちになるということである。島の領有権を争う時にはその島についての過去からの情報が極めて重要な材料である。同じように交渉事においてもそれに関連してどういうような交渉が行われたことがあるかまたいかに解決したかなどの情報が重要である。特に類似の問題について他国がどう解決したかの情報は極めて重要である。

交渉者がこういう情報を利用できるかどうかは、その組織に記憶システムが存在しているかどうかに懸かっている。交渉においては双方ともに、相手の弱点を突いたり、争点を外したり、その国が、または第三国が、類似の事件をどう解決したか等々あらゆる情報を綜合して、妥協するか、示談に持ち込む（経済協力案件として解決）とかあらゆる策術が弄される。そのためには情報の整理、人脈、相手の狙いや動機等についての過去からの情報が重要となる。商売の世界でもそうであるが、会社には生き字引と言う存在がある。「あの会社の誰それさんは、昔こういうことがあった人で、身内がお偉いさんで、上手く片付けた事があります」などという情報が意外に解決に役立つそうだ。外務省でもかつては経済交渉についての生き字引、海洋、漁業問題についての生き字引という人達がいた。こういう人達は交渉の進め方などに貴重なアドバイスをしてくれた。だが生き字引がいなくなると情報も共に消えてしまう。組織として情報を保存整理管理するシステムが重要である。その関連で日本の外務省に極めて不足しているのはいわゆる個人ファイル（dossier）である。これは交渉や接触した重要人物についての記録である。特に在外公館では大使は情報入手や社交の場で、その国の各界の要人や外交団の同僚と公式、非公式に無数の接触を持つ。その中から重要な情報を聞けることがある。筆者の知る限り英国、米国等アングロサクソン系の外務省には、その時の相手方の印象、その人の持つ特異なコネクションや得られた情報の信頼度等を記録している。そしてその記録が外務省全体の中で共有されているのである。筆者がローマに大使として赴任した時に、前から駐在しているアメリカの大使を表敬訪問した。この頃廃れているけれども、古い外交では大変に必要なことであり、任地に着任後全ての国の同僚外交官を訪問するのである。そして昔は必ず先方からお返しの訪問があったものである。この頃は何処の国の外交官も仕事が多すぎてこの慣行は廃れているが、重要な国については今でも海外の大使は表敬訪問を必ず行っている。筆者がその日、米国大使を表敬訪問し初対面の挨拶をした時、彼は一枚の紙を前にしてニヤニヤと笑って「あなたは随分タフな人だそうですね」という。その紙は私についての米国国務省の個人ファイルだったのだろう。「必要な時は相手にパンチを食わすことも躊躇しないそうですね」という。私は相手にパンチを食わす失礼な外交官失格者ではないが、心当たりはあった。ローマ赴任の直前の仕事であった外務報道官の時に、アメリカの新聞記者のオフレコ破りを咎めて、日本外務省では稀有なことであると思うが、記者会見に暫く出入りを差し止めたことがある。そのことを指している事は明らかであった。それ以外にも私がアメリカの外交官と議論をした時に、そういう印象を与えたのかもしれないが、その紙を見せてもらえなかったからわからなかった。しかしいずれにせよ、新大使が着任するときに、その大使についての情報を本国から在外公館へ送っているシステムには深い感銘を受けた。実は筆者自身若い頃官房に勤務した時に、在外公館において人脈のファイルを作ることの重要性を感じていたので、その国の要人の個人ファイルを整備する仕組みを作った。そして筆者自身ある国に在勤中、必死になって夜仕事が終えてから遅くまでオフィスに残り、接触した要人の個人ファイルを作って置いた。何年か経ってその国に出張した時にファイルがどうなっているか聞いたが、どこにも見当たらないという返事だった。本省官房で省内決済を取って作ったシステムでは、在外公館の査察において個人ファイルが整備されているかを査察の対象に含めて大使の勤務評定の一つの材料とすると歯止めを作って置いたにもかかわらずである。

インテリジェンスの世界では、公開情報の中から90％の真実が得られるといわれている。また同じような事件が時を置いて再発することが極めて多い。一時筆者が分析課長の仕事をしていた時に、在外公館から入ってくる膨大な情報の要点を整理してまとめて記録することをしていた。その作業をしながら驚いた事は、現在起こっていることと同じことが過去の情報に記録されていることであった。例えばある地方で反乱が起こったときの部族長は10年前の時も同じだった等々。外務省にはおびただしい情報と交渉の報告が入ってくる。ほとんどの情報は整理されないでファイルに入って一定の時期が来れば廃棄される。一例を挙げよう。空前の偽書である「田中上奏文」の影響を歴史的に詳細に研究した服部龍二は、その著書の中で２００５年に在中国大使館の広報センター長の井手敬二公使が中国メディアにこの文書は日米の学会で偽書として扱われている旨を指摘し、若干の反応があったことを知ったので、外務省に情報開示請求を行ったが、「反論の書簡や、意見交換に関する報告の公電は、文書管理規則上の保存期間は1ないし3年であるので、保存期間を満了した段階で廃棄処分されたと思われ、対象文書は見つからなかったので、『不存在』となった」旨の回答を得たと書いている(6)。

確かにあまりにも多くの情報が外務省に入ってくるので、会議の報告などは直に廃棄されることもある。今問題となっている尖閣諸島の発端は1970年に当時エカフェと呼ばれた国連の地域委員会の下の小さな作業部会に報告された東アジアの海底資源の調査報告である。たまたま筆者はその会議の日本代表であったので急いで公電で本省に報告した。ただ長い会議の模様の報告の中で報告したので、電信料の無駄遣いだと当時の牛場外務次官からお叱りを受けたことを鮮明に記憶していた。30年ルールで情報が公開されている筈だと思い、外交資料館で筆者が書いた報告電報を見たいと希望したが、既に廃棄されていたらしく存在しないようであった。考えてみると今この問題が日中関係でこれだけ重要になっていることを考えるとこういうことで良いのかという気がしないでもない。

中国は謀略や宣伝工作の巧みな国である。「三国志」の時代から中華民国の時代も現代の共産党政権でもその体質は不変である。中国共産党の工作は「友好人士」を育てて、あらゆる便宜を図り、影響力の浸透を図るという、ある意味ではどこの国の外務省でもやっていると同様なことを、極めて組織的に意図的に大規模に進めることに特徴がある。近年では対外文化工作組織としての「孔子学院」の活動が欧米で問題となっている。このやり方については欧米の研究でも早くから指摘されている。また最近ではマイケル・ピルズベリーが反省を込めて「China 2049」の中で詳細に述べている。

日本の与野党を問わず中国から政治家への働きかけは激しく、元総理がハニートラップの被害を受けたことすら報じられている。外務省はその危険を指摘しなければならない立場であるにも拘わらず、親中でないと中国語専門家は出世出来ない状況が出来ていた。親中は結構であるが、中国が策略を巡らす国であることの認識を持っているかいないかで、その意味は180度異なる。筆者は一時期の中国語専門家が、その認識に欠けて、対中政策における選択肢を示さなかったことを残念に思う。

筆者はニューヨーク総領事着任直後に、昭和天皇が崩御されたが、ニューヨーク・タイムズ紙に昭和天皇の戦争責任を追及する全面広告が掲載されるなど在米中国人団体による昭和天皇批判の大合唱を経験した。各方面の情報を綜合すると、在米の中国人留学生等で中国共産党と関係の深いグループが裏に存在するということであった。ご大葬の時の弔問記帳の受付に当たり、最も心配したのは雑居ビルに入っている総領事館が、三日間に亘りビルのポールに掲げる半旗に非礼な行動が取られることや、大勢の弔問客の弔問に当たり天皇の遺影に失礼なことが行われることを如何に排除するかであった。こういうことは未然に十分の手配をすべきで、起こってから騒いでも仕方ない。中国で愛国無罪の暴徒により公道で大使車の日本国旗が踏みにじられたことがあるが、率直にいってこれは大使の側にも相当の非がある。外務省を公式に訪問するならいざ知らず、普段はそういう危険がある時には国旗を掲げない方が良い。時と場合により大使は適切な判断をしなければいけない。危険のあるような状況下では、絶対に大使車に国旗を掲げなければならない時を除いては、危険を招いて国旗が辱められることは回避しなければいけないと思う。こういうことを外交官は経験から学ぶのであるが、反日の中国での民間出身の大使のあの場合に、儀典を扱うのは経験のない駆け出しの外交官であったのが禍の元であった。筆者が駐伊大使の時には、イタリアで日本国旗が辱められることは考えられないが、何となく気恥ずかしいこともあり、国旗を掲げるのはどうしても必要な時に限った。目的地の近くまで行ってから掲げたこともあった。

米国における中国の情報戦組織は第二次世界大戦中から中華民国によりさまざまな意図的な発信がなされてきた。筆者はその流れがいつの間にか中国共産党の組織と合体して行ったと考えている。この問題についての諸情報を外務省で継続的に追尾していれば、かなり対応が易しかったのではないかと思う。問題意識としてここに書いて置く。

北方領土問題への対応

筆者が日本外交の批判として北方領土問題への対応を挙げるのは、日ソ・日ロ関係の中でこの問題が占める比重が高すぎたということである。敢えて較べれば、アルゼンチンがフォークランド（マルビナス）島問題が有るから英国との関係を冷却化するとでもいおうか。多くの日本人は、竹島が韓国に占拠されているから、対韓関係は疎遠で良いとは考えないであろう。率直に言って、対ロシア関係の中で北方領土問題が果たしてきた作用は異常ともいえるほど過大である。１９５０年代に国際社会への完全復帰の必要性とか漁業問題からソ連との関係を正常化する必要が有った日本は、一度歯舞諸島と色丹のみの返還で国交正常化を覚悟した歴史的な経緯を振り返ると、その異常性が理解出来るであろう。日ソが二島返還で国交を正常化するなら米国が沖縄を返還しないこともあり得ると匂わせた「ダレスの恫喝」が半世紀以上も日ロを離間させるのに有効だったのは驚異的である。国交の下部構造である貿易・経済関係の希薄さ等の理由があったとはいえ、不思議なことである。もちろん非が日本にあるのではなく、ソ連・ロシアの硬直的な姿勢が解決を妨げて来たことはいうまでもない。

北方領土問題は米ソ冷戦時代には解決は困難であったと思うが、冷戦終了後もロシアが硬直的な姿勢を継続したのは賢明でなかったと考えている。ロシアがこれほどの硬直外交でなく、もう少し早く妥協の意思を示して、何らかの解決が出来ていれば、既に樺太から北海道までのパイプラインは出来ていて、日本は現在の10％程度でなくもっと大量の天然ガスをロシアから輸入していたであろうし、もしかすれば北海道から樺太、更にはユーラシア大陸への循環トンネル建設もそろそろ現実性を帯びていたかも知れない。少なくとも多くの観光客が樺太からシベリアに訪れ、宿泊施設やインフラが経済を活性化していたことは間違いない。四島を解決済みとしていた旧ソ連時代の思想に固執したために、ロシアが多くの経済的な利点を上げ得なかったのはロシアの大きな失策といえる。

ただ日本の側がもう少し柔軟に妥協の余地を示していれば、ロシアの対応も変わっていたかも知れないと思う。多くの日本人は「北方四島は戦争が終わってから不法に占領されたもので、四島耳を揃えて返還することが当然である」と信じ込まされて来た。この問題で妥協を唱える者は国賊であるというような雰囲気さえ感じさせる。その意味ではこの問題についての日本外交の失敗は、外務省の責任というより国民的なものである。日露戦争、シベリア抑留、冷戦時代の威丈高な対日姿勢など日本人にとってこの北方の熊には、愉快でない思い出が満ちているとはいえ、日本人のロシア嫌い、不信感は度を越している。メディアも大方は反ロで、親ロ政策に市民権が与えられることはなかった。

筆者は過去は過去として、これからの厳しい国際環境の中で、日本が北方領土問題の存在があるが故にロシアとの関係を改善出来ないと言うのは目的と手段を取り違えていると思う。領土問題の解決が日本の対ロ外交の目的で、解決するならば無理しても関係を改善するというのか、ロシアとの関係改善を重視するのが目的で、その目的を果たすために領土問題を「片付ける」かの違いである。「片付ける」やり方は、満足すべき解決、断念、先送りと選択肢がある。半世紀以上も「法と正義」を求めてきた日本には、国内世論からも「断念」するという選択肢はあり得ない。他方ロシアがすんなり「四島耳を揃えて返還」することは夢である。現実主義の立場に立てば、ある種の先送りで大目的たるロシアとの関係改善を実現するという姿勢が適当である。河が澄むのを100年待っても水は呑めないかも知れない。濁った河で取れる魚を捕った方が賢明である。

経済的には日本は自由貿易であるから、どこからでも資源を買うことが出来た。筆者はロシアの方が得べかりし利益を実現出来ないで来たから失ったところが大きかったと思う。ただ21世紀の日本の安全保障という観点から展望すると、筆者は中ロのこれ以上の接近の回避、エネルギー供給源の多角化の実現のために、日本は柔軟性を発揮することで国際政治、経済上の選択肢を広げることが可能になると考える。筆者の考えの詳細については本書の12章で述べるのでここではこれ以上触れない。ただ不可能と見られていた東西ドイツの統一を可能にした、ドイツの現実主義的でしたたかな外交に比較すると、率直に言って永きに亘る「棒をのんだような」日本の対ロ外交は見劣りがすると言っておこう。

もちろん「天の時」が来ていない時に一方的に柔軟な姿勢を打ち出しても、相手につけ入れられる結果に終わるのは目に見えている。政府関係者が解決に功を焦るのではなく、世界の趨勢、相手の事情等を見極めて、解決の機が生まれていると判断される時には、果断な妥協を惜しんではならない。今や日本国民も長期的にロシアとの間に良好な関係を持つことに強い異論はないであろう。経済、貿易、エネルギー供給等の面での互恵的な関係の発展、そのためにビジネスの世界での信頼関係の構築も重要である。90年代の初頭、エリツィン政権時代に生まれた解決の機運が、日ロ両国の国内政情の不安定で立ち消えたのは「天の時」が不十分だったのであろう。今生まれつつあるように見える日ロ関係改善の機会を、感情論や過度のロシア不信感で失ってはならない。

沖縄基地を巡る及び腰の対米外交

そもそも日本における米軍基地は日本が求めたものではない。平和条約の締結という国家的な悲願の実現のために、時の吉田首相が全責任を負う形で、独立回復の代償として受け入れたものである。厳しく言えば当時の米国にとっては、沖縄は米軍が多大の血を流して獲得した米国の獲得物とでもいうべきものであったであろう。しかしそれから70年の時間の経過は、その間の様々な日米間の協力、葛藤を経て、米軍の基地は今や米国の既得権ではなく、日米両国の合意によって承認されるべきものとなっている。また基地に常駐する米軍の規模も性質も時代とともに変わってきている。沖縄返還のときに不可能と思われた核兵器も撤去された。沖縄に存在する米軍基地は、日本の防衛よりも今や米国の世界戦略の中での位置づけが重要になってきている。米国の国防戦略が中国の台頭を前に変化を迫られている現在、沖縄基地の存続が米国にとり戦略上必要なら、米国は沖縄県民の意思をもっと考慮に入れねばならないことを日本政府は米国に理解させねばならない。

一般に2009年に成立した民主党政権の鳩山首相が「普天間基地の移転先は最低でも県外とする」という政策を取ったのは民主党にとっても致命的な失敗だったという結論になっている。孫崎亨はこの決定に外務省、防衛庁が反対する工作を行ったとしている(7)。筆者はその間の事情を承知しないが、あれ以来10年が経過しているが、辺野古への移転は依然として実現していない。そして米軍基地を巡る沖縄県民の反対感情は既に危機ラインを越えている。外交に継続性が大事なことは当然であるが、政権交替により外交方針が変わることがあり得ることは、しばしば目撃するところである。これほど困難な沖縄県内の移転であるならば、なぜあの時日本政府は新首相の意向を体して、米国との間に既存の路線の再検討の交渉を持たなかったのか。もちろん鳩山首相が本土における移転先を見いだせなかったという政治責任は許せないほど大きい。しかし若し外務、防衛両省がその後10年以上経っても依然として不可能な問題であることを承知していたのであれば、政権交替の機会に米側の希望を絶対的なものとして新政権に飲ませるよりも、逆に政権交替の機会に米側の反撥を受けても米側の姿勢の変更を求めるべきでなかったか極めて率直な疑問が残る。基地は米軍部内の既得権益でもあり、米側も日米関係を危うくさせるよりも国防省内の調整を図ることを選択することもあり得たであろう。筆者は完全な部外者であるので結果から判断するしかない。しかし沖縄県民の政府への信頼関係は、日本における希有ともいえる政権交替の機会に、政府が沖縄県民の意向を反映した行動をとっていたら、今よりも少しはましなものになっていたであろう。

安保条約の将来に日本国内で最も先鋭な危機意識を有し具体的な意見を表明したのは、外務次官を務めただけでなく、岡崎久彦と並び外務省切っての愛国的な論客だった村田良平であろう。彼は末期ガンの苦痛の中で、絞り出すように日本の若者への遺言を書いた。『何処へ行くのか、この国は』の中で、彼は切々と日本がどうしたらアメリカから自立出来るかを論じている。同氏は筆者が最も尊敬する先輩で、本省と在外で幾度も苦労を共にした。偶々筆者は彼の最後の著作について、体力の弱まる彼のこの本の出版のお手伝いをした。激しい身体的な苦痛に拘わらず、彼の論理と分析が最後まで明晰であったのには驚嘆した。

村田良平は「ある日米国が自らの利害を計算の上安保条約を廃棄する旨通告して来て日本が狼狽する事態は最悪である」ので、むしろ「日本の防衛体制を日本独自のものとするとの前提で」、日本から安保条約を20年先で終了する旨日米間で合意し、その間に米国の日本における基地を合理的な基礎のもとに位置付けることを主張した。(8) この主張は大きな反響を招くと危惧していたが、国内では全く話題にすらもならず、反響がなかったことに驚いた。

いうまでもなく沖縄は琉球王国を日本が吸収した地域で、元来日本は特別の配慮をしなければならない地域であるのみならず、「あの戦争」で激しい地上戦が戦われ、住民に苛烈な被害が出た地である。日本軍の玉砕により沖縄戦が終わるに当たって自決した大田実沖縄根拠地隊司令官の海軍次官に宛てた決別電報は涙なくしては読めない。その最後の「沖縄県民かく戦えり。県民に対し後世特別のご配慮を賜らんことを」という痛切な言葉を、本土の日本人は絶対に忘れてはならない。日本外交で沖縄県民の希望に最大限に配慮した外交を行うことは、日本政府の道義的な責任である。筆者はこの観点からこれまでの日本外交は米国に及び腰過ぎたと考える。

トランプ登場と「対米追従」外務省批判

最後にいわゆる対米追従の問題について一言述べておきたい。戦後一貫して日本が米国と密接な関係を保持し、その対外路線に沿った外交を続けて来たことに対米追従の批判がなされることがある。独立回復に際して、全面講和か単独講和かという単純化された二者択一の選択肢が提示され、国論が割れた。単独講和と謗られたが、実質は共産圏諸国を含む講和か、自由民主主義国群との多数との講和だった。その後の冷戦の激化から、全面講和は非現実的で、占領が相当長く継続する結果を招いたであろう。いわゆる吉田ドクトリンによる、軽武装経済発展の路線は日本の平和と繁栄を齎したから、国家基本路線の選択としては賢明だった。

トランプ大統領の顕著な米国利益追求の主張から、日米安保関係の将来に関して色々な議論が出ている。この際に「対米追従」を止めようという主張が、国内の愛国的右翼からも極左的な勢力からも、期せずして現れる可能性を感じる。米国との関係で諸外国が悩まされるのは、米国の対外政策の振幅が激しいことである。米国が強大な時は自由と人権、民主主義、米国主導のグローバリズムなどの価値観を宣布するという宣教師的外交がなされ、米国が弱い時には負担分担が強要されるという関係になることである。日本については米国は「庇護者」から「対立者」へとこれまた頗る振幅が激しかった。筆者は前章で述べたように、多くの国が自国優先の政策を取ることが予見される現在、日本も自国の利益を最優先にした自立政策を指向するべきだと思うが、現実的でない情緒的な反米論には危険があると考える。外務省批判に「対米追従」を加えなかったのはそのためである。外務省は日本も日本の国益を自主的に追求すると共に、これが米国の利益でもあると説得する観点から、緊密な日米関係を今後も自信を持って維持してもらいたい。

〔註〕

(1) 井口武夫「開戦神話」中央公論新社　2008年

(2) 村田良平「なぜ外務省はダメになったか」扶桑社　2002年　29〜32ページ　212〜220ページ

(3) 手嶋龍一「1991年　日本の敗北」新潮社　1993年　136〜165ページ

(4) 矢田部厚彦「職業としての外交官」文春新書　2002年

(5) 矢田部前掲書　219ページ

(6) 1927年7月時の田中義一首相が昭和天皇に宛てた上奏文とされる文書で、中国に対する侵略計画である。日本では当初から偽造であると言うことは自明であり，今では英米の学者の間では偽書であることは通説になっているが、中国、ロシア、台湾では今でもその実存が信じられている。　服部龍二「日中歴史認識『田中上奏文』をめぐる相剋　1927〜2010　東京大学出版会　2010年　286〜288ページ

（7）孫崎亨「戦後史の正体　1945〜2012　創元社　2012年　357〜358ページ　および「日本外交現場からの証言　創元社　2015年　58ページ

（8）村田良平「何処へ行くのか、この国は」2010年　ミネルヴァ書房　132〜133ページ

第3部　自立した日本外交と安全保障戦略

9章 21世紀の日本の安全を守る選択肢

この70年が特殊な時期だった

人間はどうしても惰性でものを考えがちになる。継続には安心感がある。国内政策でも最近は漸く「変化」が叫ばれたり、規制緩和が求められたりする。安全保障の分野では特に継続が大事で、一国の基本の安全保障政策が突然一夜にして変わるなどということはあり得ない。だが国家には興亡がある。隣に強大な国が勃興する時には、諸隣国はこれにどう対処するか考えなければならなくなり、しばしば戦争となった。19世紀後半から20世紀にドイツの勃興でヨーロッパは幾度も戦火の巷となった。アジアでも日本の勃興で「あの戦争」が起こった。これからの最大の関心は中国の勃興が戦争に導くかである。

筆者は7章「トランプ・ショックで変容する世界の中の日本」で、各国がますます自国本位の行動を取るようになる中で、日本がどのような立ち位置を迫られるかについて論じたが、この章ではそれではこれからの世界でどう日本の安全を守るかについて、惰性的な考えを排して、どのような選択の幅があるかを考える。あえて常識的には不可能と見える選択肢も一応組上に載せた。

まず最初に指摘したいことは、1945年の敗戦から今日に至る70年余の時期は、日本の安全保障の見地からは極めて特殊な時期だったという認識の重要性である。歴史始まって以来始めての敗戦とその傷跡に呆然となった日本人は戦争を嫌悪した。日本を倒した米国も日本の復讐を恐れて、徹底的な日本改造を行ない、日本を保護する立場をとった。時の政府がいかに危険を説いても、平均的な日本国民の目には、隣国が日本の国土に侵攻してくる可能性は現実的に極めて乏しいと映っていた。冷戦時代に日本は自由主義陣営の一翼を担っていたが、ソ連が日本を侵略すると思う日本人は少なかった。むしろ過半の日本人は、日本がアメリカの戦争に「巻き込まれる」危険があると考えていて、日米間に軍事的な「同盟」関係があることにも目をつぶった。1981年の鈴木善幸首相の発言に良く表れている(1)。

冷戦がソ連の崩壊でアメリカの勝利に終わった1990年から1991年に掛けて、米国は圧倒的な軍事力を温存して、「平和の配当」を満喫すべく、米国の一極世界支配継続の戦略を立てた。ペンタゴンの機密文書「1994年から1999年のための国防プラン・ガイダンス」は作成後、何者かによってニューヨーク・タイムズ紙とワシントン・ポスト紙に意図的にリークされて、米国内と国際的に大反響を巻き起こした。その内容は「アメリカ一国のみが卓越した軍事力を独占して、ロシア、中国、ドイツと日本はアメリカの潜在的競争国として、これらの国がグローバルないし地域的な役割を果たすことを積極的に阻止する」という信じられない内容のものだった。[2] 恥ずかしながら、筆者は寡聞にしてこの意図的にリークされた機密文書が日本で大きな注目を集めたとは承知していない。

21世紀に入った直後の2000年に米国において衝撃的な9・11の同時多発テロが起こった。米国本土が始めて外敵からの攻撃を受けたのである。米国の政策において「テロリズムとの戦い」の側面が正面に出てきた。その後の中東における一連の戦争や米国が経済・金融グローバリズムを世界に強要したことを見ると、米国が一貫して米国の一極優位の政策を追求していたことが判る。特に冷戦終了後の日本との関係では、その傾向が著しかった。筆者は冷戦崩壊時からブッシュ（父）大統領のクエート奪還戦争の頃までニューヨークに総領事・大使として勤務した経験から、米国の日本警戒感と日本への攻撃性の強さを身にもって経験している。当時米国朝野が三菱地所のロックフェラー・センター買収に金切り声をあげたことと現在中国資本がニューヨークのウォードルフ・アストリア・ホテルを買収しても全く違和感を示さないことの間に隔世の感を感じる。(3)

この米国一極支配戦略の中で、湾岸戦争のような遠隔地への「国際貢献」という形で、日本の軍事的な行動の可否が国民の前に提起された。米国も日本政府も、中東のエネルギー資源に依存する日本は、石油の流れを確保するために積極的に貢献する必要があると主張した。国内には相当の違和感を抱えたままに、掃海艇の派遣、洋上給油活動等の極めて限定的な軍事的行動が行われた。イラン・イラク戦争、湾岸戦争が終わり、石油の過剰時代が訪れた今日、新しい問題として中国の台頭に伴う、タンカールートの確保の問題が浮上している。

何れにせよ、日本は米国の庇護の下にあったし、それがどういう戦略の下で行われるかは特別に問題視されず、日本では「核の傘」の継続は歓迎された。アメリカの意図に対してはそれまでの同盟国であった欧州主要国では深い危惧が表明されて、多くの国が従来の路線の変更を模索した。しかし90年代の日本はこのような高邁なことを論じる余裕は全くなかった。日本経済はバブル崩壊の余波で低迷しており、国内の関心は選挙制度改革と政治資金の規制問題と経済問題に集中し、内政は混乱を極めていた。1989年6月の竹下内閣の退陣後、2001年4月の小泉内閣成立までの12年間に実に9人の首相が誕生している。更には約5年半に及ぶ小泉内閣以降も6年間に6人の首相が目まぐるしく交代している。その中では政権の交代も起こり、与野党ともに日米安保体制の堅持の姿勢を取った。象徴的なのは1994年社会党出身の村山首相がいとも自然に、自衛隊を合憲とし、「日米安保条約を堅持する」と述べたことである。爾来共産党以外のあらゆる政党は、明示的ないし黙示的に、日本の安全保障については米国に依存すれば十分という考えである。

このように米ソ間の冷戦の勃発と継続という国際情勢の変化の結果、敗戦後から80年代末にソ連のあっけない崩壊で冷戦が幕を閉じるまで、日本は実質的な米国の占領の継続と庇護の下にあったので、安全保障について基本論議はなされなかった。その後も基本的には日本は「安保条約堅持」のコンセンサスのなかで、可能な限り米国の行動と同調してその役割を果たせば良いということで、最近まで真剣な安全保障戦略を議論することがなかった。日本人が、自分の国がいかなる理由で軍事力を保持する必要があるかという基本的な議論を、国民レベルで真剣にしないで今日まで来れたことは驚異的である。

冷戦終了後20年経った現在、米国は最早世界を単独で支配するという力はない。「強いアメリカ」「アメリカの指導力」が強調されているとはいえ、2016年の大統領選挙の民主、共和両党の内向きな選挙綱領を見れば、時代が大きく変わったことが判る。戦争の形態も大きく変わってきている。陸海空の軍事力が対峙し、衝突するという伝統的な戦争が今後起こらないという保証はないが、軍事行動はサイバー戦争、ミサイルや無人機による攻撃、部族間対立、内乱への介入等の状況にどう対応するかに変わってきている。テロとの戦いは通常戦力とは次元が異なる対応を迫られる。日本の立場から安全保障上必要なことも様変わりし始めている。国際の平和の維持についても、今後は米国が主導する軍事活動に日本が参加を求められるというパターンが頻発するとは予想されない。日米同盟への貢献というより、国連のＰＫＯ活動への参加が一層重要になるかもしれない。要するにこれまでの路線の延長だけでは日本の安全保障は確保出来ない状況が生まれて来ていて、トランプ大統領の登場は、米国一極支配の「特殊な70年」が終わったことを劇的に示したといえよう。繰り返しになるが、日本は今までを特殊な時期と認識し、自分の判断で日本の利益を第一にした安全保障戦略を構築しなければならない。

安全保障政策は「仕立てる」もの

一国の安全保障政策はその国の置かれた諸状況を基礎に作られる。すべての国に妥当する普遍的な安全保障政策などは存在しない。国際連合は国際の平和を保障する組織としては、まだまだ全く未熟である。安全保障政策はその国の背丈に合ったテーラーメードでなければならず、また時代とともに変わるのが当然である。脅威認識が一致して、多くの国が同じ服を身に着ける時はＮＡＴＯのような大型の同盟関係が成立する。ただＮＡＴＯは前提に加盟国間に文化の共有、脅威認識の共有が存在する。東アジアではこの前提が欠けている。軍事的に急速に台頭する中国を前に、韓国、ＡＳＥＡＮ諸国の動きはまちまちである。

日本が安全保障政策を「仕立てる」に当たっては、先ず現実に存在する日本への軍事的な脅威および将来に予見される脅威を、どう認識するかが出発点である。

検討を始める前に、幾つかの常識的な前提を述べておきたい。第1点は脅威の存在の認定に当たっては、攻撃能力の有無と攻撃意思の有無を区別しなければならない。潜在的な敵国の側に、攻撃能力と攻撃意思の両方が存在して始めてその国からの脅威は現実性を帯びる。両方があって初めて十分な脅威の条件が存在し、対応の必要が生まれる。第2点は、国際関係において歴史的に見ても、考え得る最悪の独裁者といえども、あたかも小学校で銃を乱射する狂った人物のように、無意味な軍事行動に出ることはない。ヒットラーでも『我が闘争』で述べられているような、具体的な目的のために近隣諸国を攻撃した。日本は好き嫌いの感情に目を曇らせることなく、隣国の目的を冷静に見極める必要がある。第3点は国家指導者が意図しないのに拘わらず、出先機関が独走したり、意図しない偶発的な国境紛争や海上ないし空間での小競り合いが大規模な軍事紛争に拡大する危険の存在である。第4点は戦争を意図しないが軍事力の示威や、相手の意思や能力をテストしようと軍事的な行動が取られる可能性があることである。さらには第一次世界大戦が始まったように、テロリストの行動が一瞬触発的な緊張状況の中で戦争を触発する可能性もあり得よう。

脅威認識――ロシアから台湾まで

このような前提を置いて、筆者は北から南への順序で日本への脅威の程度を考えて見る。日本政府がどう認識しているかは「国防白書」に詳述されているので、繰り返しは避けて、ここでは常識的にはなるが、後の議論を導き出す筆者の判断を述べておくに留める。

まずロシアであるが日本に軍事的な攻撃を仕掛けて来る能力はあるが、それによって何を得ようとすることが考えられるだろうか。寧ろロシアは国益上日本とは友好関係を維持することを希望し、軍事的に事を構える可能性はないと想定して良いであろう。安倍対ロ外交は、基本点にこの認識に立った日ロ関係改善政策である。

次の北朝鮮については、日本との間に韓国が存在し、日本の脅威となる海、空軍力は欠如しているが、急速に核兵器と中距離のミサイル開発を進めていて、日本にとって重大な脅威となりうる。核弾頭の開発も進めており極めて危険な存在である。完全な独裁専制国家で、国家意志決定過程も全く不明である。日本を攻撃する意図の有無に係わらず、可能な限りの備えが必要である。しかしながら専守防衛の日本側に反撃能力が全く無いので、日本の安全保障にとっては非対称で極めて不利な状況である。米国の抑止力と有事の際には米国の反撃力に依存せざるを得ない。

韓国については、民主主義国家としての透明度があり、竹島の帰属についての対立はあるが、韓国が占拠していて、日本は紛争を武力で解決しないという国是があるから、これを武力で奪還することはあり得ない。韓国との間に武力紛争が発生する可能性は無いと見て良い。

中国については、尖閣諸島の領有をめぐって対立があり、日本の実効支配に様々な挑戦が現実に行われており、日本の固有の領土である離島が奪取される危険性が存在する。遅ればせながら、日本側で海上保安庁の巡視船の増強、沖縄の先島に陸上自衛隊の常駐が行われている。

中国の軍事予算は表向きＧＮＰの２％程度であるが、経済力の急進によって軍事力は飛躍的に向上している。岡崎久彦が指摘するように、現在の中国は建艦競争に乗り出した第一次世界大戦前のドイツに類似していて、経済成長だけで国際政治のバランスが崩れる事態を招いている。(4)

驚くべきことに日本の防衛予算は１９９７年以降２０１２年に到るまで前年比で漸減してい

て、この間中国の軍事予算は毎年2桁の伸び率で伸びている。その結果、中国の海軍力は急伸し、その空軍力は日本の航空自衛隊を既に相当に上回っている。中国の軍事力増強の当面の目的は、対米核抑止力、九州沖から台湾を含みボルネオ島にいたるいわゆる「第一列島線」内への米国の空、海軍力の「アクセス拒否」であると思われる。現在中国側に日本への本格的な武力攻撃の意志があるとは思えないが、国家意志決定過程が不透明であり、意思は瞬時にして変わり得るので、中・長期的に見て日本にとり巨大な潜在的な脅威となり得る。現在相当数の揚陸艦を保有するが、台湾侵攻目的と見て良いだろう。対日攻撃目的の渡海作戦能力の開発には厳重な注意が必要である。中国は日本を破壊するに充分以上の核攻撃能力を持つので、「専守防衛」の日本には抑止力も対抗能力も無いので、米国の抑止力に依存する以外の方策を持たない。また大規模な武力戦争に至らない、偶発的な衝突はいつでも起こり得るので、これを回避するための日中両国間のメカニズムの構築は急務である。

フィリッピン及び台湾との間には、軍事抗争が発生する可能性は考えられない。

日本が巻き込まれる危険性

日本が軍事衝突の直接の当事国にならなくても、近隣地域の軍事衝突に巻き込まれる可能性はどうであろうか。

朝鮮半島において軍事的な衝突が発生する可能性は排除されない。日本の国是から日本がこれに積極的に関与することはあり得ないが、同盟国である米国がどう関与するかは不明で、日本に決定権はない。しかし同盟国の日本の周辺地域での軍事活動をなんらかの形で支援することが必要になる可能性がある。第二次安倍内閣の下で、個別的な自衛権では説明できないこういう周辺の地域での日本の軍事行動について、状況を具体的に限定する作業をした上で、安全保障法案が国会で議論の末に成立したことは基本的に前進といえる。

台湾については中国が軍事行動にでないという保障はない。米中国交正常化にも関わらず米国は台湾関係法により台湾に武器を供与している。アメリカは台湾の防衛義務はないが、台湾の地政学的な重要性や台湾住民の中国支配への反発を考えると、状況次第では軍事介入の選択肢も維持している。トランプ大統領も共和党の選挙綱領の方針を守るであろう。そこには「台湾関係法に基づいて米国は忠実な友人としての台湾が自らを守ることを助ける。台湾海峡における現状が一方的に変更されることに反対する」と書かれている。

1996年の総統選挙で李登輝の当選を阻止すべく、中国が台湾沖にミサイルを撃ち込んだ危機には米国は太平洋艦隊の空母機動軍のみでなくペルシャ湾から原子力空母の増派まで行って牽制した。有事の際の米国の対応も、中国に対する抑止効果を持たせるために故意に予測不能にされている。中国は台湾の独立は絶対に阻止することを核心的な利益としているので、台湾の政権がこの「虎の尾」を踏めば武力紛争が起こるのは避けられないので、米国も台湾の独立は支持しないことを明らかにしている。1992年に中国と台湾の指導者の間で「一つの中国」を確認したとされる1992年コンセンサスは曖昧なままに残されている。日本は台湾と密接な関係はあるが、一貫してこの問題には関わらないという態度を維持している。台湾、中国、米国が抑制的な対応を続ければ、台湾海峡で軍事的な危機が生まれることはないだろうが、完全に楽観視は出来ない。中国の出方次第では、台湾を巡り米中間に軍事衝突が起こる可能性は排除されず、沖縄等の米軍基地が中国により攻撃されることも絶対に無いとは言えない。

「安保法制」ではわが国と密接な関係にある他国に対する武力攻撃が発生し、これによりわが国の存立が脅かされ、国民の生命、自由および幸福追求の権利が覆される明白な危険がある場合を「存立危機事態」とし、その場合において、他に適当な手段がないときには集団的自衛権により最小限度の実力を行使することが出来るようになった。政府は国会答弁でその具体例として、ホルムズ海峡に機雷が敷設された場合を挙げたが、実際問題としてそのような場合を想定することは極めて難しい。朝鮮半島や台湾有事における米軍への武力攻撃が発生したからといって、直ちに安保法制にいうわが国の「存立危機事態」が発生する訳ではない。「わが国の存立が脅かされるか」かつ「国民の生命等が覆される明白な危険があるか」を判断した上で、「他に適当な手段がない時」に最小限度の集団的自衛権を行使するというのは極めて高いハードルである。一国の安全保障はあらゆる局面において守られるように考えられねばならないから、殆どあり得ない状況を想定しておくことも必要であろうが、筆者は朝鮮半島と台湾を舞台とする有事については、日本自体が攻撃されるのでない限り、日本は中立的な姿勢を貫くべきであると考えているので、これらの地での有事がそれだけでは直ちに日本への脅威には繫がらないと考える。

日本の現在の危機認識の総括

これまでのところを総合すると、日本にとって急迫する本格的な軍事的な脅威は無いが、中国がいわゆる海上民兵等を使って尖閣諸島等の離島を占拠する可能性はあり得る。中国の軍事力の急速な増大は、その意図が一つ不明確で、十分に備えを固める必要がある。中国の核兵器については日本独自では対応不能であり、日米同盟に基づく「抑止力」を必要とする。また北朝鮮が核武装し日本に敵意を抱く場合には、このままの防衛力では対応しきれない。この脅威を抑止したり、これが発生した場合の対応も、米国に依存せざるを得ない。最悪のシナリオは、日米同盟が形骸化して、日本が北朝鮮まで反撃する攻撃力を備えるだけでなく、究極的には日本も核武装の道に追い込まれることである。手を拱いていれば日本は無力な国に転落することとなる。日本が真剣に検討すべき最優先の安全保障上の課題は、朝鮮半島に核保有国家が出現することを外交的に阻止することである。

日本の安全保障は、日本を攻撃した場合その攻撃国が日本の防衛力による抵抗で攻撃に釣り合わないコストを覚悟せざるを得ないことによる抑止力によって確保される。日本の防衛力だけではこれが実現出来ない時に同盟国の軍事力がこれを補完して抑止力が働く。非核日本への核攻撃は、理論上も仕組み上も同盟国アメリカの「核の傘」により抑止されることとなっている。「抑止力」という考えは、一般のものには中々理解し難い側面を持つ。先般の安保法制を巡る議論の中で、兎に角政府に軍事力を使う権限を持たせたら、必ず使うだろうという議論が散見された。自国政府への不信は早期に解消すべきで、持たせたら使うだろう、だから持たせない方が良いという未熟な安全保障感覚では、「抑止力」は発揮出来ない。

国防には軍隊が必要で、日本も自衛隊という名の国防軍を持っている。どの程度の武力を持つべきかは、脅威の程度、同盟国の有無と同盟上の義務にも大きく左右される。日本の同盟国は旧敵国の米国である。安倍首相の米議会演説、オバマ大統領の広島演説は、過酷な戦争を戦った日米両国が今や信頼すべき同盟国となっている奇跡を称賛する。ただこれを聞いた多くの日本人は、一体「あの戦争」は何だったのかという気持ちになる。何故こんな悲劇が起こったかというと、筆者は第一にあらゆる意味で本来日米は戦うべき国同士ではなかったと思う。日本は勝利することが不可能な米国と戦ったのである。第二に米国の見込み違いで、日本を破ると直ぐに同盟国だったソ連と冷戦を戦わねばならなくなり、日本を米国側に止めておく必要が生まれたことである。これは明らかに１９４０年代の米国に先が見える政治家や戦略家が不在だったことを意味する。第三には皮肉な見方であるが、現在までの「日米同盟」といわれるものは、実質的には、米国が日本を守り、日本が戦わないで済むようにする代わりに、日本には自主的な防衛力は持たさないという戦略を取ってきたことによると思う。真珠湾攻撃のショックは依然として米国民の間に強く残っていて、「油断のならない日本」という日本観は伏流水のように米国を脈々と流れている。日本人も日米同盟をその文脈の中で捉えるリアリストの視点を持っていなくてはならない。

日本は相当の自衛力を持ちながら、それが日本への脅威の認識に応じるというより、同盟国米国の軍事力を補完するという形で推移してきたという特徴がある。それでも米国の軍事力が圧倒的で、しかも米国が同盟国を守る十分の意志を持っている間は辻褄が合っていた。

この本はその状況に基本的な変化が起こったらどうするのかという問題意識で書かれている。筆者はその場合に備えて、日本は安全保障政策についてどのような選択肢を持ち、中、長期的にどのような政策を取れば良いかを明らかにしようと努力するつもりである。当然のこととしてその内容は現在の日本政府の政策とは相当異なる。降って湧いたようなトランプ大統領の出現で、日本の安全保障についての議論が進み、筆者のように考えるものも増えるだろうが、筆者の考えに違和感を持つ者も多いかも知れない。多くの政策立案者の眼にも、「非現実的」「理想主義的」あるいは「敗北主義的」と映るかも知れない。そういう批判は覚悟の上で、「危機認識」「選択肢」「妥協」「独自抑止力」等これまで日本で余り真剣に議論されない方法論を論じている。

取り敢えず「20年の平和」を考えよう

筆者は現実主義者であるから、国家にとっては永遠の敵も味方もないという考えに立つ。あまり長い期間に亘る戦略よりも、当面はこの20年の間の日本の安全を確保する諸政策を考え、実行して、その成否の上にさらに必要な政策調整するのがよいと考えている。

20年と区切る理由は、中国が掲げる建国100周年の2049年に「豊かで強い社会主義現代国家」を作る目標の実現には、協調的な米中関係と時としてアップアンドダウンはあってもほぼ安定して発展する世界経済という外部環境を必要とするだろうという大雑把な筆者の直感である。この世は「不可測性」に満ちているから、それ以上深読みしても、その考えがより正しいという保証はない。その前提に立ち、更に習近平が中国共産党の核心の地位を固めた後を想像する。恐らく習近平は15年中国に君臨し、その次の世代が「豊かで強い社会主義現代国家」実現を仕切ることになる。習近平時代は次第に成長が「常態化」する中、予想より早く2020年頃をピークに減少し始める人口を抱えて、共産党を揺るがす汚職をコントロールしながら国内の安定を保つという信じられない規模の国内問題に直面する。懐疑派は、中国はだから国民の眼を外に向けるために対外強硬策を取る可能性があると反論する。確かにその危険を否定はできないが、経験則に照らせば、歴史の必然性を信じる共産主義者は、案外と全ての卵を失う冒険主義的ギャンブルはしないものである。日本が融和的な対中平和攻勢に出れば、日中両国がこの時期をマクロ・マネージ出来る可能性は恐らく高いと思う。

そうであれば日本は、20年先には、多極化した世界でミニ・ヘゲモン国家が、ホッブス的な闘争をやることになるのか、一極支配が無い世界では諸国家の間に均衡を求める重力が働くことになるのかについて、大方のことは判るであろう。日本が多くの選択肢を温存したまま「未知の20年」を、無事に過ごせる戦略を考えるのは十分に意味があると考える。

核心的な問題点は、その20年間に、偶発戦争を含め日本が中国と決定的な対立を招かないようにすることである。人口動態と相対的な経済力の将来バランス等を考慮すると、残念ながら2035年の世界での日本が今よりももっと大それたことが出来る国になっているとは到底思えない。

極めて重要なことは相手の意図を誤解して戦争が始まるという単純な歴史的教訓を為政者が往々にして失念することである。(5)

日本が「国家安全保障戦略」を国民に向けて明確に開示して、曖昧な決定が行われないようにすることは、政府の国民への義務であるばかりでなく、近隣国の側で日本の意図について誤解が生まれることを避けるのに役立つ。

中南海に居を構える中国指導層も中国の問題点を誰よりも熟知しているはずである。低成長路線への軟着陸と腐敗構造という二つのアキレス腱を抱えているので、党中央が軍事的冒険主義に走ることはないと考えて良いと思う。ただ周知のごとく、巨大でかつ急速に近代化を図っている人民解放軍は、政府の下の国家の軍隊ではなく、中国共産党の軍隊である。軍の各レベルに党の代表がお目付け役で入っていて、人事を通じて党が軍をがんじがらめにコントロールする体制を取り、共産党の最高権威の総書記は必ず中央軍事委員会主席を兼ねて軍を掌握する。江沢民のように総書記の座を譲っても軍事委員会主席のポストを手放さなかった指導者もいた。明らかにこのポストが権力の要であるからである。陸海空軍は職業的軍事集団で、軍事産業をコントロールし、自前の物資生産、流通ルートや病院等を持ち自立性が高い。中国最大の既得権益集団といって良い。総書記たらんとするものは軍内の有力人脈と繋がりを持ち、軍の掌握に腐心する。したがって軍の発言権は増加し、公表されている国防予算はＧＮＰの２％程度であるが経済成長とともに拡大の一途を辿る。北京で大使を勤めた宮本雄二は「(中国の)問題は、党員でもある軍人が党の組織とルールを使って軍を掌握して、党の指導部に対抗する危険性にあるのであり、組織としての軍が組織としての党にたてつくことではない」と述べている。(6)

といっても人民軍が共産党の権力基盤である体制から来る不安要因は少なくない。２０１４年に習近平は国家の安全に関わる仕事をする人民解放軍、武装警察、公安部、司法部局、外交部を束ねる「国家安全委員会」を設置して、自らが主席に就任している。中国なりに軍の暴発を抑止する体制作りをしているといえる。筆者は「20年の平和」を日本との間に実現することは、中国共産党中央にとっても、望ましいものであると確信している。

日本の選択肢は三つある

安全保障戦略を考える中で、戦争の要素を絶対に無視してはいけない。クラウゼヴィッツがいうように「戦争の目的は相手に自分の意思を強制する」ことであり、貿易・投資等の経済的手段で殆どの目的が達成出来るようになった現代において戦争の敷居は高くなってはいるが、ある国が政治目的のために戦争に訴える可能性を常に念頭に置かねばならない。戦略論の初歩の教科書では、戦争は必ず起こることを前提としているのは驚くに当たらない。安全保障は戦争への意思を挫くさまざまな方策を講じることで獲得出来る。経済の相互依存性も、国民の間の親和感の醸成も、安全保障に貢献するが、戦争を完全に抑止するには不十分である。大別して安全保障の基本戦略には三つの選択肢がある。

第一は同盟アプローチである。いずれかの強国と同盟関係を結んで自国の軍事力を補強する。相互に軍事的な攻守同盟の場合も、一方が戦う時に他方が中立を守るもの、日米同盟のように片務的な同盟も存在する。歴史を振り返ると日本はさまざまな国と同盟を結んだ。日英同盟は日本の勃興に貢献したが、日米が対立するに及んで力を失った。日露戦争の後の日本は、ロシアが革命で倒れるまで10年間の「協約時代」を持ったこともある。ドイツとイタリアとの三国同盟は日本を破局に導いた。現在日本は「あの戦争」で鬼畜とされた米国と同盟関係を持っている。村田良平と並ぶ外務省出身の論客の岡崎久彦は筋金入りの日米同盟論者であった。ハンチントンは歴史的に日本には勝ち馬に乗る傾向があるから、中国が制御できないほどの超大国化すると見られる場合には、日本が中国に鞍替えする可能性があると示唆している。日本が中国の影響下に入り、日中が提携することは理論的には考えうるが、これはワイルドな選択肢である。非民主国家との提携で「中国の戦争」に巻き込まれる危険は、日米同盟で「アメリカの戦争」に巻き込まれる危険の比ではない。

同盟には国際政治論では有名な常識の「乗り手と馬の関係」があって、「馬」として利用される危険を常に意識していなければならない。しかし総じて言えば、同盟アプローチは帝国主義時代に相応しい安全保障策で、二つの大戦を経て、世界は国際機構による平和維持の考えに移っていた。冷戦の結果、平和維持機構としての国連の権威は失墜し、米国を筆頭に反共産主義国の間にNATOという反ソ大同盟が生まれた。冷戦終了後一時ロシアは先進民主主義グループのG－7に参加したが、その後放逐された形となった。

9・11の後、米国は中東地域に民主主義を広めるという実現不可能な目標のために幾多の戦争を起こし、ヨーロッパはこういう米国と距離を置いた。その結果有志国連合の形で戦争が行われることが多くなってきた。この中で東欧の勢力圏を奪われたロシアの反撥が次第に顕在化して、ヨーロッパではNATOは現在に至るも健在である。アジアについては日本の軍事大国化も起こらず平穏で、米国との同盟は日本にとり保険政策に留まっている。中国の急速な軍事強国化でバランスが崩れ始め、オバマ大統領の下でクリントン国務長官はリバランスという名の下に、アジアに重点を移したが、軍事的にまだ根本的な対応はしていない。米国がアジアにSEATOのような反中大連合を作るとか日米同盟を反中同盟に変質させることを求めるかなどは誰にも全く判らない。

将来の可能性として、米中二極化の世界で、中小国には国連による平和維持への期待が復活しないとはいえない。ただ大国の日本が国の運命を国連に託すということは、日本の安全保障政策としての選択肢としては、あり得ないので、ここでは論じない。

他方全く逆の可能性としては日本を相手に同盟が結ばれる危険もある。ポーランドがドイツとソ連で分割された歴史も有る。大陸国家は常に自国が敵対的な同盟で挟撃されることを心配しなくてはならない。太平洋に大きく開いた島国国家日本には大陸国家のように挟撃される懸念は少ないが、中露同盟が生まれて、中国とロシアの連合海軍と争う可能性はゼロではない。現に両国は日本近海や南シナ海で共同軍事練習を行っている。日本を仮想敵国とする同盟の形成を阻止することは極めて重要である。中韓の歴史認識についての共闘や中露の提携誇示をみれば、日本が韓国、北朝鮮、ロシアと友好を深めることが如何に大事か理解出来ると思う。

第二の選択肢は「勢力均衡」（バランス・オブ・パワー）政策である。17世紀後半に始まるこの政策はキッシンジャーの独壇場である。(7)

これはウィーン会議以降、19世紀から20世紀初頭まで曲がりなりに欧州に平和を実現した優れた政策でもある。主要対立国家間にある程度のバランスがあるときに、利害関係が一致する国が提携して対抗することで平和が維持される。バランスを維持したり、構築する強くて巧妙なバランサー国家が存在して始めて光を放ちうる政策である。

勢力均衡外交の実現にはビスマルクやメテルニヒ、ディズレーリやパーマストンのような大外交家の存在が不可欠であろう。残念ながら日本にはバランサーになれるほどの国力も国民の成熟度も不在で、力量のある国際政治家が存在するともいえない。何よりも現時点では、中国に対抗する勢力となりうるオーストラリア、インド、ベトナム、インドネシア等の諸国に、その能力と意思があるか疑問であり、当面は信頼できる選択肢とはなり得ない。しかし国際場裏で日本の主張を支持してくれる国が多いほど日本の安全度は高まる。利害関係を同じくするこれら諸国との関係を強化することは極めて重要である。貿易・投資協定、安定的な資源購入取り決め、経済協力、武器売却などさまざまな手段が関係強化に役立つ。

第三の選択肢は中立政策である。先の大戦末期にソ連が日ソ中立条約の存在にも関わらず、これを破って日本に宣戦したことから、日本では中立政策の評判は芳しくない。また日本は地政学的にスイス、リヒテンシュタイン、サン・マリノのような山地、スエーデン、アイスランドなどの北欧諸国が有する極地という条件を欠くとする意見も根強い。仮想敵国を想定した同盟関係を一切持たないだけでなく、他国の侵入も許さないことが必須の条件であり、究極的には近隣国が中立尊重の意思を示さないと意味がない。中規模以上の国が非武装中立政策を取ることはあり得ない。武装中立は武装することで攻撃側のコストを高めて、割が合わないと攻撃を断念させることである。ハリネズミのように武装し、核攻撃にも耐える民間防衛を実施しているスイスの例が良く引用されるが、中立政策を取るには、自主防衛の強固な意思と準備が必要である。

「国家安全保障戦略」は議論のスタート

このように考えてくると、安倍内閣が２０１３年12月に「国家安全保障戦略」（以下には「戦略」とする）を閣議決定したことは議論のスタートとして高く評価し得る。「戦略」の特徴はいわゆる「積極的平和主義」を打ち出し、今後10年程度の期間を念頭に、日本を取り巻く安全保障環境を説明し、日本が求める国家安全保障の目標を明らかにしている。目標達成の戦略的なアプローチとして、安定した国際環境を作るための外交の強化、武力攻撃から大規模自然災害にいたるあらゆる事態に対応出来る隙間のない体制の構築、領域保全、情報機能の強化、防衛技術の強化と友好国との協力等多岐に亘る事項を説明している。筆者は外交の強化の部分に「脅威の出現を未然に防ぐために」「発生する事象事件への受け身の対応に追われるのではなく」「国際社会の課題を主導的に設定し、能動的に我が国の国益を増進する力を蓄えなければならない」と書かれていることに特に注目している。総花的で官庁用語に溢れているので見逃されてしまうが、この点は重要と思う。

筆者はそのすべてに同意見というわけではないが、これをもって日本を「戦争が出来る国」にするためのプログラムと決めつけるのは間違っている。政府が日本の安全保障の戦略を国民に始めて示したという点では画期的であり、反対意見も当然あるだろう。国家安全保障論の大家である村松昌廣は、日本の戦略策定がやっと形式的体系性を具備するようになったことは評価しつつも、「積極的平和主義」の語は奇麗事であるが曖昧模糊としていて真っ当な戦略の礎になり得ないと辛口の批判をしている(8)。筆者は日本で安全保障問題が国民の議論するところになれば「戦略」は良いスタートを切る上でも意義があると思う。かなり長い文書であるが、この問題に関心のある読者には是非ご一読をお勧めする(9)。

国家の基本政策の透明性を高めることは、隣国を含む諸外国に不必要な疑念を与えないという点で重要である。自ら透明性を高めて始めて、隣国にも同様な透明性を求め得る立場になる。その意味でも政府が戦後始めて「戦略」を決定したことの意義は大きい。

安倍安全保障外交の光と影

政府は２０１３年にこの「戦略」の閣議決定と同時に、平成26年度以降に係わる防衛計画の大綱を定め「統合機動防衛力」の構築を謳った。眼目は離島防衛をいかに実効的に行うかである。政府はそのために平成26年（２０１４年）から30年（２０１８年）までの中期防衛力の整備計画も明らかにした。10年ほどのうちにどの程度の体制を築くのか、陸上、海上、航空自衛隊毎に保有戦力を数量で具体的に示し、予算規模も24兆円弱の枠内と明記している。

２０１４年４月には従来の「武器輸出三原則」を改定し、武器輸出が認められる場合を限定し、その適正管理を確保しつつ、日本と安全保障面で協力関係がある諸国に武器や武器技術を供与し得るようにした。そして「平和安全法制整備法案」を成立させて、限定的ながら集団的自衛権が行使出来る法体制を作り上げた。この法案をめぐっては野党の立憲主義に反するとか早急に過ぎるとの強い批判もあったが、安倍首相は一気呵成に押し切った。その評価は、もう少し時間が経たないと判らないが、これによりトランプ大統領との間に辛うじて「共通の土俵」が存在することにはなった。安倍首相は「戦略」実施に必要な法整備を進めてから、米国とすり合わせを行った。米国でも外交・国防には国務省、国防総省の力は無視し得ない。事務レベルで作り出した合意は、政権が変わっても基本的に尊重される。トランプも当選後は過激な発言を若干修正している。何はともあれ、東アジアの安定のために日本の核武装も折り込む現実無視の戦略観が既に修正されているようなのは結構な変化である。

オバマ大統領の性格もあり、安倍首相とはどうもケミストリーが合わないように見えたが、兎に角オバマ大統領が現職大統領として広島を訪問し、献花をした意義は巨大である。過去に囚われないで、未来を指向するべきなのは当然であるが、被害者の傷は加害者の記憶よりもずっと永続する。近隣国と未来志向の関係を築くには、積極的な努力が必要である。2015年末に安倍首相が韓国との間の慰安婦問題について最終解決を図る努力をしたことと合わせて、オバマ大統領の広島訪問は高く評価される。同様に安倍首相が真珠湾に献花することの意義は大きい。

安倍首相は休むいとまもなく世界を駆け回り、日本の存在感を高める外交に腐心した。オーストラリア、インド等との関係が強化された。中国が南シナ海で強引な軍事基地建設を強行した結果、中国の対外関係は「負の連鎖」に落ち込んだ。結果的に一種の中国包囲網が生まれてきた。中国経済にも陰りが見えて、「止められない中国の経済パワー」にも遂にピークが来たとの認識が世界に広がって来たことも安倍外交に幸いしたといえる。

就任以来これまでの安倍外交は、堅実でスピード感に溢れている。日本の政局が不安定でほぼ毎年首相が代わるという変則的な状態から脱して、外国首脳が日本の首相と繰り返し会うことの重要性は強調しすぎることはない。安倍外交を「拙速」という気は無いが、筆者は疾風怒涛の安倍外交は米国でトランプ大統領が出現したこの機会に、ここで一息入れるのが賢明と思う。

筆者は1章で、安倍首相は小一年はどっしりと腰を据えて、世界の大局を観望して、さまざまな選択肢を慎重に検討し、今後の対応を決めて欲しいと書いた。特に米国との関係では、2017年1月のトランプ大統領の就任演説を聞いて、米国の優先度や基本的方針を知り、新閣僚の下でどんなチームワークでどんな仕事が始まるかを見定めることが肝要である。安全保障については国防省が新政権の「安全保障戦略」や「国家防衛戦略」を示すのを待つことが重要である。当然のこととして事務レベルでの意思疎通の開始や意見交換は行わねばならないが、既に個人的関係も出来ているのだから、安倍・トランプの最初の首脳会談は、事務レベルでの十分の準備を行った上で開いて欲しい。

政策論としては、日本は軍事依存の安全保障の罠に陥らないことが必要である。軍備には常にエスカレーションの危険がある。一般的にいずこの国も将軍や提督は、過去の戦争を念頭に準備し、安全のマージンを広く取る。どうしても国防当局は相手の出方を過大に評価して、それに備えようにするからである。また軍事的に米国に頼れば頼るほど、米国依存度が高まる。本来軍事力は外交が失敗した時に出番が来る。日本政府は外交による安全保障をもっと積極的に模索してもらいたい。

外交は妥協であるので強気一本では前進しない。中国、北朝鮮、韓国、ロシアいずれも一筋縄では行かない。日本も妥協が求められるが、譲ることは国民の理解を十分に得ないと出来ない。日露戦争を終結させた小村外相を焼き打ちで迎え、国際連盟を脱退してドイツとの破局的な同盟に向かわせた松岡外相を凱旋将軍のように歓呼で迎えるのが国民というものなのである。「敵を知り己を知れば百戦危うからず」である。日本人は己を知り、身の程をわきまえることも重要である。

日本の選択は良いとこ取りのハイブリッドで

さて筆者は安全保障には三つの選択肢があると述べたが、その一つを選択しなければならないということはない。一つの選択肢から別の選択肢に移ってゆくことも、ハイブリッドで二つ以上の選択肢を並行的に追求して悪いことはない。

筆者は当面日本には中国、北朝鮮の核攻撃から身を守る術はないので、米国の「核の傘」と呼ばれる核戦力を、日本への攻撃を抑止するために利用するのが適当であると考える。元来米国の政策は日本が核戦力はおろか独自の防衛力を保有することも許さないという政策を取ってきた。安保条約はこれを担保するという性格を持つ。安保条約は「ビンのフタ」と呼んだ正直な米国の軍人もいたが、米中関係の正常化の交渉の過程で、キッシンジャーは中国に対して安保条約を日本が暴走しない歯止めとして説明したことは良く知られている。トランプ大統領の発言について、日本では米軍の駐留経費の負担増の視点に注目が集まっているが、本質的な点は、トランプの本音である。駐日米軍が日本防衛を目的とすると認識して、日本に一層の防衛努力を求める方向で、米国の負担を軽減したいのか、「ビンのフタ」的発想を維持したまま、また駐日米軍が日本防衛以外の米国の目的に資していることを考慮せずに、米国の負担減だけを追求するかの違いである。確かに東アジア防衛への米国のコミットメントは日本の安全保障に重要であるから、両者の区別は付き難い。しかしこの違いを本音で議論しないできたところに問題がある。日本を信頼しての日本の防衛力増大なら、核武装は論外であるが、新しい展望が開ける。ただ負担を減らせというのならバナナのたたき売りのような用心棒の「みかじめ料」値上げ交渉に問題が矮小化されてしまう。米国にとっても「真実の時」が迫っている。

日本はトランプ政権発足を機として日本、韓国と米国の三者間で、北東アジア非核化のロードマップについて意見の交換を始めることが望ましい。あらゆる機会を利用して、朝鮮半島非核化の実現を図る外交を進め、同時に中国と長期的な共存についてあらゆるレベルで意見を交わさなければならない。その中で日本は日本の核心的な利益は北朝鮮の非核化と通商国家として自由航行が確保されることで、長期的には相互不可侵を希求する方針を説明したほうが良い。尖閣問題や南シナ海の問題についてもこれを日中間の良好な関係の障害にしない意図を明確にすることが肝要で、日本はそのための譲歩も考えなければ妥協は成立しない。国際法上も曖昧さが残る沖縄諸島の間の「国際海峡」については、日本の国内法整備だけでは解決出来ない国際的な関連があるので、関心のある国の間で、公式、非公式に協議をすることが望ましい。同時に日本は、中国に対し、中国の出方により日本はその防衛方針を変えるという基本方針を明確に伝えることが望ましい。これは中国が矛を収めるなら日本も面子は配慮するが、制限のない軍備拡張には適宜対応するという、硬軟両面を持つメッセージでもある。これらの問題は12章の「アジェンダ設定による安全保障」で論じる。

日本の防衛力戦略は既に日本が直面する最優先の課題である離島の防衛に向けられて来ているので、この路線は可及的速やかに実施に移すべきである。それ以上の防衛力については、北朝鮮の非核化が進まないなら、次第に「足の長い」攻撃力を持つ必要について、国論を統一すべきである。北朝鮮に退路を与えつつ、中国と長期的に不可侵条約を結ぶという融和政策は、日本の一方的な撤退戦ではない。非核ながら独自の抑止力を持つという決意に支えられねばならない。

勢力均衡的な努力も平行して精力的に進めることが望ましい。国際関係は「動」あれば「反動」が生まれる世界である。中国を包囲するという積極的な政策を取らなくても、かつてヨーロッパに自然に勢力均衡政策が展開したように、中国が現在のような問答無用的な態度を示せば、自然に反発が具体的な形をとってゆく。中国は負の連鎖に入りかけていて、これを修正しなければ自然に包囲網的な形が生まれてゆく。日本は必要な譲歩はすることによって「良い連鎖」を引き起こすことを考えるべきである。ロシアとの関係もそういう基本的な考えで臨むことが望ましい。

筆者の長期的な「グランド・デザイン」は、日米関係に断絶や疎遠を齎すものではない。この方針が長い目で米国にとっても利益を齎すものであることを十分に理解させつつ進めるものである。当面は日米同盟の抑止力は残しつつ、日本は次第に非核であるが侵略国に相当の打撃を与え得る能力を持つにより、究極的には自国の安全保障については、限定的ながら相当の抑止力を持つ武装中立国となることで確保するということである。中国にもこの日本の長期政策を理解させて、中国の側にもこれに応じた融和的で友好的な対日政策を取ることを確保しなければならない。日米同盟を持ちつつ中立政策というのは基本的に矛盾であるが、筆者は来るべき20年間は中国と米国が軍事的対決をすると考えていないので、対中核抑止力は名目以上の価値を持たないと思っている。だからそこは外交力と広報力を駆使して両立させる努力をしなくてはならない。筆者は日本がこの長期安全保障の基本方針に則って、あらゆる選択肢を並行的なトラックで追求する重層的で、多角的な外交を積極的に展開し、タイムリーに必要な譲歩を惜しまなければ、信頼度の高い日本の安全保障の確保につながると確信する。

日本は海洋を巡る法の支配の重要性という観点から、米国を始めとするヨーロッパの自由主義諸国、海洋部アセアン諸国、豪州、ニュージーランドやインド等の諸国と共通の利害関係を有することは明らかである。すでに南シナ海における中国の強引な島嶼の軍事化の動きは、フィリピン、ベトナム、シンガポール等の諸国に中国警戒感を惹起した。関係海洋国家群と中国の間のバランス・オブ・パワーが模索されるのは自然のことである。中国政府スポークスマンがこの動きを日本政府の画策のようにいうのは事実に反する。しかし長年に亘り途上国の友人の顔を振りまいてきた中国にとっては海洋アセアン諸国の対応は意外なのであろう。

健全なバランス・オブ・パワーは外交的に日本にとり有利な環境を作り出す。中国に対して融和的な対応をするにしても、日本は遠慮しないで、関係国との協力関係を進める選択肢も同時に追求するのが良い。それが外交というものである。

国際連合の再認識――集団的安全保障の復権

最後に国際協力による平和、秩序の維持について触れておきたい。近代史の中での国際的な平和維持を振り返ると、その態様が大きく変化して来ていることが判る。戦車、戦闘機、毒ガスなどの新兵器が登場した第一次世界大戦は、ヨーロッパに悲惨な状況をもたらした。ヴェルサイユ会議で国際連盟の創設が決まった。連盟規約は規約に違反して戦争を行った侵略国には加盟国が自己意思で経済的制裁を課すという基本姿勢（連盟規約16条）であったが、実際には次第に連盟の平和維持の慣行は、軍事対立を防止し、戦争が始まったら速やかに紛争を中止させるという方向に移行して行った（連盟規約11条）。国際連盟は米国のウィルソン大統領が主導して作られにも拘わらず米国は参加せず、30年代に入り、イタリアのエチオピア併合、日本の満州国樹立、ドイツの近隣国への侵攻を解決出来ないで瓦解した。

第二次世界大戦の後、米国が連合国を糾合して作った国際連合は、１９２８年のパリ条約（日本国憲法第9条第1項と同じ内容）の「紛争の武力による解決禁止」（国連憲章第2条）と紛争の「交渉、仲裁ないし司法による解決義務」（33条）を定め、「解決不能の時には米国、ソ連、英国、フランス、中華民国の五大連合国が拒否権を持つ安保理事会に付託する義務」を定めた（37条）。憲章第7章は、「集団的安全保障」概念に基づいて、侵略国に対して最後は安保理が全加盟国に強制力を持つ制裁措置を決定するとしていた。その後拒否権によって無力化した安保理にかわり、総会の決定により平和維持を図る努力が行われて、「平和のための結集決議」が採択されたこともあるが、冷戦下で決定的な役割を果たせなかった。

さりとて国連の下の戦後の平和維持の歴史は多様である。国連憲章第7章が想定する強制措置が取られたのは、偶々ソ連が欠席して拒否権を使えなかった朝鮮事変だけであったが、国連は殆どの国際紛争に係わって平和維持に向けて国際世論の形成に貢献している。中国代表権問題の解決、兵力の引き離し（ゴラン高原でイスラエルとシリア）、内戦の解決（コンゴ、カンボジア）、核開発阻止（イラン、北朝鮮）等々さまざまな経験を持つ。ハマーショルド事務総長時代に短い時期、事務総長の持つ権限でコンゴ内戦に積極的に介入したが、同事務総長の悲劇的な死もあり成功を収めなかった。当然のこととして成功例も失敗例もある。成功は国連の持つ権威に由来し、失敗は常任理事国による拒否権の発動による国連への支持の不足である。

冷戦中は機能しなかった安保理事会も冷戦終了後その役割を復活させている。安保理決定を基礎に有志加盟国が自発的に行動する「平和維持活動（いわゆるＰＫＯ）」が頻繁に行われるようになった。国際紛争についても状況の進展に応じ、安保理決議を重ね、外部から経済的圧力、武器供与を操作することでじわじわと解決に向け努力をするというやり方はある程度効果を上げた。イラン・イラク紛争も最後にイランが安保理決議を受諾することで一応解決している。サダム・フセインのクエート併合に対しては、国連決議に基づき、戦闘目的の多国籍軍を派遣して平和と秩序を回復、維持した。カンボジア内戦を選挙により最終的に終止符を打つUNTACは完全な成功を収めた。イラン、北朝鮮の核兵器開発問題、シリア内戦の解決等でも安保理事会は相当な働きをしている。

これからはイラン・イラク紛争のようなあからさまな、主権国家間の戦争は少なくなって行くだろう。むしろ国境内での部族対立、宗教対立の激化、「イスラム国」のような過激な組織によるグローバルなテロ活動への対処、紛争が旧宗主国や近隣国の軍事活動等によって何らかの形で終結した後の、民生安定のための活動、再建を担う民間活動の保護等が問題となる。民族独立運動が今後大きな課題となることも予想される。その中で日本のPKO活動への参加は益々重要になるだろう。2章で見たように、EUは既にその方向に舵を切っている。

これまでの日本が国際的な平和協力のために海外に自衛隊を派遣して行った貢献は、大別すると、1991年のペルシャ湾における機雷除去のための掃海艇等6隻の派遣を振り出しに、いわゆるＰＫＯ活動、海賊行為への対処、イラク戦争終了後の人道復興支援活動、国連の難民救済のための人道援助関連の空輸支援活動である。(10)

その内ＰＫＯ活動は９件で、１０００人を超える規模の要員を派遣したのは、１９９６年から２０１３年までゴラン高原の国連兵力引き離し監視隊への累次の自衛隊員の派遣、１９９３年から一年間に亘る国連カンボジア暫定機構（ＵＮＴＡＣ）への協力、２００２年から２００４年までの間の国連東チモール暫定行政機構への施設部隊等の派遣や２０１１年末から始まり現在も続いている南スーダンミッションである。「安保法制」成立後始めての「駆けつけ警護」も行われるようになった。

ＵＮＴＡＣは明石国連事務次長を長として行われ、長年の内戦に終止符を打つ選挙の実施と監視を成功裏に成し遂げた。自衛隊員と警察官が派遣されて犠牲者も出した。施設部隊の活動は道路や橋梁の修理等のインフラ整備が主体である。これらはいずれも戦闘行為に巻き込まれる危険の無いことを十分に確認した上での参加で、筆者は戦闘行為不参加の原則を変える必要はないと考えるが、丸腰のような装備での参加は派遣要員の安全上も問題があり、これまでの杓子定規の対応は改めた方が良い。

他方今後の問題として、アフリカなどで無秩序状態が発生しその中で外国人が危険に晒された時に、救出、治安回復活動が国際協力で行われることも起こるであろう。海外で働く日本国民の保護は、一義的には在留国の責任であるが、現地政府が統治力を失った時にはその政府の了解を得て、国際協力が行われることもあれば、日本も当然参加しなければならない。これらの活動は第9条の禁じる「国際紛争を解決するための武力行使」ではなく、憲法上の根拠をどこに置くかは明確ではないが、自衛隊の海外活動の態様として、今後一層重要性が高まる可能性がある。

日本の国連熱はさめ気味で有るが、ロシアや欧州連合の安全保障政策の中では重視されている。仮定の問題であるが、国連において米国と中国を二大中心として、ロシア、EU等が適宜協力すれば、全世界の諸国を母体としているのであるから、国連は平和維持にとり枢要な国際組織となる。中国も国連では常任理事国の地位を持っているので、国連に代わる組織を作ることは主張していないし、その力もない。理想論であるが、国際機構が未だに果たせ得ない「平和的変更」の哲学がこの組織で実践されるようになれば、強力な平和維持機構として生まれ変わることも十分にあり得る。「平和的な変更」というのは、現状に不満な国が戦争に訴えることがないように、中立の第三者が平和的に解決策を示すという考えである。中世や帝国主義の時代には法皇、力のある君主による仲裁の形で行われたこともあるが、近代国家成立後は、国際連盟の中に始めて取り込まれた。連盟規約第19条は、連盟の最高機関であった総会が「その継続が世界の平和を危険に晒す状態の審議を加盟国にいつでも奨めることが出来る」としていた。残念ながらこの仕組みは連盟時代には全く活用されていない。確かに現在でも国際司法裁判所や海洋法条約に基づく仲裁裁判所における「法の支配」による解決にすら反対があるのに、解決基準が明確でない第三者の裁定に重要な国益を任せることは、いずれの国も拒否的である。しかし植民国家によりいい加減に引かれた国境線の変更とか、少数民族の独立というような戦争に導きやすい問題を国際組織が国際的な世論の力で平和的な解決を図ることは、不戦条約で戦争を一切禁じた世界における解毒剤として必要ではある。

安全保障理事会の役割が増大することも十分に予想される。その場合拒否権の問題はさておいて、第二次世界大戦の主要戦勝国で構成される安保理の常任理事国が、複雑化する世界を仕切れるか疑問が深まる。日本やドイツといった旧敵国やインド、ブラジル、南ア、サウディ・アラビア等の新興大国を安保理に継続的に参加させることが重要になるであろう。筆者は物欲しげな常任理事国入りの動きをすることには反対である。日本の貢献が重要であると考えられて、求められれば参加するべきで、その場合には「死文化」と説明されている「旧敵国条項（国連憲章第53および107条）」の削除を条件にするぐらいのことは当然に求めて良い。ただ日本が安保理に継続的に参加する時には、それ相応の貢献をする覚悟をしなければいけない。
日本の自衛隊の軍事力もこの生まれ変わった国連の下での平和維持に可能な限り参加することは、間接ながら日本の安全を守る選択肢の一つとなる。国連決議で求められてはいないが、国連が禁止もしていないグレー・ゾーンの「有志連合」による平和維持活動への参加は、日本にとっても憲法上グレー・ゾーンである。日本は必要な法整備を行った上で、国益第一主義で望み、派遣される地域、日本との関係の深さ、同盟国の要請等を慎重に判断してケース・バイ・ケースで対応すべきであると考える。

〔註〕

（1）1981年5月の鈴木・レーガン会談後の共同声明に日本の公式文書では初めて「同盟関係」という文言が記された。帰国後の国会審議で伊東外相は「片務的とはいえ安保条約というのは軍事的に関係があるから、同盟という語を使ってもいい」としたが、鈴木首相は一貫して日米安保条約には軍事同盟の要素はないとの考えを示した。政府は統一見解で「同盟には軍事的側面はあるものの（今回の共同宣言が）新たな軍事的意味を持つものではない」と収束を図った。総理発言に不満だった伊東外相は、閣内不一致の責任を取る形で抗議の辞任をした。

（2）伊藤貫の「自滅するアメリカ帝国―日本よ、独立せよ」（2012年　文春新書）はセンセーショナルな表題ではあるが、国際関係論に興味ある読者は、この在米の研究者のこの経緯の観察は承知しておいた方が良い。

（3）当時の日米対立については多くの著書があるが、孫崎享の「戦後史の正体―1945～2012」（創元社　2012年）は、米国に対して批判的な視点を持ちながら、論点が整理された好著である。

（4）岡崎久彦「21世紀を如何に生き抜くか」PHP研究所　2012年　75～79ページ

（5）ジョン・ベイリス他編「戦略論　現代世界の軍事と戦争」（勁草書房　2013年）44～48ページにさまざまな事例を紹介している。

（6）宮本前掲書193ページ　習近平と人民軍人脈との密接な関係は、宮本前掲書107～112ページに、要領良く述べられている。

（7）キッシンジャーの「外交」は長大すぎると言う忙しい読者は、岡崎久彦が超党派の国会議員の有志のために、この本をテキストに使って、外交の奥義を説いた資料を1冊の本にした「二十一世紀を如何に生き抜くか」（PHP研究所　2012年）を読むことをお勧めする。

（8）松村昌廣「米国覇権の凋落と日本の国防」芦書房　2015年
（9）防衛白書　2015　327～335ページ
（10）防衛白書2016　393～394ページに自衛隊関連の案件のリストが掲載されている。ただ何故かペルシャ湾の機雷除去活動は含められていない。

10章
日本の防衛政策の転換

ハイブリッド安全保障戦略の中の自衛隊

いうまでもなく現在の日本の安全保障政策の基本は、専守防衛、非軍事大国化、非核三原則と文民統制である。日本はこの方針の下で、米国の協力の下に日本が必要とする武器の生産能力を高めつつ、「脅威」に対しては自衛隊が日本の安全を守るのを基本とすべきであると考える。そして米軍の抑止力に期待するのは核攻撃への抑止力に留めるのが良い。通常戦争から核戦争へは繋がるので両者は不可分であるいう意見もあり得ようし、大体そんな虫の良いことを米国が認めるものかという反論も十分に予想される。それが米国の利益に適うと説得するところに外交の役割がある。

「抑止力」維持のために、日米同盟はできる限り継続に努力することが適当である。集団的自衛権については神学論争のような議論が行われているのは日本の防衛意識の未熟さを物語るもので残念である。集団的自衛権を持つことと行使することは全く別のことで、これを否定するのは適当でない。しかし集団的自衛権の行使については、法律で厳重な枠をはめることは絶対に必要である。筆者は集団的自衛権の行使に当たっては、攻撃的な「交戦（コンバット）」目的の行動には不参加の方針は堅持すべきであると信じている。この点は例え国連憲章第7章の下の国連の平和強制活動が取られた場合でも、台湾有事、朝鮮半島有事の際においても貫かねばならないと考える。

これらの方針を出発点として、日本側が抑制的な政策を続けることを明らかにして、潜在的敵国側の抑制を期待する。その間外交努力により、北東アジアの安全保障環境の改善を図りつつ、事態の展開に応じて国防能力を強化する。将来については、できる限り広い選択肢を残しながら、今後の日本の防衛力は中国の攻撃能力や攻撃意思に応じて増強するという決意を示す。これが筆者の考える軍事面での安全保障戦略の骨子である。

防衛優先度の明確化

筆者は前章で日本への脅威について分析した。直ちに対応しなければならない「脅威」は中国の離島への攻撃であり、通商国家として守らねばならないのはシーレーンの確保であるとした。そして将来的には中国からの軍事的な脅威に迫られるとの見方を示した。北朝鮮からの脅威については北東アジアの非核化を進めることで外交的に解決することとすれば、「脅威」に応じた日本の防衛優先度は以下のようになる。

(1) 離島防衛

中国が沖縄にも領土的野心を持つとする警戒論がある。可能性としてあり得るとしても、徒にヒステリックになってはいけない。当面は中国が尖閣諸島の領有権を主張して、公船や航空機が領海まで入り込むことが次第に常態化している現状から、尖閣諸島を防衛することを急務としなければならない。この問題が日中間に発生したことから、図らずも日本の自主的な防衛努力とは何かが問われるようになって来た。そもそも安保条約上日本が攻撃を受けても米国の日本防衛義務は自動的に発生する訳ではなく、米国の憲法上の手続きが必要である。日米間の信頼関係が基本に存在し、沖縄始め日本各地に日本に米軍の基地が存在することが、米国の日本防衛を実質的に担保するものであった。筆者は日米間に具体的に尖閣防衛についていかなる話し合いが行われて来たのかについての内部情報を持っているわけでなく、詳らかにしない。常識的に米国は「尖閣諸島は日米安保条約の対象であり、米国は力による現状の変更には反対する」としながらも、尖閣諸島の領有権問題には日中いずれにも加担しないという立場をとったと理解している。また尖閣諸島を始めとする日本の離島の防衛に当たっては、米国は日本がまず日本の防衛に当たるべきであり、日本の対応が日米安保条約第5条の発動の前提となるという立場を取ったと考える。トランプ政権がこの立場を変更するほど、中国との「ディール」が進むとは予想されない。

周知の通り安保条約第5条は「日本の施政権下にある領域への武力攻撃」への共同対処であり、武力攻撃でない非軍事要員による占拠の場合、または占拠されてしまって施政権の下でなくなった場合については疑義が残る。もちろん米国が細かい法律解釈で防衛義務を回避すれば、米国との同盟への一般的な信頼関係が失われるから、日本が挑発したのではなく、中国が一方的に占拠した状況が明白であれば、米国の判断で日本と共同して現状を回復することは十分に期待出来る。徒に文言上の問題点をあげつらうのは百害あって一利もない。ただ米国がこういう判断に追い込まれることを回避したいと考えるのも当然である。米国が台湾防衛に追い込まれるのをできる限り回避したいとするのと同じことである。日本は日本の防衛力で尖閣諸島についての施政権（実効支配）を維持する必要がある。安倍政権が安全保障戦略の中で離島防衛に高い優先度を置いたのは当然である。

一般的に攻撃側が勝つためには守備側の3倍の力を必要とするといわれていることを考えると、日本の離島防衛に戦線を絞った防衛力は効率的に機能するだろう。伝えられているところによると政府は２０１７年度の防衛予算に、沖縄県や離島防衛を強化するため、新型の地対艦ミサイルの開発費を計上し、23年度頃の配備を目指す方針を固めたとされる。飛距離３００キロ程度で、輸送や移動が容易な車両搭載型ミサイルでＧＰＳ（全地球測位システム）などを利用した誘導装置を搭載するという。遅まきながら具体的な対応が始まったことは喜ばしい。

⑵「航行の自由」の確保

１９９４年に発効した国連海洋法条約により、それぞれの国は基線から12海里を超えない範囲で領海の幅を、また24海里を越えない範囲で接続水域を、さらに２００海里を越えない範囲で排他的経済水域（ＥＥＺ）を決める権利を有するとされている。日本においては領海の幅は１９７７年制定の「領海及び接続水域に関する法律」によって原則として基線から12海里（約22・2km）の海域と定めており、一部の特定海域については３海里（約５・６km）となっている。島嶼国である日本は世界で8番目に大きい排他的経済水域を持つ。

国連海洋法条約は各国の船舶は、公海や排他的経済水域（ＥＥＺ）で自由な航行を、沿岸国の領海、接続水域で「無害通航権」を、また「国際海峡」では「通過通航権」を有すると定めている。これらは総称して「航行の自由」と呼ばれている。

「シーレーン」とは諸国がエネルギー等の資源、商品の輸出入という国際的な通商を行うための海上交通路をいかに確保するかの問題である。日本では航行の自由やシーレーンは日本を起点ないし終点とする船舶のためにこれを確保するとの視点からの議論が専ら行われるが、逆に日本に隣接する諸海域で他国の船舶にもこれを認める義務があるとの視点は往々にして欠如しがちである。

日本は自国の領海や経済水域の中でも、中国の船舶にも「航行の自由」を認めなくてはならない。あたかも大変な日本の領海侵犯が行われたかのように喧伝され気味であるが、軍艦については、これまで日本近海に中国の軍艦が出没しなかったからということもあり、ここは冷静に対応しなくてはならない。日本が主張する「法の支配」によれば、国際法上は、例え軍艦であっても日本の「平和・秩序・安全」を害さない「無害航行」であれば、中国始め外国の軍艦が、領海内を通過することを認めなければならない。頻繁に中国軍艦が日本の領海等を通過する場合には、勿論中国の意図に注意しなければならないが、個々の航行自体をアラーミングに捉えることは適切でない。

海上輸送路の確保の問題は複雑であり、海賊対策や機雷除去などシーレーンの確保については国際的な努力に参加することで対処すべきである。強力な武力を有する沿岸国が、日本だけに対して非友好的な態度をとって、日本に向けて航行する船舶の航行を妨害することは、実際問題として日本の平和的な外国政策からして予想し難い。しかしもしそのような事態が起こったら、日本が単独で海上輸送路を確保するのは無理である。このような状況が二国間で起こらないようにするのは、むしろ政治外交的な努力である。仮定の問題として、ある沿岸国が、国際社会一般に向けて航行の自由について非友好的態度を取る時には、国際社会の中でこの問題に関心の高い国が共同行動でこれを阻止する動きに出るであろう。もしこのような事態が生じた場合には、日本は国際的な阻止活動に参加するかどうかを迫られる。南シナ海について中国は航行の自由を妨げる意思はないことを明らかにしているので当面問題はないであろう。

政府は「安保法制」を巡る国会答弁で「存立危機事態」の具体例として、ホルムズ海峡に機雷が敷設された場合を挙げたから、自衛隊が遠方のシーレーンの確保のために使用されることがあり得る。(1)

(3) 中国からの脅威

尖閣諸島の問題については、日米安保条約の存在を前提にすれば、日本の離島防衛力を高めることで当面は対処出来る。長期的には、中国の面子を損なわないで、田中角栄・鄧小平間の「将来世代の英知に期待しての先送り」方式に戻る方策を講じる外交努力が必要である。筆者はこの問題への対処については11章の「対中外交」の中で論ずるのでここでは扱わない。しかし尖閣領有問題が先送りされても、中国からの軍事的な脅威に備える必要はある。むしろ日本の防衛力は中国からの将来の潜在的な脅威を中核に組み立てる必要がある。

まず日本の防衛力は中国の攻撃能力や攻撃意思に応じて増強するという日本の防衛基本方針を明確化することことが必要である。この対応的な軍備エスカレーションの方針は、当然のこととして国民に十分の説明と理解を求めつつ行わねばならない。例えば中国が大規模な渡海上陸作戦遂行能力を構築し始めるというような危機的状況となれば「専守防衛」の枠を取り払う必要も覚悟しなければならない。民主主義国である日本は小回りができない点で、一党独裁国に劣るが、国民がここ数年の間に危機意識を高めているのを見れば、日本は民主主義国の強みも持っている。幸い高い工業、技術力を持っている日本は、武器購入、生産面で危機に応じる国力を保持している。当面日本は中国に対して、場合によっては「専守防衛」の一線を越えることもあり得ることを、外交交渉上の積極的なバーゲン力として使うべきである。

自衛隊の配置転換――「統合機動防衛力」の構築へ

直ちにやるべきことは、現存の陸、海、空三自衛隊の配分を、現実の脅威に対応させるように組み換えることである。エア・シー・バトルの流れに沿って、海上自衛隊、航空自衛隊に比重を移すことが望ましい。中期防衛力整備計画の中で、海上自衛隊、航空自衛隊の強化が図られ、陸上自衛隊も創設以来の大改革に取り組んでいる。これにより陸上自衛隊は機動力を高めて、島嶼部防衛に向けた体制の改変を行うとともに、海上自衛隊や航空自衛隊との統合運用も図ることになっている。(2)

現在の防衛予算が近い将来に予想される脅威に相応しい質と量で配分されているとはいえない。三軍の間の既得権維持本能があり、また武器装備、隊員の訓練は転用出来る訳では無いので、三軍の間の予算の移動は、言うは易いがそう簡単では無い。ただ近未来に突然に大規模な軍事対立が発生することはあり得ないと思われるので、若干の時間を掛けてもこの方向に自衛力の再編を行うべきである。その間に全軍を機動的、統合的に運用する指揮統制の体制を整備したいわゆる「統合機動防衛力」を向上させることは当然である。この方向性は欧州連合、ロシア、中国においても同じである。自然災害の多い日本における自衛隊の災害時活動は高く評価されている。また国民の自衛隊への信頼向上、親愛感の増大にも役立っている。

日米安保条約に迫る「真実の時」

率直にいって日米安保条約に基づく日米同盟関係は、日米ともに本音と建前が相当に食い違っている。両国の建前は、日米同盟は日本の安全の確保に不可欠であり、アジア・太平洋地域の安全を守る「公共財」である。本音でいえば米国は日本の基地を自国の世界戦略で自由に使えることと日本の独自の防衛努力に箍《たが》を嵌めることが主たる目的である。日本の本音は少ないコストで安全を確保し、経済発展に集中出来るための用心棒の役割である。さりながら安保条約は本音ベースの損得が見事に釣りあっていたので、日本では共産党を除く与野党の間で基本的に広く支持されるに至っている。日米間の軍事的な協力体制は緊密な情報の共有、装備の共通性、訓練、武器の調達等で日本の防衛力の維持、向上に大きな役割を果たす。武器の共同開発、ミサイル防衛やサイバー空間における対応などにも不可欠な側面がある。東日本大震災の際の米海軍の支援活動（「オトモダチ作戦」）は特記に値する。

トランプは日米安保関係は日本のただ乗りであると信じ切っているようだ。核保有容認発言は流石にその後修正しているが、日米安保関係が、これまでの米国の政権移行の時のようにスムースに継続されないという危惧は拭い切れない。しかし本音ベースで日米が話すことは決して悪いことではない。日米安保は冷戦時代と冷戦後のアメリカの一極支配の時代を経て、今後更に変質することは十分考えられるし、必要でもある。当面は両国国防事務レベルで２０１５年のガイドラインの方向が確認されているが、沖縄の米軍基地については地元の強い反発が生まれていて、筆者は現状については大幅な変更の必要があると考えている。この問題は米国の新政権がいかなる世界戦略を打ち出すかによって大きく変わる可能性を秘めているし、日本にとっても沖縄県民の長年の忍苦を解消するべく、日米間の最優先の問題として、米国戦略の変革が行われる時には、その機会を捉えて、米国と未来志向で率直な交渉を行わねばならない。冷戦終了時の米国戦略の変革期に、国内問題に忙殺されて、必要な対応が行われず、「湾岸戦争」で右往左往したようなことは決して繰り返してはならない。

トランプ新政権成立の機会を逸すると、沖縄県民の県民感情を制御出来なくなる事態が起こる可能性もあることを政府は肝に銘じる必要がある。日米同盟について、日米両国が本音ベースの話をしなければならなくなる「真実の時」が迫っている。

スローガンを排し独自防衛力構築を

「真実の時」が来た時には、本音で語らねばならない。その観点からは日本の安全保障には、「本音」とはいえないスローガンが多く見られる。防衛白書には「国際社会の一員として、日本の防衛力は日米安保体制を通じ世界の平和と安全に貢献する」という高邁な考えが滲み出ている。しかし頭を冷やして見ると、これが日本の防衛力にとり何を意味するのかは普通の人には判らない。

確かにシーレーンを脅かす海賊対策、場合によっては機雷の除去に協力することはそのような活動であろう。しかしこれからの中東、アジア情勢を考える場合に、これらの地域で国際社会が一致して平和維持活動を行うことは、可能性としては一応存在するが、その蓋然性は大幅に低下しているように見える。他方世界の全ての国は国際社会の一員であり、日本が特別な一員であることはない。「国際社会の一員として」という美辞麗句が実際何を意味しているか不明であり、筆者はこの言葉の使用に違和感を感じる。

同じような違和感は「価値の共有」についてもいえる。2015年に始めて閣議決定を得て作成された「国家安全保障戦略」は「普遍的な価値やルールに基づく国際秩序の強化や紛争の解決に主導的な役割を果たし、グローバルな安全保障環境を改善し平和で安定し、繁栄する国際社会を構築する」という目標に向けてわが国に見合った責任を果たすとしている。立派な戦略で筆者も何ら異存は無いが、では軍事的に日本は何をするかの幅は極めて広くてこの目標から回答は出てこない。どう考えても惰性的な日米同盟、つまりアメリカの国益と日本の国益がほぼ一致していた時代の対米協調をそのまま高邁な表現でなぞっているように見える。ここ10年の米国の中東における軍事的な介入政策は誤りの連続であったことはいまや周知の事実である。誤った認識でサダム・フセインを強引に排除し、結果的にはイラクは収拾がつかない状況に陥っている。ブッシュ（息子）大統領は「かつて日本に成功したような体制の変革をイラクで実現する」と公言して、心ある日本人は内心で強い反発を感じた。「グローバルな安全保障環境を改善し、平和で安定し、繁栄する国際社会を構築する」ことが日本の国益に適うことに異存はないが、この国益実現のために日本が軍事力を行使することの間には越え難い溝がある。日本は国是として国連の平和維持活動においてすらも戦闘行為に参加しないことを明らかにしていて、これまで日本の派遣部隊は共に活動をする他国軍に守ってもらって来た。先般の安保法制で漸く、「駆けつけ警護」として友軍が攻撃を受けた時には日本の部隊が攻撃を受けなくても共に戦うことが認められた。南スーダンの現地情勢が悪化しつつある中で、派遣している自衛隊部隊に適用されることとなった。しかし野党始め多くの方面から危惧が示された。これが日本の国論が支持し得る限度なのである。日米同盟の根幹をなす安保条約でも、日本の歴代政府は極めて慎重に、日本の協力を米軍への基地提供と後方支援に限定してきた。筆者は日本のこの平和主義の選択は、身の程を弁えたもので、賢明な選択であると考えている。日本が世界第二の経済力を持つ国から、次第にその経済力は相対的な低下が避け得ない。世界第二の経済大国であった時以上の「国際貢献」を日本がしなければならないという考えは、国民の意識との間に大きなずれが生まれている。これを最近はやりのポピュリズムと軽視することは危険である。

問題は同盟国の米国は、日本だけでなく、他国や地域の防衛にもコミットしていて、その米国の防衛義務の履行と日本の国益との間には微妙な差異が生まれ得る。日本は今や朝鮮半島や台湾になんらの野心も持っていない。例えこれらの地域が敵性国の支配に陥りそうになったとしても、国民の多くはこれを阻止するために指一本動かす気持ちになることは無いであろう。日本の近隣諸国の間には軍国主義化する日本が近隣国を攻撃することを心配するものもあるようであるが、大きな認識の誤りである。世界は大きく変わり、市場や資源を支配するための利己的な軍事行動は正当化されない。日本の利己主義はその意味では極めて健全な考えともいえる。自由、民主主義、基本的人権の尊重等は今や日本が信奉する価値観である。同様の価値観が広く世界に行き渡ることは極めて望ましい。しかし同時にこれはそれぞれの国の伝統や文化にもからむ内政問題であり、干渉すべきではない。米国は特殊な国でこれらの価値観を普く世界に行き渡らせることを国是としている。しかし欧州諸国や日本始め世界の殆どの国はこういう考えを国の政策とはしていない。はっきり言って日本の国益と米国の国益とは完全に一致してはいない。トランプの米国国益第一主義から図らずもこのことが明確になった。日本の安全が米国の軍事力によって保たれてきたという厳然たる事実から、日米同盟は重要である。しかしその抑止力にどこまで期待出来るかが、変化しつつあるという前提に立つと、日本の独自の軍事力で、基本的に日本の安全を守るという可能性を探求することが望ましい。困難を極める作業ではあるが、以下に筆者の考えを述べることにしたい。

現実の脅威に対する独自防衛

現実の脅威に日本独自の防衛力で対応するためには、守備力だけでなく、ある程度の攻撃能力をどのように構築するかも真剣に考究しなければならない。中国や北朝鮮は弾道ミサイル、巡航ミサイルによる攻撃能力を持っているので、日本はミサイル防衛能力で日本を守る努力をしている。北朝鮮のミサイル実験の度に、ＰＡＣ－３とイージス艦を対応させている。しかし不幸にして敵国から、多数のミサイルが発射される時に、これを全て破壊することは不可能である。攻撃の脅威が高まるのに、報復的な抑止力を持たなければ、パンチを禁じられたボクシングを戦えというのに等しくなる。もちろんこのような攻撃を避ける外交努力を行う必要性は強調しすぎることは無い。筆者はこの本で繰り返し具体的にそのための外交努力を説明している。特に当面の急務として、中国との間には偶発的な衝突回避のメカニズムを早急に構築しなければならない。しかし仮想敵国への報復的な打撃力を保有しないという現在の専守防衛では、新しいアジアの力関係への対応は不可能である。

日本が米国の核を含む抑止力に期待しない独自の防衛戦略を考えるとすれば、幾つかの前提を置く必要がある。まず核兵器が非核国の日本に対して使用される危険がどれだけあるかである。戦略論の中で、一般的に核兵器の有効性はどのように考えられてきたかを見て見よう。

核兵器の有効性の認識の変遷

冷戦時代以降長く全面戦争の抑止は、核兵器使用によりお互いに確実に共倒れになるという「相互確証破壊（MAD）」の「恐怖の均衡」論に支配されて来た。実際には大国が自己の意思を強制するために核兵器を使用するよりも、リビアや北朝鮮のように弱小国がその「生存」確保のために核兵器を開発、保持することが多くなり、核保有国は拡散してきた。究極的に圧倒的な核の抑止力の効果は否定できないにしても、核兵器を先制攻撃に使う戦略に依存することは出来ない。真に重要なのは通常兵器による防衛力である。

「恐怖の均衡」に基づく抑止は、万能の抑止理論ともいえない。現実に最後にソ連を崩壊に導いた米ソの核軍拡競争を見ても、弾頭の複数化、おとり弾頭開発、抗堪性の追求から核ミサイル搭載の原子力潜水艦の秘匿された航行、SDIと核軍拡競争は果てしなく続かざるを得ない。最後は経済力と技術力と競争継続の意思が核軍拡競争の帰趨を決定することになる。レーガン大統領のSDI構想に対抗するには膨大な軍事支出が必要であり、それだけの理由ではないがソ連は結局崩壊してしまった。米露間では核軍縮が始まり、必要以上の核戦力を持つことは無意味になり、米露間では核兵器を戦略的に実際に使用するという考えは大幅に後退したように見受けられる。

他方核兵器は格段に進化し、戦略的な使用だけでなく、戦術的に限定的に使用することも想定されている。しかしながら総じて言えば、世界も非常に緩慢にではあるが、核兵器はあまりにも残虐であり非人道的な使用すべきでない兵器であるという日本人の認識に近づいてきているといって良いだろう。既に世界の防衛戦略では低レベルでの武力衝突への対応、テロリズム等国家でない主体との戦いやサイバー空間での見えない争いにどう備えるかが遙かに重要になっている。

核兵器の非人道的な破壊力については次第に国際的な理解が深まり、オバマ大統領が「核兵器の廃絶」を唱えてノーベル賞を受賞し、2016年に広島を訪問したことに象徴されるように、次第に核兵器は実際には使えない究極兵器と化しているといって良いだろう。広島、長崎の被爆を経験し、更に東日本大震災で原子力発電所のメルトダウンを経験した日本人は、核の危険と恐怖を体感しており、核兵器廃絶の必要性を十分に理解している。日本は核兵器の先制不使用が国際規範となることに諸手を上げて賛成すべきである。更に日本は非核国への核兵器使用を禁止する国際規範作りに積極的な外交努力をするべきと考える(3)。筆者は核兵器は実際に使用出来ない兵器であるという前提で、日本が独自の防衛理論を組み立ててもおかしくないと思う。

キッシンジャーの限界

北朝鮮の核開発は時代錯誤であるが、弱小国として米国の核攻撃を抑止するために核抑止力を持つという論理は、それなりに間違っているとはいえない。筆者が90年代初めにニューヨーク総領事・大使としてキッシンジャーと朝食をとりながら情報入手のために幾度か意見を交わしたことがあるが、いつも意見交換は日本の核武装は必至であるとするキッシンジャーと日本人の間の根強い反核意識と縦深性を欠く日本の地理的条件から、日本の核武装は絶対にあり得ないとする筆者の意見との対立でお開きになった。かつての中国は「パンツを穿かなくても核開発をしている」と揶揄されたが、中国は現在では米国の攻撃を抑止する必要以上に核攻撃能力を保有しているようだ。キッシンジャーが、日本が中国の核開発を黙視して自国を危険に晒すはずがない、経済力が大きくなれば守るべき国益も増大する。これを守るために経済大国は核保有に向かうと考えるのは、戦略論としては当然のことといえる。アメリカの「核の傘」に信頼する日本人の呑気さと淡泊さをキッシンジャーはどうしても理解することが出来なかったようである。日本のみならず米国の識者の間にも懸念を引き起こしたトランプの発想、北朝鮮の核武装との絡みで日本の核武装も視野に入れ得るという発想も、キッシンジャーの意見と規を一にしている。しかし筆者は非人道的な核兵器に依存する抑止戦略は非人道的な戦略であると考えてきた。キッシンジャー流の考えがまともなのか、それが彼の限界なのかは歴史が証明するであろう。

日本独自の抑止力は可能か

長期的に見て、日本が広大な領土と巨大な経済力を有する核保有国との間に「恐怖の均衡」による戦争抑止力を持つことは無理である。筆者は核による抑止力を持つのではなくても、中国に対しては、非核でも相手に十分の打撃を与える能力を持つことにより、限定的ながら効果的な抑止力を持つことは可能と考える。既に見たように、中国は米国との間に非対称な防衛戦略をとっている。日本が対中抑止力を構築するとすれば、中国のこのようなやり方とも違った、更に非対称な総合戦略を考えるのが賢明であろう。

第一は防衛生産力を中国からの脅威に見合った速やかな対応が可能なようなR＆Dを進めておくことである。中国のシー・パワー戦略は、究極的には米国と同様な遠距離地点までの打撃力を持つ空母機動部隊と核ミサイル搭載の原子力潜水艦の太平洋への進出を目論んでいるのかも知れないが、当面は第一列島線内への米国の空、海軍力の「アクセス拒否」が目的である。

日本は「専守防衛」を国是として、核兵器の保有はもちのこと、現在は防御目的でも海を越える「足の長い攻撃力」を持たないという、信じられない「抑制」を働かせている。中国が日本のこの「抑制」を評価しないで、日本の領域へのアクセス戦略をとって来ることが明確になれば、日本は少なくともこれまでの「攻撃能力の抑制」を維持出来なくなる。その場合に日本は海上自衛隊の能力に加えて、本土と沖縄諸島に配備する地対艦、地対空のミサイル攻撃能力を次第に強化しなければならない。更に中国の軍事力が日本攻撃の意図を明らかにしてくる場合には、中国との隣接性から中国の沿岸部にまで到達可能な巡航ミサイルの導入により地対地の反撃力を持つ選択が可能である。(5)

地上移動型ミサイルないし地下トンネルに格納した抗堪性の高いミサイルは先制攻撃に耐え得る可能性が高い。中国の日本への攻撃意思が明確になった時に、究極的に導入される「非核限定抑止力」についてはこの後に触れる。工業力、技術力に優れる日本にとり、このR&D戦略は、軍需産業への若干の研究予算の配分程度で済むから、あらゆる武器を生産したり、輸入したりするほどの予算は要しない。コスト的にも賢明な政策である。上に述べた通り政府は2017年度以降に地対艦誘導ミサイルの開発に着手すると伝えられる。

第二は中国の愛国教育の危険を無力化する戦略である。日本の現実が愛国教育で教えられた過去の日本と大幅に乖離することを中国人に知らしめることは何でもやって見るべきである。若者の招待計画、ホームステイの促進などやれることは沢山ある。この意味で中国から観光客が日本の普く各地を自発的に訪れて平和志向の日本の現実に触れることは重要である。

第三は日本社会の魅力を武器にすることである。日本国内で格差の拡大を憂うる意見もあるが、中国社会と比較したら、日本の社会は開放的で、富裕で、快適である。ソ連封じ込め政策の発案者ケナンは、匿名で書いた有名なX論文で、米ソ冷戦の帰結を握るのは米国とソ連のいずれの社会がより魅力があるかの競争であると言った。中国がいかにインターネット空間から中国を遮断しても、人間の眼は騙せない。日本にとっては自国が戦後営々と平和裡に築いた平和な社会そのものが長期的には無形の武器になる。迂遠なようであるが、多くの中国人が優れた商品、食品、サービス等を知ることは、中国の資源配分を軍事力から民生用により多く支出することに貢献する。史上「大砲とバター」の双方を十分に提供出来た国は少ない。「新常態」が続いて経済大国となっているといっても、20年後の中国は相当の少子高齢化社会になっている。その中国が「小康社会」を越えた更なる民生向上、社会福祉政策、国内治安維持能力、巨大な外征用のシー・パワーに加えて、更に日本攻撃用の揚陸能力、降下部隊を建設することはまず不可能だろう。下手をすると軍拡で崩壊したソ連の二の前を演じることになる。日本はケナン流に日本社会の魅力で中国国民の心を揺るがすことで、間接的に党中央の対外強硬路線にブレーキを掛け、日本の安全保障を図ることが出来る。

問題は中国が現実に核攻撃能力を持っているだけでなく、日中両国が距離的に近接しているために中国は精度の高い非核の中距離弾道ミサイルででも、人口が密集した日本に致命的な打撃を与えることが出来ることである。日本は例え核兵器を保有しても広大な中国に対して「確証破壊」能力を持つことは不可能である。ただ日本としては最悪の場合には「蜂の一刺し」で、沿海の巨大都市の中枢、原子力発電所、大型ダムを破壊する能力をもてば効果的な抑止力となる。中国が米国という仮想敵国を持っている時に、日本とことを構えて、大きな打撃を受けるのは賢明でない。このように考えると、現実的な政策として、非核でも相当な打撃を与えられる軍事力は、中国との関係ではかなりの抑止力を発揮出来ると考える。

「非核限定抑止力」の条件

日本が日米同盟への完全依存を止め、現在の「専守防衛」の国是を修正して、非核ながら2000ないし2500キロの射程を持つ巡航ミサイルを保有することにより、限定的対中抑止力を持つことは可能であると考えられるが、その実現にはいくつかの条件がある。

第一に日本が核攻撃は受けないという大前提を置く必要がある。核兵器のない世界はいつか来るかもしれないが、まず日本は核兵器や同様に残虐な兵器を自ら持たず、核兵器等不保持国に対する核攻撃の禁止を国際的な規範にする努力で核攻撃回避の敷居を高くすることに努めるべきである。リスクは残るが、日本が核兵器による攻撃の口実を与えない事は、そう難しいことではないと考える。朝鮮半島の非核化は、北朝鮮からの核攻撃のリスクを除去することが出来る。ロシアとの友好関係を樹立すれば、ロシアからの核攻撃の可能性を完全に排除出来る。中国との間に不可侵関係が実現出来るまでの間は、悪くしても限定的な非核抑止力により、究極的な対立事態が生じた場合には、日米同盟の「核の傘」による核抑止力が働く。米国の「核の傘」については、外国のために米国を核攻撃の危険に晒してまで核兵器を使用するだろうかという懸念がいつも述べられるが、「核の傘」はさすかも知れないと思わせる予測不能性だけで攻撃を抑止できる。

第二は日本のこの政策に付いて、米国との間に緊密な協議を重ねて、日本の意図について誤解を生まないようにし、かつこの政策が米国にとっても有利であることを確信させねばならない。米国にとり最大の関心は中国である。日本の行動で米中対立に巻き込まれたくないのは明らかで、オバマ政権は首相の靖国参拝↓中国国民の反撥↓尖閣沖での日中の軍事的衝突↓その拡大に伴う米国の日本防衛という連鎖を怖れて、外交的に首相の靖国参拝を避けることを忠告してきた。筆者も中国を不必要に刺激するのは愚であると考えるので、米国の忠告は是とする。中国の日本攻撃意思を確認するにつれて、日本が「専守防衛」から自主的な防衛力を増強することに米国は反対する理由はなく、むしろ中国との対立を回避したいなら、米国は中国に対して、対日挑発行為は中国にとって利益をもたらさないと忠告すべきである。米国は中国に北朝鮮の核開発を容認し続ければ、日本の核開発を誘発するという論理で協力を求めている。

筆者の考えは北朝鮮の核・ミサイル開発は、米国に脅威を感じさせることにより米国との平和協定の締結を目論んでいると考えるので、12章で詳述した北東アジア非核地帯の創設の提案で、北朝鮮に退路を与える国際的な外交努力で解決し得ると考えている。筆者は朝鮮半島の非核化が実現した暁には、日本が自発的に憲法において核兵器の保有をしないと明記することを主張している。常識的に考えれば、自殺願望を持っているのでなければ、核を保有しない日本が核保有の中国に戦いを挑むことは考えられない。しかし近隣国に懸念が残るのであれば、非核政策の憲法明記により、日本の非核政策の信頼性を最高度に高め得ると考えている。米国は日本の基地が利用出来るなら、日本防衛義務は少ないほど良い。日本の独自防衛への模索に米国が異議を申し立てるのは、基本的に従来からの惰性的な発想と、内心の日本警戒感が理由である。

悪魔の発想であるが、米中の相対的な関係の中で、中国が本気で日本とことを構えて、多くの軍事資源を日本に向けざるを得なくなることは米国にとり歓迎すべきであろう。日本が「日米安保」の縛りがなくても理性的な「抑制」を働かせることに米国が確信を持てれば、筆者が提唱するような日本の安全保障政策を米国も歓迎することはあっても反対する理由は無いと考える。日本が必要とする武器の売却、共同生産や日米共同訓練、緊密な情報交換が維持されるから、米国としても相当程度の歯止めは保有出来る。筆者は米中関係は今後20年は対立とも協調ともいずれの方向にも決定的に進まないと予想しているので、そのような状況下で日本が独自の動きを示して、中国との関係を改善することは、米国の選択肢を決定的に制約することにはならない。むしろ米国の日本防衛義務は減少し、米国がグアムからオーストラリアの線まで前進基地を後退させることを可能にするであろう。中国は米国との間の経済的な相互依存関係を維持し、全面的軍事対決を避け、現存の国際システムに参入して、地位を固めるという現実的な政策を取ると予測するから、筆者は米中が決定的に対立状況になり、米国が日本との同盟関係を必要とするようになるという事態は、結局起こらないと考えている。

第三に関係国は防衛力の透明度を高め、相手国が不透明であることを理由に安全確保のマージンを大きく取って、結果的に過大な攻撃力を持つことを防ぐ必要がある。関係国に国防費の透明性を求めることは重要である。中国については、何故2010年頃から対外強硬ともいえる路線変更があり、東シナ海、南シナ海での攻撃性が高まり、対外経済政策でも「一帯一路」構想やAIIB設立に見られるような既存体制や現状の変更政策を進めるようになったのか良くわからない。また国内に国防費増大の制約要因があるのかも分からない。分からないことばかりであるが、歴史に照らして見れば、圧倒的超大国米国でもジョンソン大統領の時代のベトナム戦争と国内経済の両立が出来なかったこと、末期のソ連が米国との軍備競争と国民の満足を両立させることに失敗して崩壊したなど、軍備と経済発展の間の資金の配分上のトレードオフ関係の存在は明らかである。いかなる国も大砲とバターの双方を永劫に満たし続けることは出来ない。中国が自国の安全保障への脅威に対抗するためでなく、軍事力により何らかの国策を追求することはありうるが、少なくとも経済的にその余力がなければならない。筆者は最近散見される中国の自壊説には与しないが、外部から窺えるだけでも、ここ20年にわたって続いた軍備拡張がこのテンポで将来も続きうるとは考えない。今や中国も錬金術のように富が湧き出た時代は終わって、普通の国になりつつある。

元寇のごとく中国が朝鮮半島の国を尖兵として日本に戦いを挑んでくるようなシナリオとか、中国や北朝鮮が日本に一斉に無数のミサイル先制攻撃を掛けて来て日本に降伏を迫るいう状況設定は、中学生向けのコミックである。中国の強襲上陸能力、エアボーン陸揚げ能力、離島部の制空能力等の推移を的確に判断して、攻撃力が高くなったらこれに比例して日本の攻撃力も変化させる柔軟な対応を行う方針を採用するのであれば、日本は相当程度の対中抑止力を保持出来る。このような軍備のエスカレーションは、民生を重んじる日本にとって、決して望ましいものではない。だが従属国となることに甘んじるのでなければ、覚悟せざるをえない。外交努力により脅威を極小化する努力はいかなる状況下でも行うべきである。ただ闇雲に脅威を強調して、軍備の拡張に走るのではなく、現実的で合理的な判断の積み重ねの上で行うのである。知的水準が高く、国際情勢についての諸情報が入手でき、自由な言論が保障されている日本では、国民の理解を得つつこれを行うことは可能であると信じる。

米国との安全保障条約が解消された場合には、日本が天文学的な防衛費を支払わねばならないという議論がある。筆者は軍事専門家ではないが、日本が空母を持つ機動部隊、長距離ないし中距離の核ミサイル、航続距離の長い攻撃的な空軍力を直ちに保持しなければならないという意見には賛成し得ない。関係国の出方次第によっては、国民の理解を得つつ、現在の「専守防衛」の基本方針の転換を図ることとして、他方中国との間に不可侵の取り決めを明確化する外交を強力に展開するのが適当である。もちろん過去に取り決めが「一片の紙切れ」と化したことはあるから、常に警戒を怠ってはならない。ケネデイ大統領が英国留学時代に書いた「英国は何故眠っていたのか？」という論文ではないが、日本は眠っていたり、念仏を唱えて安全が保障されるという観念論に陥らずに、情報力を高めて不可侵の約束が反故になる危険をでき限り早く察知しなければならない。戦争末期の断末魔であったとはいえ、ソ連の仲介能力に望みを掛けて、結果的には不可侵条約が踏みにじられた過ちは二度と繰り返してはならない。

国際情勢は時々刻々変化する。日本の防衛政策は長らく日米安保体制で米軍を補完するという方針で立てられてきた。30年に亘り防衛政策の根幹をなした「基盤的防衛力」構想はこの考えに基づくもので、一例を挙げれば北海道に戦車を配置することが重要であったが、２０１０年に至り、平成23年度以降の「防衛力の大綱」で日本への脅威に応じた防衛力を考えるべきであるという事になり「動的防衛力」という方向に転じ、２０１３年の「戦略」以降は、統合機動防衛力として、独自防衛に向けて抜本的に再編されることになった。筆者は遅きに失したが漸く自衛隊が、米軍補完でなく日本防衛を主とする明確な姿勢に転じたのは喜ばしいと思う。この章で論じたのは、中国からの日本への脅威の増大が予想される中で、これに日本が独自に対抗する方策があるかである。究極的には「非核限定抑止力」を持つ覚悟で、外交努力と合わせて日本の安全保障度を高めるという構想の中で議論している。

〔註〕

（1）2015年2月16日の安倍首相の衆議院本会議における答弁。

（2）防衛白書　2016年　166ページ解説他

（3）これは突飛な意見ではない。すでに1960年代の後半に日本は核不拡散条約参加との関連で、非核保有国の安全保障問題を国連で提起して、その結果1968年の6月に「核兵器保有国は核兵器を持たない国に核兵器を使用したり、使用すると脅してはならない」との趣旨の安保理決議が成立している。孫崎享「戦後史の正体」238～239ページ

（4）岡崎久彦もキッシンジャーのアジア分析には厳しい批判を展開している。岡崎久彦新「戦略思考」徳間文庫　1998年　356～363ページ

（5）北村淳「巡航ミサイル1000億円で中国も北朝鮮も怖くない」講談社＋α新書2015年　264～273ページ

11章
二国間外交による安全保障

外交による安全保障環境の改善

日本は外交が下手だと多くの日本人は考えているが、憲法で国益追求のために武力に訴えることを禁じている日本には、外交で安全保障を実現するしか他に方策がないから、本当にそうだとしたら極めて由々しいことと言わねばならない。米国依存の問題はあるが、日本が軽武装でここまで来れたのだから、外交はそれなりに国益を守ってきた。現在日本は世界の殆ど全ての国と良好な関係を維持している。全ての先進国との間には「文化外交」位しか外交は無いほどである。開発途上国との関係も、戦後一貫して日本の重要な国策だった経済協力のお陰で、濃淡の差はあるが基本的に良好である。関係がしっくり行かないのは中国、韓国、北朝鮮とロシアのみといっても過言では無い。大問題はこれら四国が海を隔てているとはいえ、最も重要な隣国だということである。隣国であるが故の様々の歴史を背負っている。しかし筆者は率直に言って、何故日本と全ての最近隣国と関係がギクシャクしているかの責任は、相手側より日本側にあると思う。相手側に責任ありという基本姿勢では、外交は成り立たない。外交は妥協の技術であり、日本が身の丈相応に妥協出来なかったことに問題があった。筆者はすでに8章の日本外交批判で、法律論優先で情に乏しい日本外交が、韓国との関係をここまで悪化させ、領土一括返還の固執がロシアとの関係改善を妨げてきたと指摘した。中国との関係は相互の経済力の急速な逆転と、中国側の国内事情があっての悪化であるが、日本側の尖閣問題についての姿勢は一貫性を欠き、拙劣を極めていたと思う。妥協は交渉により日本側が49％の不満に抑えられれば成功で、100％不満では成立しないが、相当不満でも、妥協による好循環への期待で妥協するのが外交である。厳しくいえばこれら四国との間には真の意味の外交が不在だった。北朝鮮については核武装は日本の許容範囲を超える脅威となるから、妥協には限界がある。しかし拉致問題の解決を日本の対北朝鮮外交の主目的にしたのは極めて拙劣な外交と言わざるを得ない。拙劣な日本外交の背景には、日本人の相手側に対する感情的な嫌悪感がある。関係が悪いから嫌悪感があるのか、嫌悪感があるから関係が悪いのか、実際の因果関係はわからないが、外交を好き嫌いで左右させてはならない。1980年代から俄かに起こった歴史認識問題と中韓両国の共闘が日本人の中国嫌い、韓国嫌いを肥大させた。首相の靖国神社参拝について妥協が難しかったし、折角政権交代で実現した「村山談話」に心理的抵抗を感じる国民心理の背景には、「あの戦争」の「正義」についての拘りがある。

中国、韓国に対しては、過去を過去として未来志向で行こうと言いながら、日本はロシアに対しては過去を過去とできないのは二重基準と言わざるを得ない。外交は二国間の核心的利益が衝突して軍事的な対立が起こることを回避することを目指す。外交が失敗したところから軍事的な衝突が起こる。すでに見たように世界が国益重視のナショナリズムの時代に入ってきた現在、これら諸国との関係を妥協によって解決することを拒み続けることは、日本の安全保障に重大な影響を及ぼす危険性を孕んでいる。韓国との関係は米国の介入で日本が妥協して曲がりなりにも解決したから、以下には中国とロシアとの外交の転換に絞って議論を進めたい。北朝鮮については、12章のアジェンダ設定外交で多角的な解決策を論じる。

王道を歩む対中外交

1978年に日中両国が締結した日中平和友好条約は日中両国が「平和五原則」と国連憲章の原則に基づいて、紛争の平和的解決、武力や武力による威嚇に訴えないことを約し、両国が経済、文化関係を発展させ、両国民の交流促進に努力することを謳っている。「平和五原則」は領土・主権の相互尊重、相互不可侵、相互内政不干渉、平等互恵および平和共存である。ソ連との対決色を深めていた中国が当時強く固執した「反覇権」条項などは、今や全く忘れ去られ、中ソは提携を深めている。しかし日本と中国が覇権を追求しないということはこの条約に明記されている。

筆者はこの「初心」こそが、日中関係の王道であり、日中双方が両国関係の基本に据えて行くべきだと思う。国力には盛衰があり、今や中国の国力は日本を凌駕しているが、日本は繁栄し平和な社会を築いた。日本は中国の経済発展に積極的に協力し、天安門事件以降の中国の孤立化の時代にも、国内の反対を押し切って、1992年には天皇・皇后両陛下が中国を訪問している。この20年の中国の工業化の結果、100円ショップに典型的に示されるような安価な中国製品が日本に流入し、日本の中小企業は倒産に追い込まれ、産業の空洞化が進んだことも否めない。マクロ政策の失敗のために長期化したデフレ下で、日本がダンピング関税を課すなどの貿易制限の誘惑に負けなかったことは特筆に値する。

しかし1982年以降歴史認識問題への固執、靖国参拝の問題視、在中日本権益への攻撃などの関係の緊張が進んで、日本国民の大多数が中国に批判的になっている。中国は2008年末頃から「将来世代」の知恵に解決を先送りした尖閣諸島の領有権の主張を蒸し返し、実効支配を目指すとしか思えない行動を次第にエスカレートさせている。この中国の行動は、明白に「初心」に反する。

現在最も危険度が高いのは軍事面である。日本は２０１３年の「国家安全保障戦略」で離島防衛に最重点を置き、日本独自の防衛力で離島特に尖閣諸島を防衛する措置を取り始めている。これはあくまでも防衛であり、領有権を主張する中国が、２００８年以降の領海、接続水域への漁船、漁民、公船、軍艦の侵入を日本人が脅威と認識したことに対応したものである。まず日中双方とも相手を刺激する行動を差し控え、偶発的な衝突の回避に全力を傾けねばならぬ。

軍事色はトーンダウンすべし

ただそれ以外についてはできる限り、日本は日中関係における軍事色をトーンダウンするよう努力した方が良い。長期的には「初心」にあるような平和５原則中の「相互不可侵」を希求することも明らかにした方が良い。当たり前だから触れないというのではなく、国際関係では触れないでいると当たり前でなくなる危険があると考えた方が良い。通商国家日本は資源の輸入、製品の輸出に必要な海洋における「国際航行の自由」は原則の問題として、世界のどこでも譲り得ない自由であるが、他方当然のこととして中国にも同様な「国際航行の自由」があることも国民に理解させねばならない。また日本は中国の核心的利益で、日本の核心的利益を害さないものは尊重すべきである。

いわゆる「歴史認識」問題は中国の「三戦」の一部である。１９９５年の「村山談話」で日本は態度を明確にし、歴代政権もこれを継承している。２０１５年の安倍談話も同様の内容で、中国がこれ以上深追いしても得ることはないのは明らかである。過去は歴史家に任せて、両国政治家は未来志向に徹するべきである。その意味で現職総理の靖国神社参拝は、敢えて中国を刺激する不必要で不毛な行為であると考える。

「歴史認識」との関連で重要なのは、憲法改正問題を過去の否定と取られる説明をすることの危険性である。日本が憲法改正に取り組むのは日本の内政問題であり、いずれの国の介入も許すべきではない。ただ日本の平和主義の基本政策に疑念を生じさせるような改正は不適当である。(1) 国民は現行憲法の中の優れた点を評価しているのは明白で、日本が国際紛争を解決するために軍事力を行使することを国民が望んでいないのも明白である。憲法改正に当たっては２０１５年の戦後70周年の機会に出された「総理談話」の趣旨を明確に反映させるべきである。憲法改正に当たって、特に保守政治家が政治的なレトリックを避けることは、対中国だけでなく国際的に不必要な誤解を招かないために重要である。日本側から新たな刺激を与えることは極力避け、中国側の挑発には乗らないで、必要な防衛努力の強化を静かに進めるのが賢明である。

地理的に日中はどう向き合っているか

地図の上で自分を中国の立場において考えて見ることも必要であろう。地政学的に日本は中国との間に、朝鮮半島を挟んで、南北にずれた位置にあり、中国の正面の国ではない。この感覚は中国側でも「魏志倭人伝」以来変わるところはないと思う。ただ中国の重心がある黄海から華南の太平洋側の沖合には沖縄諸島が横たわっている。経済大国になるにつれ中国は太平洋を越えた対外貿易を増大させ、軍事的にも太平洋への出口の確保に関心が高まる。沖縄が目障りになる気持ちも理解し得ないでもないが、さりとてお互いに引っ越す訳には行かないから、日中両国はこの現実に折り合って行かねばならない。

この地理的な状況があるので、日本は小野妹子の時代から一貫して、中国とは対等の姿勢を維持出来た。不幸な戦争の時期はあったが、日本は未来に向けては中国と適当な距離感を持ち得ると考える所以である。

1840年以前の奇妙な日中関係

その上で、中国の「国恥」が始まった1840年以前の日本と中国の関係を振り返って見ると実に面白いことが判る。もちろん当時東アジアには近代的な国家関係は存在していないから、現在と正確に対応しているわけではない。ただ李氏朝鮮と日本とは室町、徳川時代に通信使の来訪があり、釜山の倭館や対馬の厳原において、公的な交流が保たれていた。それに比較すると、奇妙なことに日本と中国の公的な関係は信じられないほど希薄だった。

15世紀初頭から足利幕府と明との間には朝貢の形をとった「勘合貿易」があった。日本から明へ硫黄等が、明からは金襴緞子、羅紗等の高級絹織物が入って来た。16世紀半ば頃から足利幕府による朝貢関係は終了した。その後密貿易は続くが、三代将軍家光の時代の1630年代以降、日本側は「鎖国政策」を取った。鎖国政策で最も厳しく禁止されたのは日本人の海外渡航で、日本から使いが海外に派遣されることは無かった。長崎にはオランダと中国の船のみの渡航が認められた。中国船は乗組員が中国人であれば、派遣者が誰であるか問わなかったから、清朝政府の派遣船、鄭成功の乱の反清勢力の船、シャム国王の派遣した船でも、オランダ東インド会社会社の傭船も来航したという(2)。

16世紀から1871年の日清修好条規締結まで300年以上、日中間には公的関係が無いままに、交易のみ存在したのである。日中貿易は清の商人が長崎に来航する形で、オランダ商館を通じて行われた。日本が中国から輸入したのは生糸、絹織物、漢籍等で、輸出は銀、銅、後には日本産の海産物の「俵物」、つまり煎海鼠、干し鮑、鱶のひれ等だった。

清朝は1661年に鄭氏を滅ぼすために、一切の本土からの出海を禁じ、日本銅を買い取る目的で官が黙許した船を除き中国本土からの来船は途絶えている。1683年清朝の中国支配が完成すると、展海令が発布されて、中国船の日本への来航が激増した。日本側は1684年（貞享元年）に金銀の流出を防ぐ目的で貿易制限策を取る。また抜け荷防止のため1689年から長崎出島に唐人屋敷という居住区を設けた。1715年から来航する唐船に「信牌」という長崎通商照票を給付した。唐船は一年おきの来航なので中国側に争いが起こり、福建、寧波商人は中国の沿岸官憲に訴え、裁定をしてもらったという。将軍吉宗は1720年から積極的に中国文化の取り入れを図り、信牌を褒賞として与えた。1728年唐船で2頭の象がシャムから渡来したのは有名である。更に吉宗は良馬、馬医、騎射に巧みなもの等を求めたので、逆に中国側で取り締まりを強化した。面白いのはいずれの側も、それぞれの政府が、相手側に相談することなく、自己本位の一方的な政策を取る形だったが、交易は続いていたのである。

1862年幕府は、外交貿易視察のため上海に官船千歳丸を派遣し、使節は清朝の地方行政官である上海道台を訪問している。当時の中国は太平天国の乱等が起き、国内が大いに乱れていた。中国は1842年南京条約で上海等五港を開港した後、列強の侵略に晒されていた。千歳丸には高杉晋作や五代友厚が乗っていて、中国が列強の下で悲惨な状況にあることを知り衝撃を受け、攘夷と開国に揺れ動いていた日本が、開国に向けて舵を切る契機ともなった。幕府が欧米列強と条約を締結しているうちに、明治維新となった。

日中間の公的な関係樹立の折衝は、明治政府が1870年に柳原外務権大丞一行を上海に派遣して上海道台と始めた。その結果1871年に「日清修好条規」が締結されるのである。日本側は朝鮮問題の関連で清国と対等の関係の樹立を求めたが、清国側は「条約」でなく「条規」として、欧米と形式的に区別したが、李鴻章は「日本と西洋国との関係が進めば、展望は清朝側に不利なものになる。条約を締結すれば牽制になり、日本が中国の外援とならなくても、西洋の外藩にはならないだろう」との判断だったという。(3)

日本は列強に支配された中国の轍を踏まぬように「富国強兵」政策を取り、朝鮮を巡り日清戦争となり、中国と日本の力関係は逆転した。その後日中は長い対立の時期に入るのであるが、興味深いのは1870年まで300年以上も日本と中国は公的な関係を持たずに過したということである。面白くいえば、中国が「国恥」を雪いで、アヘン戦争の前の時期に戻ることを夢とすれば、日中両国は民間による貿易を除けば、公的無関係の状態に戻るということになる。これはハンチントンのいう日本文明の孤独性ということでもあろう。日本との条約締結に当たり、李鴻章は日本が直接申し入れて来ているのを断れば、日本は必ず列強を後ろ盾に要求してくるだろうと述べ、中国の「外援」にならなくても良いから、西洋の「外藩」にならない日本を展望したことは興味深い。

重層的な対中安全保障政策――尖閣と非核についての立場の明確化

筆者は9章で日本の安全保障の選択肢として、同盟アプローチ、勢力均衡アプローチと中立政策の三つを掲げた。筆者は、中米関係は今後相当期間対立と協調を合わせ持つと考えるので、日本は対中関係を含め選択肢を狭めることなく上記の三つのアプローチを可能な限り平行して進めるのが、日本の安全保障へのリスクを極小化する最善の策であると考える。日米同盟は維持するが、同時に中国周辺国との関係を深めて、勢力の均衡を図る。同時に中国に対しては究極的には相互不可侵の関係を結ぶべく、敵対関係に陥らないよう、互恵関係を追求する。感情的な対中認識を抑制し、中国にも日本理解を求める。

重層的な対中政策の基本となるのは日中平和友好条約の「初心」であり、戦後の平和主義の継続の明確化である。戦後70年の「安倍総理談話」はその出発点となりうる。今後の日本外交がその趣旨からぶれることが無ければ、ささくれ立った日中間の政治外交関係は、早晩平静化すると期待される。唯一の懸念は尖閣諸島を巡る偶発的な衝突であり、日本側では離島防衛に全力を注いで、中国側にこの問題のコスト・ベネフィットを理解させて、「先送り」に持ち込むしか策は無い。偶発的な衝突防止については中国側がまだ応じる姿勢を見せていないが、忍耐強く働き掛けるしかない。中国に「先送り」に踏み切らせるには、「面子」を立てることも重要である。筆者は適当な時期に「日本は領土問題についての隣国との意見の不一致を、憲法の規定するところに従い、武力で解決することは絶対に行わない。相手国が希望するなら国際司法裁判所等の意見を求めるにやぶさかでない」との一般的な方針を鮮明にするのが良いと思っている。尖閣については紛争の存在を認めるわけではないとの立場も守りつつ、一般的な日中関係の改善の基調が出来て来た時には、このような宣言が中国に「先送り」の退路を再選択する切っ掛けを提供することになるかも知れない。

日中間の環境改善には日本側からもっと積極的な行動を必要とする。中国に向けて重要なメッセージは日本の核武装の可能性についてである。中国内にその懸念があるのみならず、同盟国である米国すらも、米中国交回復時から現在に至るまで、中国側に日米同盟は日本の核武装、軍事大国化を防止するものであるとか、北朝鮮の核武装は日本の核武装を招くという発言を行っている。日本に核武装の意図がないことを中国側に理解させることは極めて重要であり、これを中国側が確信すれば、中国の対日方針に影響を与え得るであろう。筆者は次章で、北朝鮮が核開発を断念し、核開発能力を破棄する「北東アジア非核地帯構想」の最終段階で、日本が憲法を改正して、非核化の方針を明記する提案を行っているのも、日本側の明確な意思をこれ以上明らかに示す方法はないと思うからである。被爆体験から強い反核の国民感情にも一致するし、世界の非核化に向けての道義的な立場を持てる。

首脳レベル、政府高官レベル、学者レベル等あらゆるレベルの交流にコストを惜しまず、即効的な成果を求めることなく、接触を深めることを断念してはならない。極めて困難なことは十分に承知しているが、中国共産党関係部局との間の政党ベースの交流、対話の仕組みが出来れば意思疎通ルートの拡大に資するところは計り知れない。政府関係者の間のトラック1の対応のみならず、学識経験者、元政府関係者、中国共産党関係者を含むトラック2のチャネルも開発すべきである。しかし日本側はあらゆる交流を通じて、以下の三点については十分に留意する必要がある。

台湾独立不支持

第一に最も重要なのは台湾の独立を支援しないことである。しかし台湾が独立を宣言したり、中国が台湾の統一を強行した場合には、米国の対応いかんでは、米中関係が険悪になる可能性が高い。東アジアで米中が軍事的に衝突すれば、沖縄に存在する米国の基地を契機として、日本にとって極めて対応が難しい事態が生じる。筆者は、不幸にして米中間に軍事的対立が起きた時に、日本は可能な限り中立的な態度を堅持すべきであると思う。常々そういう事態が生じないように日本はキメの細かい外交的配慮をすると同時に、与党政治家を始めとする国内各方面にこの問題の機微性への理解を深めておかねばならない。日本がいかに内心で台湾の独立性の継続を希望しても、またそれがいかに日本の利益であっても中国に対しては「日本は台湾の独立を支持しない」ことを明確にし、この立場を堅持することが重要である。

南シナ海の領有権問題への不介入

中国の南シナ海における島嶼占領、軍事基地化の動きへの日本の対応はもっと慎重さを要する。国際関係で現状維持は、重力と違い、自然に普遍的に実現するものではない。現状維持を守るためには現状破壊に断固としてする対抗する意思を必要とする。1991年のクエート奪回の「砂漠の嵐」作戦、朝鮮戦争、フォークランド戦争を想起すれば、このことは自ずから明らかであろう。領有権を争っている島嶼を強奪された国が、これを実力で奪いかえす意思も能力もない時に、第三者がこれに介入するのは賢明でない。同盟国の米国が、日本が尖閣諸島の実効的支配を自力で維持しない限り、安保条約の防衛義務を果たすことはないという立場を取っていることの含意を忘れてはならない。

島嶼の領有権争いとは別に、この島嶼の周辺海域の「国際航行の自由」は日本の関心事項であると主張することとの間に矛盾はない。むしろ日本は両者を切り離して対応しているという立場は明確にしておかねばならない。よく観察すると米国も南シナ海の領有権争いにはいずれにも加担しない態度を取っている。累次の南シナ海域への米国軍艦の派遣は、一方的な島嶼奪取、軍事化を進める中国の牽制と喧伝されるが、米国は「航行の自由」を確認する限度内で行動している。南シナ海で関係国が「法の支配」により領有権問題の解決を図ることは大いに歓迎すべきであり、２０１６年７月の画期的な仲裁裁判所の判決はこれを支持すべきであるが、領有権問題そのものについて日本は、当然ながら一方の主張に加担してはならない。またそのように見られる言動を取るのは賢明でない。

中国を無用に刺激しない

日本が絶対にしてはならないことは、日本の方から中国との古傷を顕在化させることである。中国が「国恥」と考えることに論争を挑むことは避けた方が良い。日本が既に十分学んだのは中国の「国恥」を雪ぐという怨念の深さである。日本だけが突出して中国の怨念を受けるのは愚である。距離的に遠方にあるとはいえ、アヘン戦争以降の中国の「国恥」から最も対象になっておかしくない英国が中国と歴史的「黄金時代」を迎えることが出来るなら、中国の「遠交近攻」政策は有っても、日本が中国との間に、腕一本離した「淡交」関係が築けない筈はない。日米安保の「核の傘」を頼りに強硬外交をするのは、棍棒を持ってヴェルヴェットの手袋で握手する欧米流である。そうでなく日本流の戸締りを厳重にして、縁側で親しくお付き合いをするやり方が賢明である。

前向き政策はどしどし実行

日中間の貿易、投資拡大、金融協力が進み、日中両国が経済的依存関係を深めることは日本の安全保障に繋がるので、日本は積極的な努力を図ることが望ましい。特にウイン・ウインの分野である環境協力の強化は地方自治体も巻き込んで進めるのが良い。観光客を始め人の往来（特に若者）を促進するべきである。多くの中国人が日本の津々浦々まで訪れて現在の日本を体感することは、中国の日本認識が、日中戦争と「愛国教育」の結果、否定的な側面が強調され勝ちであることの解毒剤になろう。長期的に中国人の日本認識の改善は極めて重要で、等身大の日本理解を得ることの大切さは強調しすぎることはない。筆者は宮本雄二が「相互に感情的にならず、「等身大」の相手を知る」必要を説く趣旨に大賛成である。(4)

対中融和政策は敗北主義か？

筆者は「力は叫ばない（Strength does not shout.）」という格言が好きである。キャンキャン吠える犬は弱い犬である。真に力のあるものは落ち着いているべきであると思う。これは個人でも国家でも同じである。ちゃんと自衛隊の戦力を南西諸島に配備すれば、まだ日本には離島防衛能力はあると信じる。日本の領海やその上空で中国が調子に乗った軍事挑発をする場合には、これが意図的な軍事挑発であることが国際社会に判る状況であれば、手痛い打撃を与える決意と戦力配備を早く行うべきである。

同時に中国との間には東アジアの平和と繁栄についてのステーキ・ホールダーとして対話を進めなくてはいけない。尖閣への領土的な野心、歴史認識の押し付け等で、日中友好への日本国民の熱意は霧消してしまっている。その結果を反映して、残念ながら日本のメディアにおいては、日中関係の前向きなニュースに乏しい。また中国の内政における権力闘争的な動きや経済困難についての関心が異常に強調されている。また「中華帝国の野心」的な刊行物が多い。筆者は中国の尖閣諸島への領有権の主張と日本の実効支配に対する挑発的な行動は絶対に容認してはならないと思うが、いかなる状況下でも日中関係をこの問題だけに矮小化しない配慮は必要と思う。対立を抱えながら融和を説くことは敗北主義と考える者もいるかも知れない。筆者がこの章で述べた考えは、日中関係の現状においては夢想であると思う人もいるかも知れない。しかし筆者は国家関係では永遠の敵も友もいないと考える現実主義者である。例え今は敵であっても争いが終わったらどうするかを考えるヨーロッパの伝統的な外交感覚に学ぶべきであると思う。日中関係の百年を考えるとしたら、日本は中国に対して、もっと多面的、重層的な融和的なアプローチを必要とすると指摘しておきたい。

ロシア認識変更の必要性

どの民族にも民族の記憶がある。普段は意識の底に沈んでいるが、何かの折に吹き出す。アメリカについての日本の記憶は黒船に始まり、激烈な戦争を通じて強いパワーを感じる記憶である。愛憎相反するところもあるが、巨大な記憶を持つ。中国については中華文明への畏敬と、日本が近代に犯した悲劇の反省とないまぜになった、圧迫感とでもいおうか。それに反して隣国でありながらロシアについては、否定的な記憶ばかりが頭をよぎる。

これが日ロ関係の将来にとり両国が克服しなければならない民族の記憶の壁である。しかし冷静に世界史を振り返ると、ロシア皇帝が日本人を蔑視し、東へ東へと勢力を伸ばしたのも、「マニフェスト・デスティニー」と称してアメリカが西漸し、インデイアンを駆逐したのとの間には本質的に差はない。確かに日露戦争に至るロシアの極東進出への恐怖、あの戦争の末期に不可侵条約を踏みにじって日本を攻撃し、戦争が終わった後に千島列島を占領した記憶は鮮烈である。シベリア抑留の問題もある。日本人とロシア人の間には、文化人のロシア芸術への尊敬はあっても、人間的な接触の記憶は驚くほど乏しい。加えて日本のロシア認識は、共産主義、全体主義の危険な国であるという戦前から冷戦時代にいたるイデオロギー対立に彩られている。最近ロシアを等身大に見ようとする本も散見する(5)が、米国、中国に較べるとその数はなきに等しい。

しかし21世紀の日本の安全保障を考える場合には、核保有国であり軍事的に侮れないロシアを無視する訳には行かない。「冷戦」から「米国の一極支配」、「中国の台頭」の流れの中で、中ロが連携を深めればパワーのバランスは決定的に日本に不利になる。日本はロシアと真剣に対峙することを迫られている。そのためには、民族の記憶にあまりにも影響されている、偏ったロシア認識を改める必要がある。

日露の仲が良かった時代

日露が仲が良かった時代も無いことではない。日露戦争が日本の辛勝に終わった後の1907年から約10年間の短い時期ではあるが、日露関係には小春日和の「日露協約」時代があったことは完全に忘れ去られている。この協商は当時のヨーロッパでドイツに対抗する英仏露三国間の協商関係に背中を押されたものであった。ただ日本との再戦争を避け、ヨーロッパに専心したいロシアと、朝鮮における日本の卓越した地位をロシアに承認させ、国力の回復を図りたい日本の利害が一致していたことが根本の原因である。秘密協定で満州を日露が南北で分割して衝突を避けることが同意された。他方移民問題で日米関係は急速に悪化し、アメリカも満州が日露に壟断されることに反対するための介入提案をするようになった。鉄道王ハリマンの満鉄を日米の合弁事業化する提案は有名である。1909年ノックス国務長官は満鉄中立化を提案した。(6)

中国で辛亥革命(1911年)が勃発し、外蒙古も独立を宣言するなど北部中国が混乱する中で、日露両国は満州における特殊利益を守るために協調を深めて行く。日露は更に蒙古における勢力範囲を約し、第一次世界大戦の勃発後ロシアが対独戦に必要な武器弾薬が欠乏する窮状も背景に、1916年には秘密協定で、日露両国は中国に第三国が進出する場合の攻守同盟関係を約するまでに発展した。この協約関係はロシア革命の勃発で全てご破算になり、逆に日本は居留民の保護目的で米国等と連携してシベリアに出兵し、欧米軍が撤退後も居残ったので米英と鋭く対立するようになり、尼港の日本人虐殺事件などもあり、撤退を迫られた。極めて機会主義的な提携であるが、両者の利益が合致する時には、日露は提携したことも記憶に値する。

日ロ関係発展への障害

第一の圧倒的な障害は民族の記憶に基づく日本人のロシア嫌いである。世論調査で日本人がロシアを好きになったことはない。シベリア抑留や関東軍の崩壊後侵入したロシア軍の日本人に対する暴行は許せないが、過去のことである。中国や韓国の彼らの記憶に基づく反日感情と日本人の反露感情を比較する視点も必要である。日本人は中韓両国はいずれも過去に拘りすぎて、これでは将来に向けて明るい未来が開けないと思う。ロシア人も同様に日本人を見ていてもおかしくない。一方で中韓に対して、過去は過去として未来志向で行こうというなら、日本がロシアに対しても同様の態度をとらないのは論理的でない。ただ領土問題は現在も続いているのが最大の問題で、日露関係が発展するためには、この喉に刺さった大骨を抜かねばならいのは、誰にでもわかることで、歴代日本政府もロシア政府もそれなりに努力してきている。

このところプーチン大統領は「引き分け」で解決しようと考えていると伝えられる。これが正しいなら、真剣に議論の価値はある。日本とロシアの双方の法律的な立場とメンツに配慮して、いずれも勝たないのが「引き分け」なら、ロシア側に「日本が負けない」解決を考慮する余地があるようにも解釈できる。日本とロシアが「自然の友」の条件を備えているなら、解決しないデメリットより解決するメリットの方が大きい筈である。

トランプ新大統領は、ロシアとの関係を利益本位で現実的に見るとの態度を取っており、プーチンとの相性も良さそうである。米ロ関係が改善した場合には日ロ関係の改善を取り巻く状況は大きく変わる。

米国はヤルタで対日参戦の見返りに、ソ連に樺太南半と並んで千島列島の引き渡しを密約していたが、冷戦が起こりソ連がサンフランシスコ平和条約に参加しなかったので、その帰属は未決定という態度に変わった。冷戦時代には日本とソ連が「領土問題」で対立していることは米国に好都合であった。1956年10月鳩山一郎首相とフルシチョフは「日ソ共同宣言」に署名し、国交を回復した。北方領土問題はそれに先立つ前年のロンドンでの松本・マリク交渉で、平和条約調印の暁にはソ連は歯舞諸島と色丹を日本に引き渡すことには合意が出来ていた。日本は平和条約締結交渉の中で、引き続き国後、択捉の返還を交渉する建前で、ソ連は「解決積み」の姿勢であった。この構図は現在も基本は変わらない。しかし一時日本側にあった国後、択捉は断念しても良いとする考えに、米国は強く待ったを掛けた。56年8月スエズ運河に関する国際会議がロンドンで開催された際、ダレスは重光外相に「日本がサンフランシスコ条約で放棄した千島列島のソ連への帰属を認めるなら、米国は沖縄の併合も主張し得る」との趣旨を述べた。日本はこの発言に衝撃を受けて、実際問題としてその後は国後、択捉の返還も求める姿勢を維持して、膠着状態となっている。(7)

プーチンがクリミヤを実質上併合したことが、欧米諸国の対ロ制裁発動になり、ロシアは国際的に孤立化している。米露関係の現状は、プーチンの側にソ連崩壊後ロシアが民主主義、資本主義を導入したにもかかわらず、米国はこれに報いなかったという強い不満がある。米国は既にロシアは米国を脅かす存在ではなく、資源価格が低迷すれば経済も低迷を続けると考えながら、依然としてロシアを危険な軍事大国と見做して警戒感を弱めない。何故か分からないが、筆者にはキッシンジャー外交以来、米国外交には著しく反露親中のバイアスがあるように見える。そういう意味では日米同盟下で、日本がロシアとの接近を控えることを下支えするある種の力が働いている。また軍略的にロシアが中国と連合して米国に対抗する姿勢を示し、中露が海軍の間で提携を深めるような動きも愉快でない。

米国とロシアが対立する限り、日本がロシアを助け、米国の主張と乖離する政策を取らないことを米国が希望することは自然であるから、米ロ関係の好転は、この事情を変える上で、基本的には日ロ関係の改善に追い風になる。

「北方領土問題」の先延ばし暫定「解決」

ロシアがヨーロッパと軍事的に大規模に衝突するとか、ロシアが支払不能に陥り国際管理下に置かれるというような国際情勢に驚天動地の波乱が起こらない限り、「北方領土」が耳を揃えて日本に返還されることがあると考えるのは幻想である。若し驚天動地のことが起こり、ロシアが返還するとしても巨大な代償が必要なことは明らかである。メンツの問題や法律的な側面を除いて、日本にとっての返還のメリットは何かを冷厳に打算しなければならない。北海道ですら十分に開発していない日本が、より遠方で、より寒冷な北方領土をどのようにして、実効的な行政網を作り、これを有効に利用することが出来るのであろうか。妥協によりこの問題を解決して、広範な日露協力に道を開くメリットは、解決しないままに推移するデメリットを遥かに上回る。街宣活動をする一部の人達は、決して多くの日本国民のバランス感覚を反映していない。

「引き分け」の知恵は限られている。四島を二分する最終解決案もしばしばメディアに登場するが、筆者は線引きは難しく、国境線を画定するという形の最終解決は実際問題として困難であると思う。筆者はこれまでの約束に従い、ロシアが歯舞群島と色丹を日本に返還して平和条約を締結し、何らかのαを日本にプラスすることにより、国後、択捉の領有権については最終的な解決を先延ばしにするという「暫定」解決策以外に奇想はあり得ないと考える。

筆者は日ロ双方に何らかの具体的な「引き分け」パッケージで解決する意思があれば道は確実に見つかると確信している。筆者はこれまで日ロ政府間にどういう「引き分け」アイディアが出ているのか承知しないが、双方のメンツを立てるのであれば、100年後に住民投票で帰属を決定するというので十分であろう。ただ元住民が帰島するにしても、数では現住するロシア人の数に遠く及ばないだろう。今後共同利用に大きなメリットが生まれ多くの日本人や第三国人が移住するなら、今後50年に移住したものとその子孫に100年先の投票権を与えるのも一案であろう。更に心配なら100年後、日ロのいずれかが反対するなら、住民投票を更に100年先送りするのでも良い。それまでは国後、択捉のロシアの実効支配が続くが、日本は領土問題以外の経済関係で、ロシアと平和的な関係を発展させることが出来るというαでお釣りを取るのが賢明である。

日本企業は世界中で外国の管轄権の元で操業しているから、ロシアの施政権の元で仕事をするのは例外的ではない。ただ法律論の建前もあり、旧領土であるがゆえにそこに住んだり、事業を営む日本人がロシアの行政権に従いたくないということもあろう。しかし有能な専門家が知恵を出せば裁判権、行政に対する不服申し立て等で起こり得る不満を解決するメカニズムを構築することはそう難しいことではないと思う。

「日ロの夢」を描けないか

日ロ両国民に関係改善の利益を理解させるためにも「日ロの夢」を積極的に描くことが必要である。交渉は妥協しなければ纏まらない。妥協し「良い循環」への転換を果たすことが大政治家の役割である。といっても、今のようなロシア嫌いの気分が充満する日本国内に妥協を納得させるには、具体的なプラスαを示すしかない。プーチン独裁といっても、ロシア国民、特に極東ロシアの住人に、妥協の利点を判らせなくては、この問題の長期的な解決にはならない。「日ロの夢」を描いて両国民に示し、その潜在的な有利さを両国民が受け入れるという作業がどうしても必要となる。安倍首相の下で日本からさまざまな日ロ共同プロジェクトが提案されている。筆者も、極めて現実的な考えから、空想的でも、現実離れしていても、可能かもしれない大風呂敷を広げて、「日ロの夢」を以下に描いて見た。

(1) IAEAの下の国際的な大規模核廃棄物処理・貯蔵センター建設

人口稠密な日本や韓国、さらには恐らく中国にとっても、国内に原子力発電に伴う核廃棄物の処理、貯蔵施設を設けることは極めて困難である。東アジア地域が核廃棄物の再処理に目処が付くまで、貯蔵施設を必要としていることは明らかである。おそらく保管料として相当の収益が見込まれることでもある。北方四島に限定せず、千島列島のうちには人口が極めて少ない島が存在する。日露が協力して、住民の移転、施設の建設に当たるのは、あらゆるものにとってウィン・ウィン関係である。貯蔵された核廃棄物の所有権やロシアによる管理に米国等から危惧や反対が示されることも考えられる。テロに襲われる心配もあろう。筆者は思いきってこの施設を国際原子力機関（ＩＡＥＡ）の下の機関とし、国際的な管理、運営とするのも一案であると思う。

（2）「千島漁業特区」

千島列島は世界でも有数の漁業資源に恵まれている。科学的な管理の下に漁業資源を開発する余地は大きいと考えられる。北方諸島からの海産物が釧路港はじめ北海道の漁港に水揚げされることを見ると、更に日露間で漁業協力を進める余地はあると考える。千島諸島全体をロシアの漁業特区として、日露共同で開発することは両国にとり実利がある。漁業法人を活用することにより、零細漁民が国際市場に参入することも可能になろう。

おそらく国後・択捉については、その規模から日露協力の成否の鍵を握ると思われるので、特別特区として日本側の利益も十分に守られるようにした方が速やかに発展するであろう。日露間で特別共同委員会を作り、「千島特区」「国後択捉特別特区」の構想を各国のシンクタンクから募集すれば、国際的関心を高めることが出来るだろう。

（3）資源協力

すでに日露間では民間レベルで樺太の天然ガスの開発、日本への輸出のプロジェクトがある程度進んでいる。樺太からの天然ガスの輸入は日本の総輸入量の一割程度になっている。ロシアの外貨獲得には暫くの間資源輸出しか手段がない。日本にとってもエネルギー資源の輸入源の多角化は安全保障上も優先度が高い。現在の最大輸入源のカタールに加えて、新パナマ運河経由で米国ガルフ地帯からの天然ガス、ＬＰＧ等の輸入と並んで、樺太等からの輸入を拡大することは賢明である。輸送に要する日時は最大の輸入国カタールからの十数日から五、六分の一の二、三日になるといわれている。

ロシアは長年樺太から、北海道、究極的には首都圏へパイプラインを敷設することを提案しているが、資源のロシア依存への恐怖、北方領土問題の未解決等が障害になって、実現していない。現在は一旦天然ガスを樺太からロシア本土へ運び、液化してタンカーで日本へ運ぶという不経済な輸入経路である。日露関係が好転するとともに、ロシアにエネルギーを依存することへの恐怖も薄らぐであろう。樺太との間にパイプラインを敷設して、直接に輸入することは日露間の経済提携プロジェクトとしては最も実現性があり、重要度も高い。

シベリアは鉱物資源に恵まれていて、過去にもいろいろな計画が浮かんでは消えている。気候条件や、輸送費が嵩むこと等から経済採算に乗らないことが開発を妨げているが、長い将来には協力対象の分野として重要な可能性を持つだろう。

（4）　日ロ自由貿易特区協定によるシベリア地域工業開発

暴力と詩情が渦巻くロシアを描いた元外交官河東哲夫の『ロシア皆伝』を読むと、あらゆる観点から、日本人がロシアで生産活動を行う気持ちになるのは無理な気がする。しかしロシア側からはこれを熱望する強い理由がある。日本を上回る人口を持つロシアであるが、バイカル湖から東の極東ロシアの人口は僅かに630万人に過ぎない。長い国境線の向こうにはその20倍の1億3000万人の中国人が住む。ロシア国内に住む中国人の数も着実に伸びている。長期的に極東ロシアが中国経済の支配下に陥る危険は大きい。ロシアの心あるものは、極東ロシアへ日本や韓国という中国以外の国の参入を望んでいると見て良いだろう。

加えてロシア経済の最大の弱点は資源輸出への過度の依存で、資源価格の変動で成長が極端に上下する。安定的な経済発展のためには、工業の発展が長年の課題であるが、資源開発、軍事関連に偏っている。消費財生産は一向に伸びない。極東ロシアの経済発展をより魅力的にするには、「もの作り」という鍵を握っている日本の参入である。例えば技術の進歩で寒冷地でも温室での農業が可能になっている。日本がどこまでこの期待に応えられるかは別として、「日ロの夢」に付け加えておいて良いだろう。

(5) 観光協力

ロシアの自然は美しい。日本人は世界のあらゆるところを観光で訪ねている秘境的な場所への興味や、日本人の自然好きから、極東ロシアへの観光には少なからざるポテンシャルがあると見て良い。樺太の日本時代をノスタルジックに窺わせる場所やシベリア病没者慰霊碑等の存在も無視出来ない。観光客の増大は膨大な関連インフラの構築を必要としている。観光と観光関連産業は多くの国で国民生産の10ないし20％を占め得るという予測もあり、日ロ観光協力も夢に加えておきたい。

新「日ロ協約」時代を

日本の指導者が長らく北方領土問題を「四島一括返還」と限定してきたことが自縄自縛を招いた感がある。憲法改正を憲法9条改正と矮小化して同一視したために、肝心の改正が全く進んで来なかったことに良く似ている。最近は「領土問題を解決して平和条約締結」という目標になったことは、解決に一歩近づける変化といえよう。筆者はロシアという国の政治は、いずれの時代も結局は専制に近い強力な指導者を必要としていると思う。プーチン後もいずれは強力な指導者が現れると思うが、来るべき20年の日本の安全保障を考えるというこの本の趣旨から、そんなに長く待つことは無意味に近い。いくつか理由を挙げてこの項を終えよう。

第一は多極化が進む21世紀に、日本が米国一国に完全に日本の外交政策を合わせるのは賢明でなく、色々なバスケットに卵を入れるべきである。ロシアとの関係改善は別なバスケットを用意し、選択肢を広げることである。

第二に日本はもう少し功利的観点から北方領土問題を考える思考をするべきであると思う。功利的とは問題の解決から得られる利益と、解決しないで更に時間を無駄に過す不利益とを冷厳に比較考量することである。

第三に日ロは永遠の敵対者と認識すべきでなく、「過ぎたことは過ぎたこと」と割り切って、未来志向で協力関係を模索することには価値があると思う。日本は米国、韓国、中国に未来志向の関係を築こうと呼び掛けている。ロシアを例外とする理由は全く存在しない。

第四に「日ロの夢」に描いたように、日ロ間は有無相通じるウィン・ウィンの関係が築ける領域がかなり存在することである。このポテンシャルを探求しないのは怠慢と言われても仕方がない。

第五に日ロの関係改善は、アジアでは少なくとも中ロ連携を牽制する効果を持つ。英国、ドイツが中国と親交を求めるのは結構であるが、クリミア問題のために、日本がロシアと親交を持つことにヨーロッパが異議を唱えるのは首尾一貫しない。米国も中国台頭の中のアジアの勢力バランス等さまざまな観点から日ロの関係改善を評価するべきで、日本は日本の意図を米国に説明することは必要であろうが、日本がやること自体に余り遠慮する必要はないと考える。最後の点はトランプ大統領の登場で様変わりしそうである。

〔註〕

（1）英正道「新平和憲法のすすめ―そして日本はどこへ」２０１５年 草思社 １４４～１４５ページ
（2）大庭脩「日中交流史話」燃焼社 ２００３年 18～19ページ
（3）閻立「清末中国の対日政策と日本語認識―朝貢と条約のはざまで」東方書店 ２００９年 １２６ページ
（4）宮本雄二「習近平の中国」新潮新書 ２０１５年 ７ページ
（5）河東哲夫「ロシア皆伝」イースト新書 ２０１５年
（6）日本外交史辞典 山川出版社 １９９２年 ７３２ページ
（7）この間の経緯については孫崎享「日本の国境問題」に詳しく述べられている。（ちくま新書 ２０１１年 96～１３１ページ）またロシア側の内情については河東哲夫「ロシア皆伝」303〜309ページが面白い。

12章　アジェンダ設定による安全保障

筆者は2013年の閣議決定を受けて公表された「国家安全保障戦略」の中に、安全保障外交の一つの分野としてアジェンダ設定の重要性を指摘していることに注目した。(1)これは今までの日本外交に顕著に欠落していた分野で、「戦略」がこれに着目したことを極めて高く評価している。日本の対外政策決定は対応型であるので、こういう発想には馴染めないであろうが、日本の安全保障のためには、自衛力の増強、二国間外交に加えて、アジェンダに基づく多角的な国際協力は極めて重要である。以下に具体的な例として、北東アジア非核化構想と南西諸島を抜ける太平洋への航路の設定問題を説明する。

1　北東アジア非核化構想

従来発想の転換

日本にとって最大の脅威は北朝鮮による核兵器・運搬手段の開発であることに異論を唱えるものはあるまい。国連決議による北朝鮮への圧力は次第に高まっているとはいえ、多くの抜け穴があり、中国も本気で金正恩体制の崩壊を実現する気はない。この延長線上で日本最大の脅威が取り除ける可能性は極めて乏しい。

トランプ政権の誕生で、米朝直接交渉が始まる仄かな可能性が出てきたが、この機に中期的な視野からの、北東アジアの安定を齎す構想について日本が具体的なアジェンダを提供する好機が到来している。基本的な考え方は、現行指導部を「斬首」するまで徹底的に締め上げて、北朝鮮に核兵器を放棄させるという発想を抜本的に変革させ、長期的なロードマップの下に、最終的に日本と朝鮮半島から成る北東アジア地域に非核地帯を実現するという枠組みの中で、北朝鮮が核兵器開発を行う理由をなくすことにより、この問題の解決を図るという発想である。

これまでの苦い経験から安易な代償の提供という「太陽」だけでは駄目なことは判っているから、「斬首作戦」や制裁の継続の厳しい「北風」も吹きつける。硬軟取り混ぜ、5年から10年に亘るロードマップに従い、北朝鮮と米国や国際社会が次第にこれまでの政策を変更する均衡のとれた問題解決のプログラムである。北朝鮮がこの種のロードマップを歓迎することは、5章で述べた通り、最初に北朝鮮が虫の良いロードマップを出してきた経緯からも明らかである。

北に「退路」を開くことの重要性

ここで現在北朝鮮が置かれた状況を、戦前の日本と比較して見たい。1940年代の日本は日本軍部の独走は有っても、「ハル・ノート」のような一方的な撤退ではなく、合理的な将来像が示され、日本に退路を開くロードマップが示されていたなら、日本は恐らくあの無謀な戦争を始めることはなかったであろう。北朝鮮が求めるのは米国との平和協定であり、外部からのレジーム・チェンジの恐怖から逃れることである。これらが暫時実現する保証が得られることが関係国により合意を見る場合には、北朝鮮があくまで核武装に執心するのは非合理的な選択となるだろう。北朝鮮が非核化に踏み切れば、世界で最後まで残っている民族分断を止揚して南北両鮮の統一に道が開けよう。

一旦核に手を掛けてからこれを放棄した前例は皆無ではない。カダフィの下のリビヤとイランのケースがある。戦前の軍部と金正恩のいずれがより狂気であるかの推測はさておいて、発想を逆転させて、朝鮮半島の非核化に向けての障害を段階的に除去する、信頼性が高く合理的かつ現実的なロードマップを作り上げることで関係国間の相互信頼を構築する努力をして見ることには価値があると考える。日本も相応の対価を払う覚悟で、三方一両損のようなロードマップを作って、全ての関係国が利益を見いだすような構想作りを真剣に考えないといけない。東アジア地域の非核化のロードマップが、全ての関係国に利益を齎し、その利益の間にバランスが取れたものである限り、その合意を覆すためにいずれかの国が北朝鮮へ支援する可能性は極小化しうるはずである。

5～10年に亘るロードマップ

このロードマップは、北朝鮮の「金王朝」が、自壊するか圧力に抗しかねて金正恩が翻意するかを問わず、北朝鮮が最終段階での現行核・ミサイル開発計画の放棄と核兵器等の除去を約束することから始まる。そして究極的にＩＡＥＡの査察の下に、朝鮮半島のみならず日本も含む北東アジア地域を対象にした非核地帯を作り上げる。同時に北朝鮮と米国は平和協定を結び、国際社会に完全に復帰した北朝鮮が韓国と統一する道筋を開くことを目指すものである。

第1段階（猜疑心の除去）

米朝間で平和協定を締結する。

米国は終末高高度ミサイル防衛網（ＴＨＡＡＤ）の韓国への配置を断念する。

北朝鮮は外国人の入国や国内旅行を漸進的に拡大し、国家的な透明度を高めて諸外国の猜疑心の克服を図る。

韓国と北朝鮮間で偶発的な衝突防止の取り極めを締結する。

第２段階（信頼向上措置）
国際原子力機関（ＩＡＥＡ）による査察の開始。
北朝鮮の国際社会への復帰（国連決議の緩和、北朝鮮との貿易、投資の開始）。

最終段階（構想の実現）

国際原子力機関（ＩＡＥＡ）が核兵器と核開発施設の除去を確認する。

米国は韓国から軍隊を撤退する。

韓国と北朝鮮は通常兵器の縮小協定を締結する。

北朝鮮のアジア開発銀行を始め諸国際機関への加入を認める。

日本は憲法改正で自発的に非核政策を明示し、拉致問題について満足すべき進展を前提に、北朝鮮と国交を持ち、相当額の資金協力を行う。

一瞥するとこのロードマップでは、日本と米国が一方的に失うように見える。米国の韓国からの撤退とか、日本が自発的ではあるが憲法改正で非核を明確にするという点については、これまでの経緯に鑑みれば強い反対が予想される。韓国にも異存があるかも知れない。

米国には伝統的に不承認政策の誘惑がある。戦前の日本は中国の門戸開放要求とそれをバックアップする米国による非承認政策に悩まされて戦争に踏み切らざるを得なかった。カリブ海の小国のキューバの不承認政策はオバマ政権下で、ようやく最近になって解消された。朝鮮戦争以降、北朝鮮が取ってきた非妥協的な政策を不問に付して、米国が北朝鮮を「罰することなく」受け入れることには、当然のことながら極めて大きな心理的抵抗が予想される。

ただ米国は今後中国との間で広範な問題について、難しい交渉を展開しなければならない。その長い課題設定リストの中で、この構想への前向きな対応を一つのカードとして使えるかもしれない。米国がいつまでも現在のように北東アジアの安全保障へのコミットメントを続けられるかは疑問なしとしない。ある意味ではこの構想によって、北東アジアからの米国の「名誉ある撤退」が可能になることが、中国だけでなく、米国にとってもメリットと考えられる時代が来るかもしれない。トランプ政権の戦略構想はまだ明確になっていないが、既存の考えに拘泥せず、「ディール」を得意と自称する大統領の下で、このような構想が日の目を見る可能性は、以前より高くなったような気がする。

日本の場合は極めて複雑である。日本の最大の悪夢は核武装した統一朝鮮の出現である。朝鮮半島の非核化が実現すれば、日本が追い込まれて、望まないままに国民が希望しないで、国論を亀裂させる、最悪事態の核武装の道をたどることが回避される。このことが日本にとっての究極のメリットである。だからこの恐れが完全に除去され得るなら日本は、相当のコストは負担しなければならない。

この構想は日中関係にも良好な影響を及ぼし得る。日中関係においては双方の側に極めて強い猜疑心が存在する。日中が和解するためにはそのような猜疑心を払拭する必要がある。その一つに日本の軍事大国化や核武装についての中国の懸念がある。日本は核武装をすることが現実問題として賢明でない国である。しかし近隣諸国の間には日本人が当然と思っているこのことも必ずしもその通りには受けとられていない。同盟国米国でもキッシンジャーのように日本の核武装の可能性を語るものも少なくない。２０１６年の米国の大統領選挙でもトランプが日本が核武装をすることを容認する趣旨の発言を行って大きな波紋を広げた。日本が憲法改正の中で非核政策を明示することは実は日本にとって失うところは少ない。国際協定に基づいて非核化を約束するよりも、国民の決定により改正ができる憲法改正の方が将来の日本の手を縛らないともいえる。日本が実際問題として選択することがない核武装を明確化することは、面子の問題や感情問題は別にして、特に実質的な譲歩するわけではないが、日本人が考える以上に、国際的には極めて大きなインパクトを与え得る。筆者は、北東アジアにおける平和の確保の観点から長期的、大局的な判断をする価値は十分にあると考える。

日本は長い目で利益を図れ

ロードマップが実現すると、朝鮮半島における中国の影響力が高まることはある程度不可避である。ゼロサム発想からは日米両国にとっての後退であることは否めない。しかしこの構想が実現しても南北朝鮮の間には競合が残る。北朝鮮が自由主義経済を受け入れ、韓国からの投資も無条件で受け入れて、自由経済路線の中で平和的な朝鮮半島の統一に進むこともないであろう。実際問題として南北の経済格差がある程度解消しないと統一は現実的でない。統一には時間が掛かり、西独が東独を飲み込んだような瞬時の統一は起こりえない。ただ統一朝鮮は人口約７５００万人で高い経済技術水準を持つ強大な国になるだろうから、永遠に中国の衛星国になるとは断言できない。むしろ元来朝鮮人はプライドの高い国民性を持つので、日本、中国と米国との間に良好な経済関係が発展すれば、長期的にはこの半島国家は東アジア非核化構想の中で、独立性の高い緩衝国として繁栄するであろう。日朝国交回復には困難を伴うかもしれないが、ロードマップの中で、名目の如何を問わず日本が北朝鮮へ提供する資金援助は大きなカギを握ると考えてよい。だから日本にとって当面は一歩後退かも知れないが、将来の二歩前進を目指す長期戦略として受け入れるのが得策であろう。

あらゆる意味で日本は現状維持国家となっているので、現状ができる限り維持されればベストとする現実思考をすべきである。しかし国粋的な日本人や感傷的な日本人は昔の夢を断てない。朝鮮半島における中国の優越した地位を認めるこの構想自体が日本にとり屈辱的であると見なされて反発を招くこともあり得る。また拉致問題解決への固執も障害の一つとなり得る。日本の強硬な拉致被害者の帰国要求については、これが人道問題であるので国際的に異論を唱える国はないが、日本が対北朝鮮外交でこの問題に最も高い優先性を与えているように見えるとすれば、相当の違和感を与えることを意識しなくてはならない。日本はこの要求を取り下げる必要はないが、国際的なロードマップを作る上でこの問題を交渉の入り口の条件とすることは適当でない。人道的な考慮が政治目的を阻害するのは適当ではない。寧ろ北朝鮮が外に開かれてゆく過程の中で、拉致被害者を巡る情報の入手や新しい対応の仕方が生まれる可能性に賭けて、「断念」でなく「廻り道」と観念する必要がある。日本の非妥協性が「構想」実現の障害となるとしたら、極めて近視眼的で不幸なことである。

核不拡散条約にもかかわらず、世界で核拡散は進行しているが、日本がこの進行を阻止する上で果たせる役割は実は巨大である。経済大国である日本が自ら核を持たず、北朝鮮の核保有にストップを掛ける主導性を発揮出来れば、日本外交の世界平和への大きな貢献となる。

2　南西諸島を抜ける太平洋への航路の設定

40年続いている「当分の間」

南西諸島を抜ける太平洋への航路の設定の問題は、日本の対応が遅れている重要な問題である。国連海洋法は国際航行に使用の実績のある国際海峡については、継続的で迅速な通過であれば船舶（軍艦や潜水したままの潜水艦も含め）と航空機に自由な通過通行権を認めている（第38条1項）。

1977年に領海法を制定する時に、日本は「当分の間」宗谷海峡、津軽海峡、対馬海峡東水道、対馬海峡西水道、大隅海峡の5海峡については領海部分を3海里に限定して、中間に公海が残るという「特定海域」を創設するという苦肉の策を講じて、今日に到っている。日本の場合には非核三原則により領海内に核兵器を搭載した潜水艦が航行することは、核兵器の持ち込みに当たるので阻止しなくてはならないが、同盟国アメリカのポラリス型の原子力潜水艦の航行は阻止出来ないという事情があるのでこのような措置が取られたのである。「当分の間」

とした目的は国際海峡を持つ各国がこの新しく認められた「通過航行権」にどう対応するか見定めるためと説明された。(2)

「当分の間」が既に40年経過し、その間に中国が夢想だにしない猛スピードで経済大国となった。その結果中国本土から太平洋を通りアメリカを目指す商船、太平洋等で操業する漁船が増大するという新事態が起こっている。また海洋海軍の建設にともない、21世紀に入り中国のフリゲート艦も次第に津軽、大隅、宗谷海峡の特定海域だけでなく、さらには宮古、吐噶喇海峡を通過するようになっている。日本の側では国連海洋法で創設された「通過航行権」を認めた国際海峡は存在していない。だから中国が吐噶喇海峡は国際航行に使用されている海峡であるから自由に通行出来ると主張するのに対して、日本は領海の通行と同様の無害航行権しか認めないということで意見が分かれることになる。日本政府は遅まきながら2015年5月に閣議決定で日本の領海等で国際法上、無害航行に該当しない航行を行う外国軍艦への対処を定め、退去要求を求めることを明らかにしているが、肝心の何が無害航行でない航海であるかについて国連海洋法条約は、「沿岸国の平和、秩序または安全を害さない限り無害である。これを害することとなるような情報の収集を目的とする行為は無害でないとしている。(第19条)」

因に米国は海洋法条約に未加盟であるが、国際慣習法として、中国と同様に、国際航行に使用されている国際海峡には自由な「通過通航権」を持つという立場である。

「通る側」と「通す側」の利益のバランスの必要

通商国家として日本は「通る側」の権利のみに目が奪われがちである。南シナ海やホルムズ海峡の「航行の自由」確保が関心事である。しかし中国の「通る側」の権利、すなわち日本側の「通す義務」の要求も高まって来ている。双方の利益のバランスを図らなくてはならない。中国海軍艦船の通航の増大は日本の安全保障上の関心事項である。ただ中国潜水艦が太平洋に出ることを阻止しなければいけないと考えるのは冷戦的発想である。環境汚染等の新しい要素も生まれている。しかしこれの問題は中国、米国等の航路利用国の利益に影響を与えるので、日本の一方的な考えで処理することは危険である。関係国間の意見の疎通を至急に図る必要がある。その中で中国側から沖縄を含む南西諸島を抜けた中国の太平洋への海洋進出の考えを聞く機会ともなるだろうし、何よりも日中両国間に限定せず韓国、北朝鮮、更には米国やロシアも巻き込んだ共通のルール作りが出来れば、中国が内部の強硬派を説得することを可能にするかも知れない。

中国の太平洋への出口を扼《やく》する沖縄諸島を持つ日本にとって、国際海峡問題は日本だけで対応するには余りにも大きな地政学的な問題である。ダーダネルス海峡の通過問題で国際会議が持たれた様に、長期的に沖縄諸島の何処を国際海峡とするかは、国際的な関心事であるといって良い。日本はなるべく早くこの問題を関係国の間のアジェンダとして提案すべきである。もちろん日本として落としどころを十分に検討することなく、国際的な検討に丸投げするのは無謀である。事前に十分に検討し、米国等の主要海運国とも協議の上で行うのである。

現在のように中国の艦船に九州に最も隣接した「大隅海峡」を通れというのが良いかは大いに疑問である。筆者はむしろ国際航行の実態を反映した、国連海洋法の規定に添った「国際海峡」を限定する方が合理的ではないかと考える。国際合意に基づいて、屋久島と口之島の間の幅員22海里の吐噶喇海峡を「国際海峡」にするのが合理的でないかと考えている。

以上の二つのアジェンダの他にも、海上における偶発的な衝突回避、東アジア海域の漁業資源の枯渇問題、TPPに替わる自由貿易レジーム等の問題については、関係する多くの諸国との多角的な仕組みが必要である。アジェンダ設定に基づく安全保障は、即効性はないが、協議を開始するだけでも関係諸国間の信頼度を高める。また対立する諸問題を二国間だけでなく、第三国も入れることで直接対決を緩和する効果も期待出来よう。

アジェンダの設定は、日本が得意な分野で、十分に貢献できるテーマについて行えば一層効果的である。その様な分野としては、実績のある経済協力問題、アフリカ開発、環境問題などが挙げられようが、既に相当の実績もあり、この本の目的から外れるので、これ以上はここで取り上げることは控える。

英米のトレンド形成能力との協力

第二世界大戦を機に英国から覇権のバトンタッチを受けた米国が、戦後永きに亘って自由貿易と国際金融の拡大の方向で、英国と共に世界のトレンドを決めてきた。80年代に入り「供給重視の経済学」を信奉し、減税と規制緩和を打ち出したのはサッチャーとレーガンだった。その後も情報技術の画期的な進展を背景にマネタリズムを徹底的に進め、民営化、小さな政府の実現を主導したのも米英両国だった。ウォール・ストリートが編み出した金融派生商品は世界を席巻し、やがてサブプライム・ローンのトリックが破綻して世界を同時金融危機に陥れた。その後も米国発の金融危機は英米資本市場の緊密な関係を背景に世界を悩まし続けている。しかし失敗の経験から学び対策を打ち出したのもアングロ・サクソンの知的コミュニティーだった。ＢＩＳ規制の強化による銀行の資本充実を図っている。金融緩和についても米国は日本の失敗から学び、賢明な対応を行い、ＦＲＢは先駆けて緩和政策を先細りさせ、金利の役割の復活を指向している。

筆者は現実主義に基づく英米のトレンド設定能力を高く評価している。メルケルのドイツにもプーチンのロシアにも、ましてや習近平の中国にも世界のトレンドを決める能力はない。日本は２０１７年以降はこれまでのような国際システムの受益者であるに留まらず、英米のトレンド設定能力を取り込むことにより、世界に新しい時代を築くことに貢献出来る立場にあることを自覚するべきである。

〔註〕

（１）９章　２７７~２７８ページ　「国家安全保障戦略」は議論のスタートの項参照

（２）坂元茂樹編著　「国際海峡」　東信堂　２０１５年　10~12ページ

13章
トランプを切り札にした日本の自立

トランプが日本に突きつけた分かれ道

大きな歴史的変革期に入りつつある世界で、第45代トランプ米国大統領が何を始めるかは、彼が具体的な手の内を明かさないことがディールに勝つ方程式だと思っている節があるから、暫く時が経たないと分からないだろう。「強いアメリカ」を取り戻す為に、世界から不公正に奪われた勤め口を取り返すと公言している以上、トランプ政権は、同盟国にも対立国にもタフな二国間取り引きを挑むことは間違いない。ロシアは期待し、中国はパワーディールを覚悟しているようだ。流石に欧州の指導者のメルケルは、トランプへの当選祝いのメッセージの中で「民主主義、自由、法の尊重や出自、人種、政治信条等を問わない人間の尊重という共有する基本的な価値観」の上での協力を約したという。無原則のディールをやんわり拒否したといえよう。安倍首相は当選後トランプが会談した最初の首脳となり、「信頼できる指導者だと確信した」との印象を述べた。

日本は無原則の取引をするか、日本の立場を明らかにしての交渉を行うかの分かれ道に立っている。前者の道を取るなら、安全保障のための用心棒への「みかじめ料」の増額や、生命保険市場を米国企業へ提供したように、知的所有権の存続期間の延長によって米国製薬業界へ日本市場を提供する等の矮小化された代価を払って、米国依存の対応を続けることになろう。後者の道を取るためには、トランプの主張を逆手にとって、日本は出来る限り自分で守るという「自立」の立場を強めることが必要である。トランプを切り札に使うのである。

筆者は中国経済が近い将来米国経済を容易に凌駕するとは思わないが、新興国の勃興により、米国の経済力は相対的に低下するのは必至だから、早晩米国依存は限界に達するという考えの持ち主である。だから「トランプ・ショック」はショックでもなんでもなく、日本に自立の機会を与えるという意味で「本当は幸運」と考えている。

日本の自立については、50年代終わりから60年代の初めに外務次官や駐英大使を務めた大野勝巳は占領下に外交感覚を完全に失った日本では、独立回復後も「アメリカという大樹に従っていれば良いという考えが日本人の頭に根を下ろした」ことを嘆いた。彼は40年も前に「幕末以来、日本の政府当局者が本当に自主的に、自由闊達な外交がやれる条件が今ほど整っている時代はない」にも拘らず、日本外交が振るわないことを嘆いた。(1)

現在の日本は、資金力もあり、長期に安定が予想される国内政治状況で、バブル崩壊後、米国朝野の激しい日本叩きに次々変わる短命政権が右往左往したあの惨めな日本とは様変わりである。40年前に較べたら雲泥の差である。

筆者はトランプの登場で、重大な分かれ道に差し掛かった日本が、長期的な観点を持ちつつ、真に自立した国家となることを、心から希望している。「分かれ道」のいずれの方向を取るか、これからの小一年はじっくりと腰を据えて世界を観望してから決めるのが良い。トランプ大統領就任後の米国の言動を見て、日本国内で様々な意見が噴出するであろう。ひたすら米国追従が最善と言う人も、言わなくても内心は「隠れ追従論者」も、多いかもしれない。これに対して愛国主義的、国家主義的な言辞を声高に叫ぶものも現れるだろう。世界的なポピュリズムの時代であるから、元気な大衆迎合に走る政治家も現れることは容易に想像がつく。

一国の安全保障は極めて重い。長期的な国策を、感情論や冒険主義や思い付きで決めては、千載の悔いを残す恐れがある。筆者はそのような可能性を考えて、日本が出来るだけ多くの選択肢を残しつつ、取り敢えず20年間の安全保障を考えるという立場をとっている。これからの小一年には、官民共に熟慮し、国民的なコンセンサスが生まれることを期待している。そのコンセンサスの究極目標が、「自立した日本」の下の平和と繁栄の追求になれば、「あの戦争」で非命に斃れた多くの人たちも浮かばれる。そういう期待を胸に、これまで論じてきたことを、以下に総括したい。

国内を固めることが究極の安全保障政策

世界の主要国が自国第一のポピュリズムに走る中、筆者は日本も徒に孤高を恐れることなく、自立の道を歩んでその安全保障を実現すべきで、それは可能であると信じる。その根底には日本には生活に深く根を下ろした伝統文化と集団主義的な勤勉性という強い求心力が依然として残っているという確信があるからである。「あの戦争」で敗れてから日本人は平和に徹し、快適なライフスタイルを作り上げた。日本人のライフスタイルはアジアでは強いアピールを持っている。だが人口が減少し始めている結果、日本国内では限界的な地域が衰退している。マクロ経済にもマイナスの影響が出ている。だから貿易依存度は相対的に高くないとはいえ、日本は開放的な世界の貿易・金融システムの中でしか、経済を発展させることはできない。自由開放経済システムが崩壊すれば日本は壊滅的な影響を受ける。日本は米国だけでなく、中国を含むアジア諸国との間にも調和の取れた関係を発展させ、出来る限り広域な自由貿易経済圏を作るのが賢明である。そのやり方は良く考えれば、自ずと浮かび上がってくるだろう。

近隣諸国とは隣接するが故の対立も生まれることは避けがたい。しかし長期的、大局的な視野に立てば、対立を沈静化させ、互恵関係を発展させることが出来ると信じる。気のせいかこの頃不必要に近隣諸国への懸念を示すものが多い。反面無邪気ともいえる楽観論を唱えるものもいる。筆者は両方とも間違っていると思う。日本は明治以降、英国、ドイツ、米国などの強国との同盟で興り、滅んだ。敗戦から学ぶべきことは、出来るかぎり自立した平和国家となることだったと思う。しかしこの70年の世界は特殊で、その願望は叶えられなかった。筆者の判断は、今世界は新しい段階への入り口にあるということである。

自立するためには強い国家が必要である。国の将来を案じる国民の求心力を高めることが究極の安全保障政策である。特に国民の将来不安を軽減する社会保障制度の強化と沖縄へ寄り添う心が大切である。憲法改正には国民参画の基本国策を明らかにする機会という大きな意義がある。外交力を高め、外交がどうしても解決出来ない危機に備えて、必要な防衛力は持たねばならない。将来を見通し、大局を見る国家の眼力であるインテリジェンス機能の強化も必要である。

日本の社会やライフスタイルが魅力あるものであることから発散する平和的なパワーを軽視してはならない。だから津々浦々まで観光客が訪れることが、観光政策の基本に据えられるべきである。農業政策も食料安全保障とか日本らしい風景の魅力や里山の美観を守るという視点を重視すべきであろう。国民がもっとコメを主食として食べることが日本の安全保障になる。ＴＰＰが挫折したからといって、日本農業の変革努力を後退させてはならない。

エネルギー政策も資源の供給先をロシアや米国にも多角化し、湾岸地域や南シナ海のシーレーンへの過大な依存も転換すべきである。換言すれば日本のすべての政策が日本の安全保障に結びついているという発想で形成されることが、日本に取って究極の安全保障政策となるのである。筆者は発想を大胆に転換させることでそれは可能であると確信する。

自立政策を可能にする外部条件

筆者の述べるような武装した中立政策が、日本の安全保障にとって究極的な選択肢たりうるかどうかは、米国と中国が日本がこのような政策を採用することに一定の利益を見出し得るかに掛かっている。トランプ大統領は既成概念に囚われないで各国と取引きしようという姿勢である。ある意味では変容する世界にとり彼のダイナミズムと革新性は、時を得ているのかも知れない。

トランプ政権下の、米国の世界政策を正確に予測することは現時点では難しいが、将来米国内で「ネオ孤立主義」の世界政策について新コンセンサスが出来て来れば、日本の自主防衛政策に好意的な評価が生まれることもあながちあり得ないことでもないであろう。米国が最強国家でありたいという願望からどうしても抜け出せず、自国のみで足りないところは同盟政策をとって補強するという考えに固執すれば、日本の中立志向との間に摩擦が起こる可能性は排除されないと思う。しかし21世紀の世界を展望するときに、果たして米国が、強力な同盟政策をとってまで守ろうという国益にどういうものがあるかは良く検討する必要がある。オバマ８年間の外交政策の基本方向は「世界の警察官」の役割からの脱却であり、この孤立主義的な傾向はおそらく中国、インド、ロシア、ドイツ、英国、トルコ、イラン、イスラエル、サウディアラビア等の大小様々な極が次第に力を付け、お互いに競い合う19世紀的な合従連衡の世界が生まれて行く中で、基本的に維持されて行くと見る方が常識的である。

いかなる状況になろうが、移民国家として米国は民主主義や法の支配といった道義的な立場は変えないであろう。ということはこれらの基本理念を持つ国を信頼するということである。米国人は気付いていないが、日本は本質的に現状維持の国で、平和的な国家であり、特に戦後の日本はミニアメリカのような道義国家でもある。

中国は、日本が対中限定攻撃力を持つとしても、米国と一線を画する安定的な外交政策を取ることを歓迎すると思う。中国も平和な20年を欲している。日本が憲法上非核の国是を明示すれば、日本への信頼が相当担保され、中国も未来志向に向かうキッカケとなるであろう。尖閣諸島問題についても、日本の独自離島防衛の決意が明確になれば、何時までも不毛な対立を続けるメリットがあるか自問するであろう。必要であれば、再び「将来の世代の叡智に先送りする」というカードを切る可能性は十分考え得る。

「法の支配」に就いては、原則として反対する国はない。好ましい先進大国の態度は、国際司法裁判所の役割の強化、「民主主義」の立場から国際紛争の解決については、一国一票の国連総会の決定の尊重という形で、安保理事会の拒否権を回避して、何らかの合理的な解決を模索するということになって行くであろ。

武装中立政策のメリットとデメリット

日本の武装中立政策が、日本にどのようなメリットとデメリットがあるかを、筆者なりに最後に考察しておく。

日本にとって中立政策の最大のメリットは日本が他国の間の戦争に巻き込まれないことである。具体的には中国の政策如何では、いつか起こるかも知れない米中戦争に関わらないで済む。この政策採用の重要な国内的な側面は、戦後絶えることなく続いた、防衛論争に終止符が打たれることである。平和主義者も国家主義者も、自主防衛論者も日米同盟重視主義者も、それなりに満足するであろう。

中立国であることは、日本が国際貢献を免れることではない。むしろ積極的に国連の平和維持に関与すべきである。国際の平和の維持に当たって、日本の公正な発言と行動が評価されることになろう。野心を持たない、国際社会益を反映する姿勢を維持するにつれて、日本の発言は重きを成すであろう。親イスラエルと反ロシアというバイアスの掛かった米国から一歩距離を置くことができるであろう。また「法の支配」を無視する中国に対して決然とした発言も可能となる。

デメリットは防衛予算が増大するという事である。しかし筆者は現在のGNPの1パーセントから大幅に増強させる必要はないと考えている。日本は核兵器の先制使用を禁じる国際的な条約の成立を推進すべきで、非核政策を貫き、中国からの万一の攻撃に対して通常兵器で対応する基本方針で、兵器開発を進め、中国の攻撃的な戦力構築について情報を収集し、脅威の水準が高まったと判断したら、速やかに量産を始めるということで対応可能な国力と技術力を有すると考える。日本が重点的に開発努力を行うべき防衛兵器は、基本的に抗堪性を高めた地対空、地対艦の誘導ミサイル兵器で、そのために天文学的な国防費は掛からない。現在の日本が有するロケット技術を更に軍事目的に転用することも検討に値する。巡航ミサイルを直ちに日本が独力で開発するのは困難であるから、米国等の軍需産業先進国と共同開発ないし技術の購入が必要となる。中立的国家であればこのような購入はより容易であると思われる。米国も日本から技術が危険な国家やグループへ流出しないという歯止めがあれば、日本との共同生産に応ずるかまたは武器を売却することは十分に考えられる。日本は輸出も念頭に軍需産業を増強することにより生産規模のメリットを共有し得る。攻撃的でない防御的な有効な兵器の輸出というタイプの「歓迎される」兵器輸出国となる道もあるかもしれない。

これからの経済政策

貿易面については、アメリカの市場から日本が締め出されるのは日本の死活に関わる。日本の中立政策を米国が受け入れられない時に、これを強行して米国市場を失うのは愚かである。TPP協定は流産したが、その交渉過程で見られたように、米国との間に米国も満足しうる自由貿易の仕組みを作るとした場合には、日本の農産物の保護政策を相当転換するというデメリットがあるであろう。この日本の農政の転換については、戦後一貫して行われてきたことである。ミカン、オレンジ、レモン等の柑橘類の自由化が日本の柑橘業を崩壊させるという議論があったが、実際には起こっていない。コメについては、筆者はモンスーン地帯という地理的条件から、経営規模の大規模化によって国際競争力のある米生産は可能という考えである。牛肉と酪農については問題が大きいであろう。牛乳生産については輸入の困難性から保護が正当化されることを求めるべきであろう。酪農と肉牛の生産については最終的に競争力を持ち得ないのではないかと危惧するが、思い切って日本の生産者に外国で生産、輸入するという方向が考えられないだろうか。

金融面についてどの程度の政策の自由度を確保できるかは、国際金融制度の将来に大きく依存している。現在のＩＭＦの仕組みは欧米に極めて有利になっていることは明らかであり、米国議会が非常識な改革反対姿勢を修正して、中国やインドの参加を求める方向に進まなければ、いつかは経済力をつけた諸国が別組織を作ることになる。米国の絶対優位が減少するにつれて、通貨優等生国の通貨で構成される一種の国際通貨の流通の方向に進まざるをえないであろうから、国民の貯蓄に支えられた強い円を持つ日本は特に不利にはならないはずである。日本はもっと自信を持った構想を立ててアジアをリードすることが可能なはずである。

自立から生まれる満足感

ハンチントンのいう孤立した文明の利点は、同じ文明国との柵（しがらみ）によって自由な行動が束縛されることがないことである。独立自尊政策には、高い道徳律、強靭な意志、自立の精神が求められる。この精神は敗戦後、米国依存の吉田路線の軽武装通商国家政策があまりにも長く続いたので、日本人の思考、行動の中で埋没してしまっているが、明治以降敗戦に至るまでの日本では当然のこととされた。日露戦争の戦費も外国からの借金でまかない、国産技術で大戦争を世界最強国家群と戦った民族の精神はいまなお日本人の心の中に営々と流れていると思う。日本外交の軸は、日英同盟、日独伊三国同盟、日米同盟と常に同盟政策であった。その結果非同盟、中立政策は日本の考えの根底に存在していない。軍事的な強大国の庇護がないと成り行かないと考えがちである。したがって中立などは恐怖以外の何ものでもない。

筆者はこの本の中で一貫して「身の丈」外交を説いて来た。21世紀の日本は人口動態から見ても中規模国家になるのは必至である。他方一人当たりのＧＮＰはトップの水準を維持出来るであろうし、国民は高い水準の生活を享受出来る。自立し、堂々と世界に向けて非核化、協調的な環境政策を訴えるという日本の使命を果たすことも出来る。自立から生まれる満足感は何物にも替えられない民族の誇りとなるであろう。これが自立国家の究極のメリットである。

今からでも遅くない

２０１６年に起こった世界主要国における「自国第一主義」が２０１７年に、調和が取れ、平和で繁栄する世界に向けて収斂の方向に進む希望は残されている。筆者は以下の諸点に付いて、関係国により好ましい方向に軌道修正が図られれば、救いの余地は広がると思っている。

(1)　米国の新政権が軍事戦略を前方展開方針から、状況に応じて同盟国支援の方向に政策の大きな転換を行い、それに応じて在欧、在日米軍基地の削減に踏み切り関係国と協議に入る。

(2)　北朝鮮の「非核化」について、米国が今までのような中国依存の姿勢を改めて、直接交渉に入る。

(3)　中国の新指導部が、国際協調の視点を重視して、南シナ海の「航行の自由」を明確に保障し、東シナ海においても緊張緩和の姿勢に転じる。

(4)　ロシアが日本との平和条約の締結とそれに伴う領土問題の解決に踏み切る。

(5)　ドイツ、フランスの選挙が平穏裏に行われた後、ドイツが欧州中央銀行のユーロ債発行に踏み切り、イタリア、ドイツの銀行のバランスシートの改善と欧州における「南北格差」是正のための財政基準の緩和を行う。

(6)　日本が民間消費の伸び悩みの原因である国民の将来不安を減少させる社会保障制度の改革に超党派的な取り組みを開始する。

(7)　欧米がシリア問題、ウクライナ問題の解決のためにロシアと協力する姿勢を打ち出す。

(8)　英国と欧州連合の離脱交渉が順調に開始される。

(9)　ＩＳが崩壊し、中東にバランス・オブ・パワーへの模索が始まる。

（10）　ＩＭＦ改革、保護主義回避、多国籍企業の税回避の抑制、投機的資金移動の抑制等について新しい国際協力システム構築を模索する機運が生まれる。

トランプの登場で安保条約を軸とする日米関係に「真実の時」が迫っている。日本の自立は反米ではない。日本人の日本第一主義である。安倍首相が日本に生まれるコンセンサスを体して、十分の準備をした上で、トランプ大統領との間に「本音」の議論をすることが重要である。悲観論を愛する日本人も、世界の歯車がどういう方向に動いて行くのかを良く観察すれば、世界が歓迎する「自立した日本」の立ち位置が現れてくる。筆者はすべて今からでも、少しも遅くないと考えている。

〔註〕

（１）大野勝巳「霞が関外交 その伝統と人々」日本経済新聞社１９７８年　２０８〜２１５ページ

英　正道（はなぶさ・まさみち）
1933年、東京生まれ。慶応義塾大学卒業後、1958年に外務省に入り、経済協力局長、外務報道官、ニューヨーク総領事、駐イタリア大使等を務め、1997年に退官した。鹿島建設常任顧問の傍ら、日本英語交流連盟、日本ヴェルディ協会の設立に尽力し、加えてアジア・欧州財団、ソニー教育財団、文化財保護・芸術研究助成財団、日伊音楽協会などの非営利活動を積極的に行って来た。2000年以来、日本英語交流連盟のサイトに設けられたコラム「日本人の意見」で、志を共にする多くの有識者と、英語で日本人の意見を世界に向け積極的に発信して来た。著書に"Trade Problems between Japan and Western Europe"、「君は自分の国をつくれるか　憲法前文試案」（小学館文庫）、「新平和憲法のすすめ　そして日本はどこへ」（草思社刊）がある。現在公益財団法人日伊協会名誉会長。

トランプ登場で激変する世界
――自立した日本外交と安全保障戦略――

二〇一七年一月二十日　初版第一刷発行

著　者　英　正道
装　丁　横山　恵
発行者　宮島正洋
発行所　株式会社アートデイズ
〒160-0007　東京都新宿区荒木町13-5
四谷テアールビル2F
電　話（〇三）三三五三-二二九八
FAX（〇三）三三五三-五八八七
http://www.artdays.co.jp
印刷所　中央精版印刷株式会社